高等学校法学系列教材·基础与应用

民法总论

侯春平　罗佩华◎主　编
杨志武　侯　斌◎副主编

清华大学出版社
北　京

内容简介

本书根据国家新颁布实施的《民法典》，结合相关法律的规定，系统介绍了以下内容：民事法律关系、民事主体、民事权利客体、民事法律行为、代理、诉讼时效、期间和期日、权利的行使、民法的效力及适用与解释。此外，本书通过实例进行分析讲解，以提高读者对民事法律法规的理解与运用能力。

本书可以作为普通高等院校法律专业教学的首选教材；也可以兼顾高职高专、应用型大学、成人高等教育的教学；还可以用于工商企业财经管理干部等从业人员的在职培训；并为其他对民事法律法规感兴趣的读者提供有益的学习指导。

图书在版编目(CIP)数据

民法总论/侯春平，罗佩华主编．—北京：清华大学出版社，2022.2
高等学校法学系列教材．基础与应用
ISBN 978-7-302-59902-9

Ⅰ．①民… Ⅱ．①侯… ②罗… Ⅲ．①民法－中国－高等学校－教材 Ⅳ．①D923

中国版本图书馆 CIP 数据核字(2022)第 018362 号

责任编辑：刘　晶
封面设计：汉风唐韵
责任校对：王荣静
责任印制：朱雨萌

出版发行：清华大学出版社
　网　　址：http://www.tup.com.cn，http://www.wqbook.com
　地　　址：北京清华大学学研大厦 A 座　　**邮　　编**：100084
　社 总 机：010-83470000　　**邮　　购**：010-62786544
　投稿与读者服务：010-62776969，c-service@tup.tsinghua.edu.cn
　质量反馈：010-62772015，zhiliang@tup.tsinghua.edu.cn
印 装 者：三河市龙大印装有限公司
经　　销：全国新华书店
开　　本：185mm×260mm　　**印　　张**：17.5　　**字　　数**：347 千字
版　　次：2022 年 2 月第 1 版　　**印　　次**：2022 年 2 月第 1 次印刷
定　　价：69.80 元

产品编号：090610-01

本书编审委员会

序　言

随着改革开放进程的加快和社会主义市场经济的推进,我国经济建设一直保持着持续高速增长的态势,已经成为全球第二大经济体。经济发展越快,市场竞争越激烈,越是需要法律法规作保障。法律法规既是规则,也是企业的行为道德准则;法律法规在开拓国际市场、开展国际商务活动、防止金融诈骗、打击违法犯罪、推动民族品牌创建、支持大学生创业、促进生产、拉动内需、解决就业、构建和谐社会等方面发挥着越来越大的作用。

目前,我国正处于经济稳步发展的重要时期,随着经济转型、产业结构调整、传统企业改造,涌现了大批旅游、物流、电子商务、生物医药、动漫、演艺、文化创意、绿色生态、循环经济等新型产业。为支持"中小微"型企业和大众自主创业,与国际经济接轨,适应中国经济国际化发展趋势,近年来国家不断加大税制改革力度,调整财政与会计政策,并及时颁布、修订了一系列法律法规,包括民法、劳动法、旅游法、商标法、税法、保险法等,为的是更好地搞活经营,活跃市场,确保我国经济的可持续发展。

市场经济是法治经济,经济活动必须遵纪守法,法律法规执行与监管是市场经济的永恒主题。随着我国法律体系的健全,企业越来越重视规范经营。当前,面对经济的快速发展、激烈的国际市场竞争、就业上岗的压力,更新观念、学习新法律法规、调整业务知识结构、掌握各项新的管理制度、加强在职从业人员的法律法规应用技能培训、强化法规道德素质培养已成为亟待推进的工作内容。

社会需要有知识、会操作、能顶岗的实务型专业人才,本套丛书的出版不仅有力地配合了高等教育法律教学的创新和教材更新,而且也满足了社会需求,起到了为国家经济建设服务的作用;对依法治国、依法办事、依法经营,对加强法治观念、树立企业形象、提升核心竞争力、有效进行自我保护具有积极的现实意义。

本套教材作为普通高等教育本科院校法律法规课程的特色教材,以《法治中国建设规划(2020—2025 年)》为纲,以读者应用能力训练为主线,严格按照教育部关于"加强职业教育、突出实践技能与能力培养"的教育教学改革要求,结合各项法律法规的教学特点,以及企事业单位对各种法律专业人才的实际需求,组织多年从事法律法规相关课程教学的专家学者与具有丰富实践经验的律师共同撰写。

本套教材包括《民法总论》《经济法》《商法》《海商法》《税法》《国际商法》《劳动与社会保障法》《金融法律法规》《保险法律法规》《会计法律法规》《电子商务法律法规》等。参与编写的单位有:吉林工程技术师范学院、北京物资学院、华北科技学院、北京联合大学、哈尔滨师范大学、北方工业大学、山西大学、首钢工学院、牡丹江大学、北京教育学院、燕山大学、北京城市学院、东北财经大学、北京财贸职业学院、厦门集美大学、北京朝阳社区学院、大连商务学院、北京西城社区学院、郑州大学、北京石景山社区学院、大连海事大学、浙江工业大学、大连工业大学等全国三十多所高校和社区学院。

由于本套教材紧密结合中国经济改革与发展实际，融入法律法规实践教学理念，坚持改革创新，注重与时俱进，有效解决了本科法律教材知识老化、案例过时、重理论轻实践等问题，具有选材新颖、知识系统、案例真实、贴近实际、通俗易懂等特点。因此本套教材既可以作为普通高等教育本科院校、高职高专院校相关专业课程的首选教材，也可以作为各类企事业机构从业人员的在职教育教材，对于广大社会公众也是非常有益的普法资料。

在教材编著过程中，我们参阅借鉴了大量国内外有关法律法规的最新书刊资料和国家新出台的政策法规及管理制度，并得到有关行业企业领导与专家学者的悉心指导，在此一并致谢。为配合本套教材的使用，特提供配套电子课件，读者可以从清华大学出版社网站（www. tup. com. cn）免费下载。希望全国各地区普通高等教育、高职高专院校积极选用本套教材，并请读者多提改进意见，以使教材不断完善。

编委会主任　牟惟仲

2021 年 8 月

前　言

民法是私法的基本法，它以对人的保护为核心，以权利为本位，系统全面地规定了自然人、法人、非法人组织在民事活动中享有的各种人身、财产权益。因此，《中华人民共和国民法典》（以下简称《民法典》）被视为现代法治文明的扛鼎之作，被誉为法治进一步健全完善的标志。

民法总则秉承体系性的法律思维方法，遵循民事主体、民事权利、民事行为、民事责任的科学编纂结构，以人的保护为核心，对普遍适用于《民法典》分则各编的一般原则、概念、规则和制度进行了系统规定，把对人的权利的保护提升至前所未有的高度。

民法总则在《民法通则》的基础上修改、完善了民事权利体系，强化了保护民事权利的观念，在世界上开创了在民法总则中全面系统规定民事权利的立法模式，我国人权保护法治建设由此进入一个新时期。

本书作为普通高等教育民事法律法规课程的特色教材，严格按照教育部关于“加强职业教育、突出实践能力培养”的教育改革要求，力求做到以下两点：一是与时俱进，吸收最新的立法；二是注重研究与实用性结合，增加教材的理论深度，并引导学生用理论解决复杂的法律实务问题。本书的出版对帮助学生尽快熟悉《民法典》，掌握工作岗位所必需的知识技能具有重要意义。

民法是高等教育法学专业的核心课程和基础课程，也是经济产业从业者必须认真学习掌握的关键知识。全书共十一章，以对读者的应用能力培养为主线，根据国家新颁布实施的《民法典》，结合相关法律规定，系统介绍了以下内容：民事法律关系、民事主体、民事权利客体、民事法律行为、代理、诉讼时效、期间和期日、权利的行使、民法的效力及适用与解释。本书还通过实例分析讲解，以提高读者对民事法律法规的理解与运用能力。

由于本书融入了全新的实践教学理念，坚持改革创新，力求严谨，注重与时俱进，具有选材新颖、体例完整、观点科学、案例真实、贴近实际、突出实用性、便于理解掌握等特点，因此既可作为普通高等院校法律专业教学的首选教材，也可兼顾高职高专、应用型大学、成人高等教育的教学，还可以用于工商企业财经管理等从业人员的在职培训，并为其他对民事法律法规感兴趣的读者提供有益的学习指导。

本书由李大军筹划并具体组织，侯春平和罗佩华任主编，侯春平统改稿，杨志武、侯斌任副主编；全书由李爱华教授审定。作者编写分工如下：牟惟仲（序言），侯春平（第一章、附录），侯斌（第二章、第三章），荆京（第四章、第八章），郭建磊（第五章），刘丰（第六章），罗佩华（第七章、第十章），杨志武（第九章），崔嵩超（第十一章），李晓新（文字修改、版式整理、制作教学课件）。

在教材编著过程中，我们参阅了国家新颁布实施的《民法典》以及相关法律、政策，收集了大量具有实用价值的典型案例，并得到编委会专家的具体指导，在此一并致谢。为方便教学，本书配有课件，读者可以从清华大学出版社网站（www. tup. com. cn）免费下载使用。因作者学识水平有限，书中难免存在疏漏和不足，恳请读者批评指正。

编者

2021 年 9 月

目　　录

第一章　导　论

【学习目标】

1. 了解民法的概念。
2. 了解民法的调整对象。
3. 了解民法渊源的具体种类。
4. 了解民法的性质。
5. 了解民法的基本原则。

【引例案例】

甲为某市政府，为改善市容市貌，甲决定对本市的城中村进行集中改造，甲将乙所在的城中村划入征收拆迁的范围，并计划在该城中村的位置建设一个大型商场。乙认为市政府的决策存在问题，因为建设商场并不属于公共利益的范畴，因此拒绝签订有关补偿安置协议，并向人民法院提起民事诉讼，请求人民法院撤销甲的征收决定。法院认为，甲、乙之间的纠纷并不属于平等主体之间的民事纠纷，因此裁定驳回乙的起诉。

【简要评析】

在该案中，双方争议的焦点是甲的征收决定的效力问题，依据《民法典》第 2 条的规定，“民法调整平等主体的自然人、法人和非法人组织之间的人身关系和财产关系”。而该案的纠纷并不属于发生在平等主体之间的人身、财产纠纷，应当属于行政纠纷，因此，法院驳回乙的起诉。

第一节　民 法 概 述

一、我国民法的概念

我国《民法典》第 2 条从民法的调整对象和任务的角度，给民法作出定义，即民法是调整平等主体的自然人、法人和非法人组织之间的人身关系和财产关系的法律规范的总和。这一定义科学地揭示了我国民法所调整的社会关系的范围和任务，明确地划定了民法与其他法律部门的界限，解决了长期以来关于民法定义的争议。归纳起来，《民法典》第 2 条对民法的界定具有以下意义。

1. 确立了我国民法统一调整社会主义市场交易关系的基本法地位

依据《民法典》第 2 条,我国民法统一调整平等主体之间的财产关系,而平等主体之间的财产关系实质上就是指财产归属关系与交易关系。无论何类民事主体,只要以平等的民事主体的身份从事交易,就应当遵循民法的规范,并受民法的调整。

2. 突出了对人的尊重,体现了以人为本的理念

1986 年《民法通则》第 2 条曾将人身关系置于财产关系之后,但《民法典》第 2 条则将人身关系调整至财产关系之前,这宣示了民法对公民人身权利的保护,强调了公民人身自由和人格尊严不受侵害,并以此作为民事立法的基础。

3. 界定了《民法典》的体系

《民法典》的分则就是由调整人身关系和调整财产关系的具体法律规定构建起来的,《民法典》第 2 条关于民法调整对象的规定奠定了《民法典》分则体系的基础,与《民法典》分则的体系是保持一致的。具体而言,人身关系主要分为两大类,即人格关系和身份关系。其中,对身份关系的调整表现为婚姻家庭编、继承编,对人格关系的调整则表现为人格权编;对财产关系的调整在分则中独立成编,表现为物权编、合同编。

4. 确立了我国民商合一的立法模式

《民法典》并未根据主体或行为的性质区分普通民事主体和商事主体,并在此基础上规定不同的行为规则。这不仅符合现代民事立法的趋向,也消除了民商分立所产生的法律冲突的弊端。在《民法典》的体系中,商法是作为民法的特别法而存在的,并未与民法相分立而独立存在。

二、形式意义上的民法和实质意义上的民法

(一)形式意义上的民法

形式意义上的民法就是指《民法典》。法典是按照一定体系将各项法律制度系统编纂在一起的法律规范。《民法典》就是指按照一定的体系结构,将各项基本的民事法律规则与制度加以系统编纂而形成的规范性文件。法典化就是体系化,《民法典》的重要特点首先表现在它是体系化、系统化的产物,满足了形式理性的要求,所以《民法典》属于民事法律中最高形式的成文法。

民法的法典化最早可以追溯至古罗马调整私人财产关系的私法。在罗马的法典编纂方面,最有成效、影响最深远的是东罗马帝国皇帝优士丁尼的《国法大全》,即《优士丁尼法典》《学说汇纂》《法学阶梯》和《新律》。自 18 世纪法典化运动以来,大陆法系各国大都制定了民法典,比较有代表性的法典是 1804 年的《法国民法典》,该法典以罗马法为蓝本,巧妙地运用法律形式把刚刚形成的资本主义社会的经济生活直接译成司法法规的语言,从而成为“世界各地编纂一切新法典时当做基础来使用的法典”。

1900 年的《德国民法典》是潘德克顿学派成果的结晶,体现了法典逻辑性和科学性

的要求。正是在这个意义上,该法典常常被称为“科学法”。就逻辑体系而言,《德国民法典》构建了完整的近代民法体系。因而,其被认为是代表了19世纪法典化的最高成就。1912年的《瑞士民法典》及其后颁布的1992年《荷兰民法典》等也都各具特色,在大陆法系影响很大。可见,自19世纪法典化运动以来,大陆法系各国基本上都制定了民法典,这也是大陆法系国家法律体系的主要标志。因此,“不管在哪里,民法典都往往被当作整个法律制度的核心”。

我国《民法典》是中华人民共和国成立以来第一部以“典”命名的法律,分为七编,共1260条,10万多字。《民法典》在中国特色社会主义法律体系中具有重要地位,是一部固根本、稳预期、利长远的基础性法律。在汉语中,所谓“典”,通常有“经典”“典范”“典籍”等含义。这也表明,凡是纳入《民法典》的规则,都具有基础性、典范性的特点。我国《民法典》的特点主要体现在以下几方面。

第一,《民法典》是私法的基本法。我国民事法律制度建设一直秉持“民商合一”的传统,在《民法典》之外,还有大量的单行法,包括商事特别法,这些法律在《民法典》的统率下,构成一个完整的体系。可以说,《民法典》是我国民事法律的集大成者。

第二,《民法典》是市场经济的基本法。《民法典》关于民事活动平等、自愿、公平、诚信等基本原则,关于私法自治和保障人格尊严等基本价值的规定,既是市场经济的基本准则,也是市场主体的基本行为准则。同时,《民法典》所确立的有关物权、合同、担保等法律制度,旨在维护交易安全和秩序,为市场经济的发展奠定了基本的法律框架和制度保障。

第三,《民法典》是社会生活的百科全书。《民法典》与每个人的生活息息相关。一个人从出生到死亡,均受到《民法典》的调整。《民法典》调整民事主体之间的人身关系和财产关系,是社会生活和经济生活中最普通、最常见的社会关系和经济关系,涉及经济社会生活的各方面,同人民群众的生产生活密不可分,同各行各业的发展息息相关。

第四,《民法典》是行政执法和司法的基本遵循。一方面,现代法治的核心理念是“规范公权,保障私权”。确立了完善的私权保障体系,有利于规范行政执法行为。各级政府要以保证《民法典》有效实施为重要抓手推进法治政府建设,把《民法典》作为行政决策、行政管理、行政监督的重要标尺。另一方面,《民法典》是基本的民事裁判规则。《民法典》确立了解决民事纠纷的基本规则,明确了法律适用的基本准则,为法官正确处理民事关系、解决民事纠纷提供了基本准则。

(二)实质意义上的民法

实质意义上的民法,是指所有调整民事关系的法律规范的总称,包括《民法典》和其他民事法律法规。除《民法典》之外,我国还有两百多部单行法律,其中大量的都是民事法律。比较典型的民事法律如《著作权法》《商标法》《专利法》《收养法》等。此外,一些法律虽然形式上是管理性质的法律,但其中也包含了大量的民事法律规范,如《产品质量法》《土地管理法》《城市房地产管理法》等,这些法律也是我国实质意义上民法的组成部分。

在我国实行民商合一的立法体制下，一些商事特别法如《公司法》《保险法》《票据法》等，同样是我国民法的重要组成部分。除了法律，我国还颁行了大量的行政法规、司法解释，其中不少都是民事法律规范。它们都是实质意义上民法的组成部分。

实质意义上的民法的特点在于：一方面，它们是调整平等主体民事关系的法律规范，而并不注重外在的形式。尽管形式意义上的民法是最高形式的成文法，但毕竟无法涵盖全部的民事法律关系，还必须存在大量的置于其他法律法规中的民法规范。另一方面，实质意义上的民法不限于法律法规，它们还包括了大量的其他规范性文件和司法解释。所以，实质意义上的民法在法源上意义更为宽泛。正是由于该原因，实质意义上的民法也被称为广义的民法。

需要指出，实质意义上的民法与形式意义上的民法并不是对立的，而是相辅相成的。一方面，由于《民法典》是私法的基本法，因此，形式意义上的民法（即《民法典》）可以连接整个实质意义上的民法。也就是说，以《民法典》为纲，我国的民事立法将构成一个完整的、具有逻辑性的、协调一致的体系。

另一方面，仅仅靠形式意义上的民法调整纷繁复杂的民事关系是不够的，还需要借助大量的实质意义上的民法规范调整各种民事关系，但这些规范应当以《民法典》的规范为基础，不得与《民法典》的基本规则和制度相冲突。当然，在这一前提下，如果其他法律对民事关系的调整有特别规定，则原则上应当适用这些特别规定。

思考题

甲酒后驾车，将人行道上的路人乙撞伤致残，被交管部门吊销驾驶执照，并被移送司法机关追究刑事责任，乙有80岁老母丙需要赡养。请问该案涉及几方面的社会关系？其中哪些关系是民法调整的对象？

三、民法与民法学

所谓民法学，是指以研究民事法律规范及其发展规律的学科。民法既可以从立法层面理解，也可以从学科层面理解。从立法层面来看，民法是调整平等主体之间民事法律关系的总和，其既包括《民法典》的规范，也包括民事单行法以及其他立法中的民法规范；而民法学则是研究民法本身的学问。自罗马法以来，民法学就已经构建了具有自身内在逻辑体系的学科，形成了不同的法学流派，而且随着时代的发展，民法学也在不断发展。

例如，就民法学的基本价值理念而言，传统民法以私法自治为基本理念，现代民法虽然也秉持私法自治的价值理念，但也日益强调人文关怀的价值，而且在私法自治与人格尊严、人文关怀价值理念发生冲突时，民法学在价值判断上往往倾向于保护后者。

整体而言，民法和民法学的关系，本质上是立法与法学之间的关系，两者相辅相成，不可分离。一方面，民法是民法学产生的基础和前提，民法学的发展不可能脱离民法而独立存在。民法学作为研究民法的学问，其首先要以民法规范为研究对象。除规范研究外，即便是对民法学发展规律的研究，也不能完全脱离民法。另一方面，民法学的发展也可以反作用于民法。民法学通过研究民事法律规范的解释与适用，也可以促进民法规范的完善。尤其是民法学对民法发展规律的研究，可以促进民法体系、制度、规则的完善。民法也应当以民法学的发展为基础，从民法学中汲取营养，以民法学的发展为先导，借助民法学理论而发展。

例如，在我国《民法典》的编纂过程中，学者通过对民法发展规律的研究，主张侵权责任编与人格权编应当在《民法典》中独立成编，这也符合现代民法日益注重权利救济、日益强化人文关怀的价值理念。我国《民法典》吸收了这一民法学研究成果，这也更加彰显了我国《民法典》的中国特色、实践特色和时代特色。

民法学虽然要以立法为基础，但又不完全等同于立法，其发展也不是完全由立法决定的，而是有自身的内容体系和研究方法，有自身相对独立的发展规律。在一国领域范围内，法制应当具有统一性，因此，作为立法的民法不论是内在价值体系，还是外在形式体系，都应当具有统一性，要尽量避免立法理念和具体制度、规则之间的冲突。而民法学的发展则没有如此严格的统一性要求，就相关理论问题，学理上可以有不同的解释方案，学说理论的多元性本身也是民法学健康发展的基本前提。同时，民法学虽然也要构建自身的理论体系，但其不可能完全照搬立法，因为民法学本身不是对民法规范的简单注释，而是有自身独特的逻辑体系，将民法学简单等同于注释法学，反而会阻碍民法学的发展。

应当看到，不同国家因其历史传统、经济文化和社会制度的不同，民法学理论体系也不同。在体系构建上，自清末变法以来，我国民法全面借鉴甚至照搬了大陆法系国家特别是德国的民法，许多民法的制度和术语均来自欧陆国家。改革开放以来，随着社会经济的发展和法治建设进程的推进，我国民法学研究获得了长足的发展。一方面，注重使用抽象的技术性概念，追求制度的逻辑性和体系性，初步形成了具有自身特色的总则、物权、合同等理论体系；另一方面，也针对我国现实问题，建构了反映我国国情和服务我国实践的民法学。与此同时，比较法的研究以及对审判实践经验的总结都取得了很大进步。

在此背景下，我们应当努力构建自己的民法学理论体系，回应社会的现实需要。中国特色的民法学理论体系应当随着《民法典》的编纂而不断深化和发展。由于市场经济的发展和改革开放的深化，对民事立法提出了新要求，我国民法学也应该积极回应实践的需要，接受新挑战，解决新问题，不断满足社会主义市场经济建设和运行的法治需求。

第二节 民法的渊源

一、民法的渊源的意义

民法的渊源,也称民法的表现形式,是指民事法律规范借以表现的形式,通俗地讲就是民法的来源、根据。在这种意义上理解的民法渊源主要是指国家机关在其权力范围内制定的各种具有法律效力的规范性文件。因此,学者对民法渊源的阐述有各种不同意义。本书将民法的渊源确定为民法规范的表现形式,就是指民法规范以何种形式表现和存在、有哪些种类。正如法国民法学家雅克·盖斯旦和吉勒·古博在《法国民法总论》一书中指出的:“虽然学者们对法的渊源在理论上的定义有分歧,在事实上,当实践中涉及探究从哪里找到对一个法律问题的解决方法时,所有的学者的认识其实都是一致的,他们都会毫不犹豫地去查阅法律、判例、学说,或者还有习惯法。”

因此,学习民法的渊源理论,有助于从民法的现实存在和外延范围上加深对民法的理解,为人们在应用民法调整民事关系、指导民事行为、解决民事纠纷的过程中寻找民法规范依据提供理论指导。民法规范在哪里?民法渊源理论直接告诉人们,它通常表现或存在于各个国家机关依据其权限范围所制定的各种法律规范性文件之中。形式民法指民法典,实质民法指调整民事关系的法律规范的总和。在大陆法系国家,民法的渊源主要包括制定法、习惯法以及法理等;而在英美法系国家,民法渊源主要是判例法。

二、民法渊源的具体种类

(一)制定法

依据我国《立法法》的规定,在我国作为制定法的民事法律的规范性文件主要有以下几种:

1.《宪法》中的民法规范

《宪法》是国家的根本大法,具有最高的法律效力,是民事立法的依据。《宪法》中关于生产资料所有制和财产所有权的规定,关于公民基本权利和义务的规定,既是制定具体民事法律的依据,其本身也是调整民事社会关系的法律规范。在处理具体民事案件时,如果对该项民事关系缺少具体民法规定,则可以依据宪法中的有关规范的精神处理。

2. 民事法律

民事法律是由全国人民代表大会及其常委会制定和颁布的民事立法文件,是我国民法的主要表现形式。依据我国《立法法》第 8 条的规定,基本民事法律制度只能由全国人民代表大会或者全国人民代表大会常务委员会制定。基本民事法律主要是《民法典》,它是一个国家调整民事关系的法律规范及其各项制度按照一定的体例,经系统编纂而成的规范性立法文件。我国《民法典》于 2020 年 5 月 28 日由第十三届全国人民代表大会第三次会议通过，于 2021 年 1 月 1 日生效。单行民事法律是指调整某一方面的民事关系的民事法律。

单行民事法律中调整某一方面的一般民事关系的普通民事法律，如《物权法》《合同法》《婚姻法》《继承法》《收养法》《侵权责任法》等随着《民法典》的编纂完成，这些单行法律的内容被编纂入《民法典》的分则编，随着《民法典》的颁布和实施，这些单行民事法律同时被废止。调整特定的商事关系的单行商事法律，则按照民商合一体制作为民事法律的特别法继续存在，如《公司法》《票据法》《保险法》《海商法》《证券法》《合伙企业法》等单行商事法律。另外，《著作权法》《专利法》《商标法》等知识产权法律，《未成年人保护法》《妇女权益保障法》《老年人权益保障法》《消费者权益保护法》等社会法方面的单行民事法律，以及将来制定的个人信息保护法，数据、网络虚拟财产等新型财产权益保护的法律也将成为民法的渊源。

3. 其他法律中的民法规范

其他法律中的民法规范，是指由全国人民代表大会或者其常务委员会制定的民事基本法或单行法以外的其他法律中的民法规范。依据《民法典》第 11 条的规定，其他法律对民事关系有特别规定的，依照其规定。例如，《野生动物保护法》中关于野生动物资源属于国家所有的规定；因保护国家和地方重点保护野生动物，造成农作物或者其他损失的，由当地政府给予补偿的规定等都属于民事法律规范。

4. 行政法规

国务院根据宪法和法律，制定行政法规。国务院制定的行政法规其内容是调整平等主体间的人身关系和财产关系的，就是民事性行政法规，是民法的渊源之一。这包括三种情况：一是对基本民事法律制度尚未制定法律的，全国人民代表大会及其常务委员会有权作出决定，授权国务院可以根据实际需要，对其中的部分事项先制定行政法规；二是为了执行法律而制定的行政法规，如为了执行有关民事法律制定的实施细则或条例；三是为了履行国务院的行政管理职权事项而制定的行政法规，如《道路交通事故处理办法》《医疗事故处理条例》《物业管理条例》等。

要注意的是，规章不同于行政法规，它不具有全社会一体遵循的效力，而是仅在本部门或本地方辖区内的各自权限范围内具有效力，而且不得与法律、行政法规相抵触，地方性规章不得与地方性法规相抵触。人民法院处理民事案件时可以参照适用规章处理受规章约束的当事人之间的民事关系，而且它仅对受规章约束的当事人有参照适用的作用。

（二）对民法规范的解释性文件

在我国，法律、行政法规对其制定的有关规范性文件中的民事法律规范在其权限内所作的解释，虽然并非民法规范，但对执行有关民法规范具有法律上的约束力，因此，可以视为我国民法的渊源之一。最高人民法院在民事审判实践中所作的司法解释,对各级人民法院处理民事案件具有法律上拘束力,也可视为民法的渊源之一。

(三)习惯

从理论上讲,经国家认可的习惯,具有民法渊源的意义。外国民法中常规定,无法律规定时,依习惯。我国《民法典》第 10 条首次明确了习惯在我国的民法渊源地位。该条明确规定:"处理民事纠纷,应当依照法律;法律没有规定的,可以适用习惯,但是不得违背公序良俗。"由此可见,习惯在我国是法律的补充渊源,适用习惯的前提是,习惯不与公序良俗相违背。

(四)判例

判例即法院的判决先例。判例在英美法系国家是法律的主要渊源,而在大陆法系国家,传统上以制定法为法律的主要渊源,不承认判例法的地位。近年来,关于判例能否成为我国民法的渊源存在截然不同的观点:一种观点认为,在我国建立判例制度不仅使我国历史上重视判例的做法得以保持和发展,而且也完全符合当今世界各国法律发展的趋势。但也有观点认为,我国不应实行判例法制度。

"判例法是法官在职业实践中,依经验和才智,而不是依逻辑创制和培育而成;判例法的适用和演进,也是法官依经验和才智在很大的自由裁量空间进行。所以,判例法反映了立法的经验色彩,具有实践专家(法官)立法的优势"。我国立法权由立法机关统一行使,司法机关并无立法权,我国法官队伍的素质也不具备判例法制度的要求。因此,我国《民法典》第 10 条表明我国不采纳判例为民法的渊源,判例在我国并无法律拘束力。至于在司法实践中发挥判例对司法实践的指导作用则是另一回事。

最高人民法院以判例形式作出司法解释,将该判例发布的,应属司法解释的一种形式。最高人民法院发布的指导性案例对各级人民法院的法官适用法律仅仅具有参照适用的指导作用,并不能作为法律渊源加以引用。

延伸阅读

2010 年 11 月 26 日,最高人民法院发布了《关于案例指导工作的规定》,从而建立了案例指导制度。该制度对于保障裁判的统一、规范法官的自由裁量权、保障法律的准确适用等都具有十分重要的意义。依据《关于案例指导工作的规定》第 7 条的规定,指导性案例的效力是"各级人民法院在审判类似案件时应当参照"。

(五)法理

法理,是指法律的原理或一致接受的学说,也称关于法律的自然道理。作为民法渊源的法理,就是依据民法的立法精神经法学家阐发而成的处理民事关系的原理。它往往存在于民法教科书、学术著作、外国立法例和判例等。法理作为民法渊源在罗马法上早已有之。作为罗马法重要组成部分的《学说汇纂》，就是罗马法学家的著述。

《瑞士民法典》第 1 条规定，民法典没有相应规定时，以经实践确定的惯例（习惯法）为补充，如无习惯时，则法官可依实践确定的学理自己作为立法人提出规则，适用于裁判的案件。《意大利民法典》第 3 条也规定："法律未规定者，应类推其他规定以为适用，其他规定亦无者，应适用由法律精神所得之原则。"我国《民法典》第 10 条并未将法理作为民法的渊源。

第三节 民法的性质

一、民法是私法

公法和私法最初由罗马法学家乌尔比安提出，并被《学说汇纂》所采纳。关于公法和私法的分类标准极不统一，主要形成了三种不同的划分标准：

第一，利益说，即根据法律保护的利益涉及的是公共利益还是私人利益区分公法和私法。此种标准最初为乌尔比安所倡导。

第二，隶属说，也称为"意思说"，此种观点为德国学者拉邦德倡导，他认为应根据调整对象是隶属关系还是平等关系来区分公法和私法。公法的根本特征在于调整隶属关系，私法的根本特征在于调整平等关系。

第三，主体说，该说由德国学者耶律内克所倡导。此种观点认为，应当以参与法律关系的各个主体为标准来区分公法和私法，如果这些主体中有一个是公权主体，即法律关系中有一方是国家或国家授予公权的组织，则构成公法关系。该学说为现代公法、私法划分的通说。

20 世纪以来，由于国家干预经济的加强，传统的私法中渗进了公法的因素，出现了私法公法化的现象，公法中的义务介入私法领域，对民事权利构成了一定的限制。据此，很多学者认为，公法和私法发生了部分的融合，不应当再区分所谓的公法和私法，并认为民法即私法的观点已难成立。

上述各种分类标准都是相对合理的，不可能存在一种绝对正确的划分标准。应当将社会关系的性质和主体的性质结合起来，作为区分公法和私法的标准。从原则上说，凡是平等主体之间的财产关系和人身关系都属于私法关系，而具有等级和隶属性质的关系属于公法关系；私法关系的参与主体都是平等主体，国家介入也是作为特殊的民事主体来参与的，而公法关系中必然有一方是公权主体，其参与社会关系也仍然要行使公权力。

在我国，区分公法和私法的意义是重大的。长期以来，我国一直否认公法、私法的划分，认为在社会主义公有制下，国家广泛参与社会生活，经济关系和人身关系都有国家干预的色彩，所以社会主义国家的法律都具有公法性质，而不存在私法。这种观点显然是计划经济的反映，导致在实践中过分强调国家利益和国家干预，漠视了私人利益和私人自主调整法律关系的意愿。此种否认公法、私法分类的观点显然不符合我国社会主义市场经济的实践,也不利于社会主义民主政治的完善。区分公法、私法的意义主要体现在以下方面。

(1)由于民法是私法,因此要贯彻私法自治原则,赋予民事主体广泛的行为自由,并使当事人之间的合法约定能够具有优先于任意法适用的效力。按照私法自治原则,民事主体有权在法定的范围内根据自己的意志从事民事活动,通过法律行为构建其法律关系。在市场经济条件下"尽可能地赋予当事人行为自由是市场经济和意思自治的共同要求"。

民事关系特别是合同关系越发达、越普遍,则意味着交易越活跃,市场经济越具有活力,社会财富才能在不断增加的交易中得到增长。私法不仅给每个人提供了必要的发展其人格的可能性,而且由私法赋予的决策自由往往对主体而言更为有利。在纠纷发生后,如果涉及私法关系,产生的就是私法上的后果,即当事人个人之间的责任;如果涉及公法关系,则产生个人对国家如何负责的问题。

(2)在公法领域中,公共权力必须法定,"法无授权不可为",没有国家法律的明确授权,公权力机关就不得任意行为。而在私法领域,奉行私法自治的理念,"法无禁止即可为",其赋予了当事人广泛的自由。这两项原则也符合"规范公权,保障私权"的法治理念。

(3)有助于正确认定法律责任的性质。出现社会纠纷以后,如果涉及私法关系,产生的就是私法上的后果,即当事人之间的责任;如果涉及公法关系,则产生个人对国家如何负责的问题。私法规范的是民事法律关系,而公法主要规范行政法律关系。私法强调对公民、法人的合法民事权利的保护,充分尊重民事主体在法定的范围内所享有的行为自由,尊重民事主体依法对自己的民事权利和利益所作出的处分,而公法则更注重对民事关系的干预和对社会经济生活的管理。

(4)有助于明确民法规范的基本属性。明确民法为私法,就是要在民法中尤其是在合同法中尽量减少强行性规范,努力扩大任意性规范的数量。在民法中,原则上当事人有约定时依约定,无约定时则依法律规定,当事人的约定要优先于法律的规定而适用。我国民事立法中要尽量减少有关国家行政机关的管理规则,减少对当事人从事合法的民事行为所施加的限制。有关对民事关系进行限制和干预的规则应由公法而不是由民法予以规定。

最后还需要指出的是,民法只是私法最主要的部分,不完全等同于私法,或者说,民法是私法的核心部分。除民法之外,民事诉讼法、国际私法等,也应当属于私法的组成部分。

二、民法是市场经济的基本法

从民法的内容来看,民法调整的财产关系主要是财产归属关系和财产流通关系。在市场经济条件下,财产归属关系是财产交易的前提,而交易的最终目的也是财产的归属转换。即商品不能自己到市场去,不能自己去交换。因此,我们必须找寻它的监护人,商品占有者……商品监护人必须作为有自己的意志体现在这些物中的人彼此发生关系,因此,一方只有符合另一方的意志,就是说每一方只有通过双方共同一致的意志行为,才能让渡自己的商品,占有别人的商品。可见,他们必须彼此承认对方是私有者。"这就表明,商品关系的形成必须具备三个条件:一是必须要有独立的商品"监护人"(所有者);二是商品交换者必须对商品享有所有权;三是商品交换者必须意思表示一致。

这就是在交换过程中形成的商品关系的内在要求,与此相适应,形成了以调整财产所有和财产交换为目的,由民事主体、物权、债和合同等制度组成的具有内在联系的民法体系。民法就是按照市场经济的内在要求来构建的,符合市场经济的基本运行规律。

第四节 民法的基本原则

一、民事主体合法权益受法律保护的原则

我国《民法典》第 3 条规定:"民事主体的人身权利、财产权利以及其他合法权益受法律保护,任何组织或者个人不得侵犯。"这是《民法典》对民事主体合法权益受法律保护原则的确认。保护民事主体的合法权益是民事立法的首要目的,确立民事主体合法权益受法律保护,任何组织和个人不得侵犯也是民法的首要的基本原则。表明民事主体的合法民事权利及其他合法利益受法律保护是民法的最基本的精神,是整个民法体系的核心,是民事立法的出发点和落脚点,统领整个《民法典》体系和商事法及其他民事特别法,充分彰显了民法的权利法本位和私法性质。

民事主体的合法民事权利,包括了民事主体的人身权利、财产权利,《民法典》总则编第五章全面规定了民事主体的各项民事权利和利益,第八章规定了民事责任。在分则各编则分别规定了各类民事权利,设有物权编、合同编、人格权编、婚姻家庭编、继承编,最后规定了侵权责任编作为对民事权利和利益的保障和救济。《民法典》把民事主体合法民事权利和利益受法律保护不得侵犯的原则贯彻始终,成为民事权利的宣言书和基本保障法。

二、平等原则

平等原则,也称民事主体地位平等原则,其含义是指民事主体在民事活动中具有独立的人格,平等地享有主体资格,平等地参与民事活动,平等地受法律约束和保护。

民事主体在民事活动中具有独立的人格是指民事主体相互之间各自独立、互不隶属,都是各自权利的享有者和义务的承担者。即使在公法关系中具有隶属关系的当事

人，在民事关系中也不受隶属因素的影响而各自独立。任何民事主体都为其自身独立而存在。主体的人格独立是平等的前提和基础，是平等原则的首要含义。

各自独立的民事主体都具有平等的人格或者权利能力，依法平等地享有权利和承担义务，在法律上其参与民事活动的机会是均等的。无论是自然人还是法人，自然人无论其身份、民族、性别、文化程度、宗教信仰、财产状况、职务职称等因素差别，法人无论是机关法人、企业法人，也不论是上级单位、下级单位以及经济实力强弱，都是各自独立的民事主体，其主体地位一律平等，完全以其独立自由的意志参与民事法律关系，通过自愿协商建立、变更、终止相互之间的民事关系，任何一方不得将其意志强加于对方。

民事主体平等地受法律约束，平等地遵守民事法律规范，平等地受法律保护。任何民事主体的民事权利受他人侵犯的，可依据民法获得救济；任何侵犯他人民事权利的行为或违反民事义务的行为都同样地受法律责任追究。

平等原则的实质在于强调主体资格和法律地位的平等，强调主体从事民事活动的机会平等，排斥民事活动和民事关系中任何一方当事人对他方当事人的特权地位。平等原则并不意味着民事主体权利的实际享有没有差别。这种差别一方面来自法律规定上的限制，即基于合理的原因，法律对不同民事主体能够享有民事权利的范围作出限制。

例如，虽然自然人与法人的民事主体地位平等，但基于自然人与法人的性质不同，自然人专属享有的婚姻、亲属、继承、扶养等方面的民事权利就不能为法人享有；又如，同为自然人，但因其生理状态不同而在取得婚姻权的条件上有不同规定。

另一方面，权利实际享有上的差别来自当事人事实能力上的差别。例如，人人依其权利能力都可以取得房屋所有权，而个别当事人因其无力购买房屋而没有实际取得具体的房屋所有权，但并不因此认为其法律地位不平等。

在近代民法中，个人被作为抽象掉各种实质差别因素的完全平等的民事主体对待，从而确立了主体地位平等这一民法的根本原则，但各个人自身的实质差别因素是客观存在的，其个体自身因素差别的过分悬殊会导致民事主体地位实质上的不平等。

在近代民法向现代民法的发展过程中，一方面，为了实现对弱势群体的特殊保护，形成了劳动法、社会保障法等新的法律部门；另一方面，现代民法也对民事主体在特殊情况下的弱势一方规定一些特殊的权利，以确保主体地位的真正平等。例如，在租赁关系中，为保护处于弱势地位的承租人，规定“买卖不破租赁”；为了保护消费者，对格式合同作出限制。这些都是为了贯彻当事人主体地位平等原则而作出的规定。

平等原则是民法调整的民事社会关系特别是商品经济和市场经济关系根本要求的反映，是民法最基础、最根本的原则，它是贯彻民法其他各项基本原则的前提和基础。如果当事人民事主体地位不平等，就不可能自愿地进行民事活动，公平、诚信等原则就无从谈起。因此，平等原则是民法最为重要的原则。它贯穿于民法的始终，民法以确立主体地位平等为首要的民事调整方法，在民法的各个领域都以当事人地位平等为原则。我国《民法典》第 4 条规定了“民事主体在民事活动中的法律地位一律平等”这一原则。

三、自愿原则

自愿原则,即传统民法中的意思自治原则,是指民事主体依法以其意志自由进行民事活动的基本准则。我国《民法典》第 5 条规定:“民事主体从事民事活动,应当遵循自愿原则,按照自己的意思设立、变更、终止民事法律关系。”自愿原则的实质就是民事法律尊重和保障民事主体对其民事生活的自主设计、自主参与、自由选择。

自愿原则贯彻民法的始终,它以平等原则的存在为基础,又是平等原则的实现和体现,它同平等原则一样都是民法调整的民事社会生活对民法调整的根本要求。它体现于物权领域,虽然物权法贯彻物权法定原则,但物权人对其物的直接支配是以其自由意志进行的,对物的处分及物权变动的发生都是以物权人自愿为原则的。

自愿原则在合同法领域则体现为合同自由。合同自由的内容包括:(1)是否缔约的自由;(2)选择缔约相对人的自由;(3)选择合同内容的自由;(4)依法变更或者解除合同的自由;(5)选择合同形式的自由;(6)自由协商和解或者通过调解自愿达成调解协议解决合同纠纷或者协商决定是否通过仲裁方式解决纠纷。

自愿原则体现于婚姻关系则表现为婚姻自由原则。体现于财产继承关系,表现为财产所有人有权决定在其死后以法定继承还是以遗嘱继承、遗赠或遗赠扶养协议方式处分其财产所有权;继承人有权自由决定是否接受继承放弃继承权;受遗赠人有权自由决定是否接受遗赠或放弃遗赠。可见,自愿原则是贯彻民事活动全部领域的民法基本原则。

虽然自愿原则的实质在于尊重和保障当事人的意志自由,反对国家公权力对民事活动领域的擅自干涉,反对一方当事人对另一方当事人的强制胁迫和欺诈;但是,当事人的意志自由都不是绝对的、无限制的自由。国家对民事社会关系调整过程中,为了维护国家利益、社会公共利益和整体的民事社会秩序对当事人的意思自由是有所限制的。例如,物权领域当事人对物权的行使及物权变动要受物权法定原则的限制、受相邻关系的限制;合同法领域对涉及公用事业领域的有些合同关系有强制缔约的限制;在知识产权领域对专利权有强制实施的限制等。

四、公平原则

公平原则,是指民法以社会公平观念平衡当事人之间的利害关系,规范其权利义务及责任的基本准则。依公平原则,民事主体在与他人有相对利益关系的民事活动中,应按照对双方公平、平衡的观念行事,而不得显失公平。依公平原则,民事立法规定因欺诈、胁迫、乘人之危导致民事行为结果显失公平的,对方当事人有权请求撤销该民事行为,即使非因对方的上述恶意行为引起,而是由于利益受损方当事人的重大误解引起的,利益受损一方当事人也有权请求撤销该民事行为。

依公平原则,民事责任归责应当公平,一般侵权损害应以当事人主观上有过错为原则,但对于某些特殊的损害如果按照过错归责会对受害人造成明显不公平的结果,因此应实行无过错归责原则。如果对损害的发生双方均无过错,也不属于民法规定的适用无过错归责的情况的,则应当由双方当事人合理分担损失。对于违约责任的承担,双方当事人可以约定违约金的比例或损失的计算方法,当事人有约定的应当从其约定,如果依照当事人约定的计算方法计算的违约金或损害赔偿金明显高于或低于当事人所受损失的,对其不利的一方当事人可以申请人民法院适当降低或增加。依公平原则,人民法院或仲裁机构处理民事纠纷,应以公平观念为指导,对合同条款内容的解释应当符合公平正义的要求。

例如,《德国民法典》第 315 条规定:“由契约当事人一方确定给付者,在有疑义时,应依公平的方法确定之。依公平的方法确定给付者,其确定只于适合公平时始得对他方当事人发生拘束力。”第 317 条规定:“给付由第三人确定的,在有疑义时,第三人应依公平方法确定之。”第 319 条规定:“给付由第三人依公平方法确定的,如其确定显系不公平时,对于契约当事人不发生效力。”

公平原则的实质在于以公平正义的道德观念平衡当事人之间的利益关系。我国《民法典》第 6 条规定:“民事主体从事民事活动,应当遵循公平原则,合理确定各方的权利和义务。”第 496 条第 2 款规定:“采用格式条款订立合同的,提供格式条款的一方应当遵循公平原则确定当事人之间的权利和义务,并采取合理的方式提示对方注意免除或者减轻其责任等与对方有重大利害关系的条款,按照对方的要求,对该条款予以说明。提供格式条款的一方未履行提示或者说明义务,致使对方没有注意或者理解与其有重大利害关系的条款的,对方可以主张该条款不成为合同的内容。”公平原则在合同关系中体现最为明显,但公平原则作为民法的基本原则,不局限于合同法领域,在物权法、侵权行为法、继承法等领域也有体现。

例如,《民法典》第 288 条规定:“不动产的相邻权利人应当按照有利生产、方便生活、团结互助、公平合理的原则,正确处理相邻关系。”第 1186 条规定:“受害人和行为人对损害的发生都没有过错的,依照法律的规定由双方分担损失。”第 1130 条第 1 款规定:“同一顺序继承人继承遗产的份额,一般应当均等。”第 1130 条第 3 款至第 5 款规定:“对被继承人尽了主要扶养义务或者与被继承人共同生活的继承人,分配遗产时,可以多分。有扶养能力和有扶养条件的继承人,不尽扶养义务的,分配遗产时应当不分或者少分。继承人协商同意的,也可以不均等。”

五、诚信原则

诚信原则即诚实信用原则,是指民法适用以诚实信用为内容的市场伦理道德准则规范民事主体行为,调整当事人利益冲突,平衡当事人相互之间及其与社会利益关系的基本准则。其含义是指民事主体在民事社会生活中应以“互惠、善意、诚实信用”的道德准则行事。所谓互惠，是指民事主体在民事活动中追求自己利益的同时也要兼顾他人利益和社会利益，以对己对人都有利的方式行事。所谓善意，即要与人为善，不损人利己。

例如，《法国民法典》第 1134 条规定：“契约应善意履行之。”所谓诚实，即指民事主体在民事交往中要以诚相待，不得欺诈。所谓信用，是指民事主体在民事活动中要讲究信誉，信守诺言，自觉履行义务，不得失信于人。《日本民法典》第 1 条规定：“行使权利及履行义务，应恪守信义，诚实进行。”《瑞士民法典》第 2 条规定：“任何人都必须以诚实信用的方式行使其权利和履行其义务。”

诚实信用原则的功能首先在于指引当事人树立诚实信用的道德观念，同时确立具体规则以规范当事人的具体行为，使之符合诚实信用的要求，以平衡当事人之间的利益及其与社会利益的矛盾冲突。

另外，诚实信用原则也为人民法院和仲裁机构在司法实践中具体解释法律，应用法律于具体民事案件或者创造性地运用自由裁量权以弥补法律漏洞，解决民事纠纷提供了指导性准则。由于内容丰富，适用位阶极高，因此诚实信用原则被誉为民法的“帝王”条款。

我国《民法典》第 7 条规定：“民事主体从事民事活动，应当遵循诚信原则，秉持诚实，恪守承诺。”这一原则主要体现于合同法领域，我国《民法典》第 509 条第 2 款规定：“当事人应当遵循诚信原则，根据合同的性质、目的和交易习惯履行通知、协助、保密等义务。”

《民法典》第 466 条第 2 款规定：“合同文本采用两种以上文字订立并约定具有同等效力的，对各文本使用词语推定具有相同含义。各文本使用词句不一致的，应当依据合同的相关条款、性质、目的以及诚信原则等予以解释。”

《民法典》合同编关于合同依法成立具有法律效力，任何一方都必须全面严格履行合同义务，不得违反合同，不得擅自变更或解除合同的规定，关于缔约过失责任的规定，关于违约责任的规定，关于欺诈胁迫、乘人之危、恶意串通等民事行为无效或可撤销的规定，关于标的物瑕疵告知义务的规定等无不体现着诚信原则。但诚信原则作为民法的基本原则，其含义绝不限于上述法条之具体规定，也不限于合同领域，而是具有高度抽象性和不确定性。“诚信原则，系以同一时空下人类社会中多数众人，超乎条文规范之秩序，所共同认同，期相遵循之社会生活规范。”

在大陆法系民法采成文法典形式的体制下，成文法典对丰富的和发展着的民事生活实践的规定难免留有漏洞，因此，在司法实践中法官则以诚实信用原则为处理依据，以多数人所认同的社会生活规范处理具体民事案件，弥补法律的漏洞。

其中，权利不得滥用即是权利人行使权利违背诚实信用原则的体现。它是指民事主体必须正确行使民事权利，不得损害国家、集体和社会利益及第三人利益。

六、守法原则

《民法典》第 8 条“民事主体从事民事活动，不得违反法律，不得违背公序良俗”就是对守法原则的规定,这一原则是指民法确认的民事主体的民事活动应当遵守法律和行政法规的基本准则。依据这一基本原则,民法和有关法律、行政法规要对当事人的民事活动作出规范,为民事活动提供法律行为模式,使当事人的民事活动有法可依、有法可守。民法和其他有关民事关系的法律和行政法规,着重于对私人的或者平等主体的民事社会关系的法律调整,在规范属性上多为任意性规范,当事人可以依其意思适用任意性规范,也可以排除任意性规范的适用。凡是当事人以明确意思排除任意性规范适用的,任何一方当事人不得强制适用任意性规范,法院在处理民事案件中也不得对当事人强制性适用任意性规范。

只有在当事人对有关民事行为内容的具体事项没有约定或约定不明的情况下,才可以适用任意性规范的法律规定的内容予以解释或补充。但法律和行政法规对民事社会关系的调整也规定有强行性的规范,即民事主体在民事活动中必须遵守,不得违反的规范。民事主体一旦违反强行性规范,就不能实现其所预期的民事行为目的,而且还可能遭受对其不利的法律责任后果。因此,民法基本原则的所谓守法原则应是指民事立法应对民事活动提供法律调整,当事人的民事活动可以以其意思自治遵守任意性法律和行政法规规范,但对强行性的法律和行政法规范必须遵守。不仅要遵守民法中的强行性规定,而且要遵守其他法律和行政法规中的强行性规定。

七、公序良俗原则

公序良俗原则指民法确认的民事活动应当遵守公共秩序和善良风俗原则。公序即公共秩序,是指政治的、经济的和社会生活的一般秩序。如国家安全、社会稳定、经济上的弱者之保护、环境保护等。良俗即善良风俗,是指为社会众多人所尊崇的、为维护社会存在所必需的一般的伦理道德。它与诚实信用不同之处在于诚实信用原则是以互惠为基础的市场交易道德范围的原则,而善良风俗概念则限定在非交易道德范围内。公序良俗原则为各国民法普遍规定。

《法国民法典》第 6 条规定:“个人不得以特别约定违反有关公共秩序和善良风俗的法律。”《德国民法典》第 138 条规定:“违反善良风俗的行为,无效。”《日本民法典》第 90 条规定:“以违反公共秩序或善良风俗的事项为标的的法律行为为无效。”我国台湾地区“民法”第 72 条规定:“法律行为,有悖于公共秩序或善良风俗者,无效。”我国《民法典》第 8 条规定:“民事主体从事民事活动,不得违反法律,不得违背公序良俗。”该条文明确对公序良俗原则作出了规定。

公序良俗原则作为民法的基本原则具有高度的抽象性。其作用在于维护公共秩序和公共道德,其功能在于当发生有损于国家利益、破坏公共秩序或违背公共道德秩序的民事行为时,在无直接的法律强制性和禁止性规定的情况下,授权法官以社会公共秩序和公共道德准则判决该民事行为无效。我国《民法典》第 10 条规定:“处理民事纠纷,应当依照法律;法律没有规定的,可以适用习惯,但是不得违背公序良俗。”

在司法实践中,法官直接援用公序良俗原则判决某个民事行为无效,必须以法律确认的公共秩序和社会公众普遍尊崇的社会公共道德为依据,而不得随意援用。例如,某甲向某乙购买刀具本为正当的民事买卖行为,但若某甲购买刀具的目的是杀死某丙,某乙知而仍予出售,则其民事行为违背公序良俗原则。

思考题

原告甲男与被告乙女同居,甲男将其所有的一套单元楼房赠与乙女,并办理了房屋过户手续。后来甲男和乙女又达成协议约定:一旦乙女与其他男人结婚,甲男有权收回该房屋,乙女应无条件返还。后来乙女与丙男结婚,甲男则依据协议将乙女起诉法院要求返还房屋。请运用有关民法基本原则对该案予以分析。

八、绿色原则

《民法典》第 9 条规定:“民事主体从事民事活动,应当有利于节约资源、保护生态环境。”这条原则是《民法典》适应中国特色社会主义发展要求,对中央提出的加强生态文明建设、实现可持续发展的发展理念在民事立法中的回应,是《民法典》对民法基本原则的创新规定,具有重大的意义。

绿色原则的基本含义就是要求民事主体,在从事民事活动中要有保护环境和生态的法律意识,从有利于节约资源、保护生态环境的角度安排民事生活,不得滥用权利,浪费资源,破坏生态环境。这就为民事主体从事民事活动提供了基本的义务遵循,要求民事主体以生态人的理性与自然和谐共生,承担起保护生态环境的责任,体现了现代环境价值观。

《民法典》将绿色原则贯彻于民事活动的各个方面,从总则到分则各编做了体系化的条款规定。例如,在物权领域,物权人行使物权,特别是土地、水流矿产等资源型物权时,应当节约资源保护生态环境。《民法典》第 326 条规定:“用益物权人行使权利,应当遵守法律有关保护和合理开发利用资源、保护生态环境的规定。”据此,土地承包经营权人应当对土地精耕细作,不得荒芜承包地;探矿权人采矿权人进行探矿、采矿活动应当遵循地质矿体规律,不得乱采乱挖造成矿山和生态破坏;林木所有权人应当积极植树营林,不得滥伐林木,造成生态破坏。

《民法典》第 346 条规定:“设立建设用地使用权,应当符合节约资源、保护生态环境的要求,遵守法律、行政法规关于土地用途的规定,不得损害已经设立的用益物权。”《民法典》第 286 条第 2 款规定:“业主大会或者业主委员会,对任意处置垃圾、排放污染物或者噪声、违反规定饲养动物、违章搭建侵占通道、拒付物业费等损害他人合法权益的行为,有权依照法律、法规以及管理规约,请求行为人停止侵害、排除妨碍、消除危险、恢复原状、赔偿损失。”

《民法典》第290条、第293条、第294条等条款规定了相邻权人也要按照绿色原则处理好环境相邻关系的规则，从而把绿色原则贯彻于日常民事生活。在合同领域对资源合作开发、资源产品供应购销、新技术的开发利用等都要贯彻绿色原则。例如，《民法典》第509条第3款规定："当事人在履行合同过程中，应当避免浪费资源、污染环境和破坏生态。"在《民法典》人格权编规定，自然人享有健康权，包括自然人享有环境利益，任何组织、个人不得污染环境和破坏生态，损害自然人的健康。

在知识产权领域，要鼓励开发和推广有利于节约资源、保护生态环境的新能源新技术、新产品、新工艺，淘汰落后的产能工艺、产品，避免落后产能工艺浪费资源或者因技术开发或者产品制造对生态环境的破坏。

在婚姻家庭生活中也要倡导节约资源、保护生态，例如，居民在家庭生活中不得以自己付得起水电费，就不节约使用水电。在继承法领域处理遗产分配事宜，也要考虑有利于节约资源。在侵权责任领域要贯彻绿色原则，严肃处理环境污染侵权行为。

《民法典》侵权责任编第七章专章规定了"环境污染和生态破坏责任"，明确规定了环境民事权益的保护范围，规定了对污染环境和破坏生态的惩罚性赔偿、规定了责任人治理修复环境和生态的责任、规定了责任人承担的多项费用和损失赔偿范围，体现了对污染环境和破坏生态的行为严格追责的导向，对于环境和生态领域的国家治理能力和治理体系现代化建设具有重要的意义。

第五节 民法与邻近法律部门

一、民法在法律体系中的地位

法律体系通常是指一个国家全部现行法律规范分门别类组合为不同的法律部门而又有机联系的统一整体。法律体系就是部门法有机联系的整体系统。部门法，又称法律部门，就是调整某一特定方面的社会关系和具有相同调整方法的法律规范体系门类。由宪法及宪法相关法、民法、行政法、经济法、社会法、刑法、诉讼与非诉讼程序法等法律部门组成了我国的法律体系。法律体系的规范性文件体系是以宪法统率，法律为主干，包括行政法规、地方性法规、自治条例和单行条例等规范性文件的体系。

依据我国《立法法》第8条的规定，民事基本制度只能制定法律。因此，民法是整个法律体系中的主干法律。宪法是国家的根本大法，是整个法律体系的统帅。民法是仅次于宪法的基本大法。基本法是由全国人民代表大会制定和修改的规定和调整国家和社会生活中某一方面带有基本性和全面性的社会关系的法律。民法调整的平等主体的自然人、法人、非法人组织之间的人身关系和财产关系是最基本的社会关系，涉及最基本的民事生活关系和国家基本经济制度、市场经济关系。

《民法典》是新中国第一部以法典命名的基本法律，是新中国法治建设的重大成果。

它系统整合了新中国70多年来长期实践形成的民事法律规范，汲取了中华民族五千多年优秀法律文化，借鉴了人类法治文明建设有益成果；是一部体现我国社会主义性质、符合人民利益，顺应时代发展要求的民法典；是一部体现对生命健康、财产安全、交易便利、生活幸福、人格尊严等各方面权利平等保护的民法典；是一部具有鲜明中国特色、实践特色、时代特色的民法典；是一部固根本、稳预期、利长远的基础性法律。对推进全面依法治国、加快建设社会主义法治国家，对发展社会主义市场经济、巩固社会主义基本经济制度，对坚持以人民为中心的发展思想、依法维护人民权益、推动我国人权事业发展，对推进国家治理体系和治理能力现代化，都具有重大的意义。

《民法典》是人民权利的宣言书，是公民生活的百科全书，在中国特色社会主义法律体系中具有重要的地位。

二、民法与相关法律部门的区别

民法与刑法、行政法、诉讼法等传统的公法部门的区别主要体现在公法与私法的区别上。民法与商法的区别只是在民商分立的国家存在，在民商合一的立法体制下，民法包括商法，商法只是民法之特别部分。本节论述的民法与相关法律部门的区别，主要是指在民法的演进发展过程中产生的新的法律部门，如劳动法、经济法、社会保障法等法律部门与民法的区别。

（一）民法与经济法的区别

在西方国家，经济法的产生与民法的发展有密切关系。民法作为私法，自近代以来贯彻私法自治原则，在资本主义自由竞争阶段，国家对民事关系很少干预。随着资本主义发展到垄断阶段，国家不断加强对经济生活的干预，民法中限制合同自由和私法自治的条款逐渐增多，但这种干预仍然作为私法自治原则的例外，以不动摇私法自治的基础为原则。因此，这种干预性条款仍未超出民法的范畴。只能看作民法由近代民法向现代民法发展过程中出现的现象。

随着垄断的发展，经济危机的周期性爆发，国际经济竞争的加剧，爆发了两次世界大战，各参战国家为了战争的需要，加强了对经济生活的干预，制定了许多干预私人经济的法规，这些法规当时被称为战争经济法。第二次世界大战结束后，资本主义国家废除了以战争为目的的经济统治法，但同时又制定了一系列国家干预经济的法律，对经济生活进一步实行干预。由此制定的法律就是经济法。而其中最为突出的经济问题就是资本主义由自由竞争发展到垄断阶段，垄断严重阻碍了经济的发展，因而反垄断法在西方经济法中处于核心地位。

经济法理论认为，经济法是国家组织国民经济管理和企业进行经济活动的法律手段。经济法调整纵横统一经济的关系，因此，在计划经济体制下，民法对经济关系的调整作用受到极大的限制。随着社会主义国家经济体制改革，市场经济体制得以确立，民法调整市场经济关系的基础性地位得以确立，民法调整平等主体之间的财产关系和人身关系，经济法则被认为是国家对市场经济关系干预的法律手段，是调整国家干预经济关系的法律部门。

从对商品经济、市场经济关系的法律调整而言，无论是在资本主义国家还是在社会主义国家，民法和经济法都是密切联系的，都是调整市场经济关系的法律部门（另外，民法还调整人身关系，包括婚姻家庭关系），但二者在此联系点之外又存在明显的区别。

1. 调整对象不同

虽然民法和经济法都调整一定社会的市场经济关系，但二者分别调整市场经济关系的不同部分。民法调整平等主体之间的经济关系，即私人的经济关系，是市场经济主体间的内在关系，是平等主体相互之间的利益利害关系；而经济法调整的是市场经济关系中，主体之内在关系对社会公共经济秩序的影响关系，如作为平等的私人主体的两个企业之间的垄断性联合关系对公平竞争的公共经济秩序的影响关系，私人企业经济活动与国家产业政策、区域经济政策、可持续发展政策之间的影响关系等。国家正是通过对私人经济活动（本来由民法调整）的干预，使之符合公平竞争的市场秩序，符合国家产业政策，符合区域经济协调发展，符合国民经济可持续发展的目标要求。

可见，国家干预的经济关系即经济法调整的经济关系仍然是市场经济关系，是与民法所调整的私人之间的经济关系紧密相关的经济关系，而不是离开民法所调整的私人经济关系所产生的新的经济关系。由于国家干预经济关系的价值目标不再着眼于经济个体之间利益的实现，而是为了社会公共的、整体的经济利益，所以说，经济法是国家干预经济关系的法律。国家干预经济关系，也就是国家运用经济法调整经济关系。

如果说，经济法的调整对象是国家干预经济关系或者宏观调控关系，这就等于将经济法自身说成经济法的调整对象，无异于同义重复或者循环定义。说经济法是国家干预经济关系的法并没有错误，但如果将其作为定义却无法揭示经济法的本质特征。经济法的本质特征在于它的价值取向，即它为什么要干预经济关系，民法调整市场经济关系，经济法对市场经济关系进行干预（调整），同一社会的市场经济关系是同一的，单纯地从调整对象划分往往分不清，于是就出现了许多关于经济法调整对象的含糊不清的观点。

例如，认为经济法的调整对象是"需要由国家干预的具有全局性和公共性的经关系""因国家经济调节而引起的一种国家经济管理关系""国民经济运行过程中形成的经济关系"等。但通过法律价值分析，就能较为清楚地划分经济法调整的市场经济关系与民法调整的经济关系。经济法干预市场经济关系的价值取向就是为了社会公共利益而实现社会经济和市场经济整体秩序的平衡、协调、稳定和可持续发展，它主要是解决市场调节失灵的问题。因此，经济法的调整对象就是国家干预的对象（经济关系），应当是市场经济主体（个体）间的经济关系（由民法调整的）与市场经济整体秩序之间的协调性经济关系。

例如，市场经济主体个体间的垄断与整体的公平竞争秩序的不协调，主体间经济活动在某个产业的发展过热与产业整体发展的不协调，主体间经济活动在某个地区或区域的过快发展与国家整体区域经济协调发展的不协调，主体间经济竞争对资源的过度利用与国民经济可持续发展的不协调等经济关系，都需要经济法调整（国家干预）达到协调。经济法正是通过对市场主体的经济关系的外部干预来达到整体平衡和协调的。这种市场主体个体与市场整体间的依经济发展规律需要协调的经济关系就是经济法的调整对象。

中共中央、国务院《关于新时代加快完善社会主义市场经济体制的意见》提出："坚持正确处理政府和市场关系。坚持社会主义市场经济改革方向，更加尊重市场经济一般规律，最大限度减少政府对市场资源的直接配置和对微观经济活动的直接干预，充分发挥市场在资源配置中的决定性作用，更好发挥政府作用，有效弥补市场失灵。"这在一定意义上也正是认识民法和经济法关系的指导原则。民法是使市场在资源配置中发挥决定作用的法，经济法是更好发挥政府作用，有效弥补市场失灵的法，二者都是调整市场经济关系的重要法律部门。

2. 调整方法不同

民法调整平等主体之间经济关系，其调整方法主要是运用确认主体平等地位和实行主体意思自治的原则；经济法调整平等主体之间的经济关系即私人经济关系对公共经济秩序的相互影响关系，采取对私人经济关系从外部进行国家干预的方法，如运用经济政策和调控措施对私人经济关系限制、促导、监督等。

3. 法律本位不同

民法以个人权利为本位，其根本宗旨在于保障民事主体的个人权利，实现个人利益；经济法则以社会公共利益为本位，其宗旨在于协调私人的经济关系和社会公共经济秩序，确保公共利益的实现。虽然民法在实现个人利益时也兼顾社会公共利益，经济法在实现社会公共利益的同时也兼顾个人利益，但其重心各有不同。

小贴士

民法和经济法都调整一定社会的市场经济关系，但二者分别调整市场经济关系的不同部分。经济法调整市场经济主体个体间的经济关系与市场经济整体秩序之间的协调性经济关系。

（二）民法和劳动法的区别

民法调整普通社会成员之间的关系。资本家、劳动者之间本来是普通社会成员之间的关系，他们都是平等主体。但是随着资本主义经济的发展，作为社会普通成员的资本家从事以营利为目的的商业活动，转化为社会普通成员之中的"富人"，劳动者则转化为普通成员中主要靠出卖劳动力为生的"穷人"。事实上，他们已经不再是地位平等的主体。本来他们之间的劳动关系作为平等关系由民法中的雇佣合同调整，但资本家以其经济上的优势地位，凭借雇佣合同压迫经济上处于弱势的劳动者。

在资本主义工厂化生产的联合劳动中，劳动者为了争取自身的权利成立工会团体与资本家斗争。由此，他们不再以单个人身份与资本家订立劳动合同，而是以工会团体作为一方与资本家订立劳动合同，资本家也组织成资本家团体与劳动者团体订立劳动合同，这种合同就是团体合同，它与民法中的雇佣合同不同，其条款具有团体性的约束力，对团体内的每一位劳动者成员都具有强制的约束力，使其个人的自由意志受到了限制，因而这种劳动合同关系就超越了民法的调整范围，而由劳动法调整。

“根据现行法律制度，劳资协定对所有适用这些协定的劳动关系而言都是具有拘束力的规范。在单个的劳动合同中对这些规范所作的变更，必须在有利于雇工利益的情况下才有效，否则，无效。”通过国家对劳动关系的干预和限制，达到对处于弱势地位的劳动者利益的保护。由此可见，劳动法是由民法发展而来的，最初劳动法体现在工厂法中，与民法中商法部分的内容密切相关，而在其演进过程中，民法的商法部分侧重于商人营利目的的实现，与劳动法的以实现对劳动者利益保护的目的有很大不同，所以劳动法逐渐与之分离而成为独立的法律部门。虽然劳动法与民法有如此密切的联系，但就其密切联系的方面，二者又有明显的区别。

1. 二者的调整对象不同

民法调整平等主体之间的财产关系和人身关系；而劳动法调整社会化大生产条件下的联合劳动关系。这种联合劳动者具有团体性，团体中的劳动者个人对劳动者团体具有身份上的从属性、意志上的服从性。团体劳动的合同条款对个别劳动者具有约束力。对此国家予以认可，“这就是劳动法所具有的公法性”。围绕对联合劳动关系的调整，劳动法不仅调整劳动合同关系，还规定劳动者团体——工会的组织，规定劳动纪律、劳动保护、劳动福利、保险等问题。在这样的劳动关系中，劳动者个人与供职方的企业（资方）难以形成平等的关系，劳动者在联合劳动中必须接受劳动过程中资方管理者的指挥。

2. 调整的方法不同

民法调整民事社会关系采用确认主体地位平等和实行当事人意思自治的方法，而劳动法调整联合劳动关系则采取劳动纪律服从，认可劳动用人单位对违纪劳动者的惩戒，认可劳动者团体对劳动者个人的约束，以国家干预保护弱势劳动者利益等方法。由此形成民法多为任意性法律规范，而劳动法多为强制性规范的不同特点。

（三）民法与社会保障法

社会保障法“是从民法发展中延伸出来的一个法律部门”“凡是为了一个人的安全与生活而建立的法律都叫社会保障法”。天有不测风云，人有旦夕祸福。生活在民事社会中的人们，其生命健康和财产也会面临各种风险，一旦风险发生，其本人或其供养的亲属的生活就会陷入困境。理性的人们就有了防备不测，获得安全保障的需要。于是，在民法上，保险制度应运而生。它是由民事主体依保险合同关系获得保险保障的制度。这种依自愿原则建立保险合同关系而取得的保障并不是每个民事主体都能够在事实上获得的。

由于民事主体事实地位的差别和客观变化，有一部分社会成员可能演化成社会中的贫困群体、弱势群体。为了使这一部分人能够获得社会提供的安全和生活保障，国家就强制借助民法上的保险制度，用社会成员的投保费建立的保险基金为社会成员中需要救助的人提供赔偿。社会保险法是社会保障法的核心部分，由此可见，社会保障法是由社会群体力量对社会弱势群体的个体提供生活安全保障的法律制度。它与民法的联系在于它是由民法中的保险制度发展而来，同时仍然关心民事主体的个人的福利和安全。它与民法的区别主要在于以下几方面。

(1)民法调整的是一般的平等主体之间的人身关系和财产关系；而社会保障法调整的是民事主体之间因事实地位差别而引起的利益平衡关系，即由社会对处于弱势群体中的成员个体给予利益保障的关系。因此，它关心的仍然是普通的成员个体的利益，只不过这种利益是特定的利益，即弱势的、贫困的、需救助的利益，是处于弱势群中的个体利益，最终受到社会保障利益的都是具体的个人。

例如，每一个坐飞机的人都应被看作一个面临航空运送高度危险的弱者，因而必须强制其参加保险，其票价中含有保险费，由此集中起来的就是一笔社会的保障基金，一旦发生事故，这笔社会基金赔付给受益人，使其获得保障救助。只不过民法直接着眼于民事主体个体，而社会保障法直接着眼于对于社会中的弱势群体的保障，而不是某个具体的人。受保障者的个体通过群体关系获得保障利益，其个人意志和行为往往受到群体关系的影响和约束。

(2)民法以自愿原则调整民事社会关系；社会保障法则以国家干预的强制方法调整社会保障关系。例如，社会保险的强制参加，社会保险基金的强制缴纳等。

(3)民法在财产关系领域贯彻的是平等主体之间的对价支付关系；社会保障法是社会向受保障者的单方支付。

(4)民事主体是平等主体，但其财产关系内容上各自具有差别性；社会保障法中受社会保障者的待遇在同一群体中按同一政策标准公平分配。

(5)民事法律关系主体是平等的自然人或法人。社会保障法律关系的主体是社会保障机构，负有社会保障义务的国家机关、企事业单位、受保障的社会群体成员，其法律地位是不平等的。

第六节 民法学及其学习方法

一、民法与民法学

一个国家的全部法律规则依照一定的逻辑关系构成一个法律规则体系，称为法律体系。这个法律体系,犹如一个金字塔,最上层是宪法,其次是各基本法,再次是各单行法,下面是各种法规、规章。各基本法及其所统率的单行法法规、规章等,作为法律体系的一个构成部分,称为法律部门。民法,是一个国家法律体系中的一个重要法律部门。

法学是以法律为研究对象的科学,通常分为理论法学与实用法学。法理学、法哲学、法史学、法社会学等属于理论法学,宪法学、民法学、刑法学、行政法学、经济法学、国际法学、诉讼法学等属于实用法学。民法学,是以民法为研究对象的科学,是研究民法的实用法学。

二、民法学的主要内容

民法学的主要内容,可以分为三个部分。

第一部分内容,是学者对民法规则(民法立法、习惯、判例)进行整理并依一定的逻辑顺序所构成的体系,称为法源论。学习掌握这部分内容,我们可以了解什么是民法,民法的性质、任务、作用,特别是掌握民法的概念、原则、制度和理论的体系。

第二部分内容,是关于解释适用民法的方法和规则的理论,称为方法论。学习这部分内容,我们可以掌握如何正确解释、适用民法的方法。

第三部分内容,是学者运用民法方法针对假设的或者实有的案例,所提出的具体解释意见,称为解释论。这部分内容,可以作为我们正确理解民法概念、原则、制度的参考,及运用民法方法解释、适用民法的参考。

如果我们通过学习,熟练掌握了第一部分内容 ,可以说我们掌握了较多的民法知识。但掌握了民法知识,并不等于具备了运用民法和研究民法的能力。因此,在学好第一部分内容,即掌握比较扎实的民法知识的基础上,还必须进一步学好第二部分内容,即掌握民法方法论。无论是从事民法教学和理论研究的学者,或者是从事民法裁判和诉讼实务的法官、律师,判断其民法素养和民法实务能力的高低,关键就看其是否熟练掌握了解释、适用法律的方法、规则和理论,即是否掌握了现代民法方法论。至于第三部分内容,只是学者自己的解释论,其价值在于为我们提供如何理解、解释、适用民法的示范和参考。

三、学习民法学的基本方法

学习民法学的方法大致有两种:其一,是从抽象到具体、从一般到特殊的学习方法,即基本上按照《民法典》的结构顺序进行学习。其二,是从具体到抽象、从特殊到一般的学习方法,即从具体的事例(实有的或者假设的案例)入手学习民法。

第一种方法,可以使我们对民法获得整体的把握,即掌握民法的概念、原则、制度和理论的体系,为进一步学习、研究民法或者从事民法实务奠定扎实的民法知识基础。但这种学习方法,对初学者来说,要理解、记忆许多专业概念、术语,有相当的难度。

第二种方法,从具体的案例入手,可以唤起对民法理论的兴趣,但仅靠这种学习方法不大可能准确理解和掌握整个民法的基本结构和概念、原则、制度、理论体系。因此,现在提倡交替采用上述两种学习方法,即为了掌握民法的基本结构和整体概念、原则、制度和理论体系,须采第一种方法,精读一两种较好的民法教材或者体系性较强的专著。

在此基础上再采用第二种方法,阅读一些民法实例演习著作,使我们结合实例对民法的各项概念、原则、制度获得正确的理解和把握。然后再阅读一些具有较高学术水准的专题研究著作和专题研究论文,以进一步提高民法理论素养。并且,在具有比较扎实的民法知识的基础上,可以进一步阅读民法方法论著作和民法判例研究论文,以掌握解释适用民法的方法、规则和理论,提高运用民法和研究民法的能力。

在采用第一种学习方法时,须注意两个问题。

一是要遵循循序渐进的规律,先学好民法总论部分的内容,再循序学习物权、债权、亲属、继承。学好这部分内容,再学习其他部分就比较容易。学习其他部分内容时,也应遵循同样的规律,先着重学好该部分的基础知识,如学习债权,应先着重掌握债权总论部分,然后再学习债权分论部分;学习合同部分也应先着重学习合同总论部分,然后再学习各种具体合同。

二是遵循"阅读、记忆、理解、运用"的规律。民法是一套概念、原则、制度和理论的体系,其基础是一整套有严密逻辑关系的概念,掌握了这套概念,就掌握了民法的思维框架。

经验表明,法官在裁判的过程中、律师在处理案件的过程中、学者在分析案例的过程中如果出现失误,往往源于没有掌握好这套概念或者发生概念混淆。因此,学习民法首先强调记忆。但民法概念有其专门含义,相互间有其逻辑关系,因此不能单凭死记硬背,在记忆的同时应强调对概念的理解。特别是初学者,一定要着重记忆和理解这两个环节,边阅读、边记忆、边理解,在理解的前提下增强记忆,在记忆的基础上加深理解。

在初步掌握了民法概念、原则、制度和理论的体系和方法的基础上,要强调联系实际,即运用所掌握的民法知识和方法分析实有的或者假设的案例,针对具体的案例解释、适用民法规则,然后得出对该案例的处理(判决)意见。在这样的运用中,不仅可以加深理解和记忆,而且可以使所学民法知识逐渐转化成自己的民法素养和民法实务能力。

思考题

1. 试述民法的调整对象。
2. 简述民法的性质。
3. 如何理解现代民法的发展趋势。
4. 简述民法适用的基本原则。

第二章 民事法律关系

【学习目标】

1. 了解民事法律关系的概念和特征。
2. 了解民事法律关系的要素和构成。
3. 了解民事权利能力、民事行为能力和民事责任能力的概念。
4. 了解民事权利的概念和特征。
5. 了解民事义务的概念和分类。
6. 了解民事责任的概念与特征。

【引导案例】

甲与乙订立房屋买卖合同,约定甲将其所有的5间房屋卖给乙,乙向甲支付50万元价款。随后,乙依约向甲支付了房屋价款,甲将房屋所有权移转过户给了乙。

请问:由此发生了哪些民事法律关系?它们各自的构成要素是什么?

【简要评析】

依据我国《民法典》第595条的规定,买卖合同是出卖人转移标的物的所有权于买受人,买受人支付价款的合同。甲与乙订立房屋买卖合同,即在甲与乙之间发生了房屋买卖合同法律关系。在这一法律关系中,甲和乙是法律关系的主体,他们所买卖的房屋及房屋价款是客体,其内容是:甲享有要求乙支付房屋价款的权利,甲负有向乙转移房屋所有权的义务;乙享有要求甲转移房屋所有权的权利,乙负有向甲支付房屋价款的义务。

依据这一法律关系,甲、乙相互履行了各自的义务,也相互实现了各自的权利。甲对乙交付给他的50万元取得了所有权,与其他任何人之间发生了所有权民事法律关系,甲和其他任何人是这一所有权民事法律关系的主体,其中甲为权利主体,其他任何人为义务主体。50万元货币为客体,甲对这50万元货币的支配权和其他任何人不得妨害甲的支配的义务为内容。同样,乙也取得了房屋的所有权,与其他任何人之间发生了房屋所有权民事法律关系,乙和其他任何人是主体,房屋为客体,乙对房屋的占有、使用、收益和处分的支配权利和其他任何人不得妨害其支配的义务为该法律关系的内容。

第一节　民事法律关系概述

一、民事法律关系的概念和特征

在社会生活中,各类主体为了满足自身的生存和发展需要,必须从事社会交往,相互之间要发生各种社会关系。同时,为了使社会关系形成安定、和平、有序的状态,人与人之间形成正常的交往关系,法律需要对各种社会关系进行规范。法律关系是法律规范在调整人们之间的社会关系过程中所形成的一种特殊的社会关系,即法律上的权利义务关系。民事法律关系是由民法规范调整的社会关系,也就是由民法确认和保护的社会关系。民事法律关系不同于其他法律关系的特点在于以下几点。

1. 民事法律关系是民法所调整的社会关系在法律上的表现

人们在社会生活中会形成各种社会关系,这些社会关系分别由不同的法律部门调整,由此形成了不同的法律关系。民法在调整平等主体之间的人身关系和财产关系的过程中,形成了民事法律关系,并使原来的社会关系的内容表现为法律上的权利义务关系。

民事法律关系是民法调整的结果。法律调整社会关系只是赋予当事人权利和义务,使之成为权利义务关系。不能把民事法律关系理解为一种独立于民法的调整对象以外的社会关系。

2. 民事法律关系是人与人之间的权利义务关系

拉伦茨认为,法律关系是“人与人之间的法律纽带”,民事法律关系也不例外。民事法律关系作为一种权利义务关系,实质是发生在民事主体之间的社会关系。即使是人格权关系,也是人与人之间的关系,而不是人对自身的关系。民事法律关系虽然在许多情况下要与物发生直接的联系,但是它并不是人与物、人与自然界的关系,而是通过物所发生的人与人之间的关系。明确民事法律关系为人与人之间的关系,对于正确适用民法具有重要意义。

3. 民事法律关系具有平等性

民法调整社会关系的特点首先在于其平等性,民事法律关系就是平等主体之间的人身关系和财产关系在法律上的表现,因此,在这种关系中,不仅当事人在法律地位上是平等的,而且许多法律关系中当事人的权利、义务具有对等性和相应性:一方的权利即是另一方的义务,一方的义务即是另一方的权利。

4. 民事法律关系具有一定程度的任意性

民事主体参与的各种社会关系大都体现其私人利益,所以法律赋予民事主体较大的自治权,因此民事法律关系具有较强的任意性,表现在以下几方面。

(1)发生上的任意性,即许多民事法律关系由当事人意思自治的方式产生。

(2)变更上的任意性,即许多民事法律关系允许当事人协商变更。

(3)消灭上的任意性,即许多民事法律关系允许当事人通过意思自治的方式使其归于消灭。

(4)内容上的任意性,即民事法律关系的内容大多由当事人的意思决定,当事人的约定优先于法律规定,只要不违反国家强行性法律和公序良俗,当事人可以依法协商,自由确定其权利义务内容。

当前,强调民事法律关系的任意性具有特殊的意义。在我国市场经济条件下,交易的发展和财产的增长都要求市场主体在经济活动中保持高度的能动性和活力,法律应为市场主体提供广阔的自治空间,政府对经济活动的干预应限制在合理的范围内、市场经济对法律提出了尽可能赋予当事人行为自由的要求。这点在民法中表现得最为突出和明显,这就决定了民事法律关系具有较强的任意性。所以在民事立法过程中,应当更多地运用任意性调整方法,赋予民事主体更多的自治权,不能沿袭旧有的国家过分干预经济生活的传统,否定当事人的意思自治。

二、民事法律关系在民法体系构建中的意义

民事法律关系在民法体系构建中具有如下意义。

1. 民事法律关系是整个民法逻辑体系展开与构建的基础

一般认为,萨维尼最早系统提出以法律关系构建整个民法的体系,其代表作《当代罗马法体系》就详细探讨了法律关系,在此基础上,依据五编制分别讨论具体的民法制度。潘德克顿学派一个最伟大的贡献就在于,以法律关系的要素作为构建民法典总则体系的框架。具体来说,在总则中根据法律关系的要素确立了主体、行为、客体制度,然后在分则中确立法律关系的内容,该内容主要是民事权利,具体包括债权、物权、亲属权、继承权,当总则中确立的主体、行为、客体与分则中的权利结合在一起时,就构成一个完整的法律关系。

例如,总则中的主体、行为、客体与物权制度结合在一起,就构成完整的物权法律关系。由于法律关系的各种要素都已具备,从而形成完整的法律关系,这种构架模式体现了潘德克顿体系的严谨性和科学性。在我国《民法典》制定过程中,这种体系化的构建模式起到了重要的参考作用。我们需要以民事法律关系作为《民法典》体系构建的框架,整合现行的零散的民事法规,建立逻辑清晰、结构严密、体系完整的民事权利体系。

2. 民事法律关系理论对整个民法学的建立和发展具有重要意义

民法学作为以民法为研究对象的学科,不是孤立地研究个别的民法规范,而是从整体着眼,将民法体系作为研究的对象,而法律关系正是贯穿始终的一根红线,它将民事主体、客体、行为、各种民事权利等诸要素整合为一体,形成清晰的脉络。民法学作为具有自身特点与体系的独立学科,其研究体系与论述方式的展开,也是建立在民事法律关系各项要素的基础上的。民法学在一定意义上就是民事法律关系之学。

3. 民事法律关系是解决实践问题的基本思维模式与思考方法

从方法论上看，民事法律关系是指导理论研究人员与司法实务工作者解决实践问题的基本思维模式与思考方法。司法审判人员在处理民事纠纷时，都需要将当事人置放在具体的民事法律关系中，分析该具体法律关系的主体、客体以及当事人的权利义务关系，把握权利的产生、变更、消灭，这样才能公正裁判，正确地解决各种民事纠纷。例如，在解决某个纠纷时，先需要判断所涉及的是侵权法律关系还是违约法律关系，如果是合同关系，那么究竟是一个合同关系还是两个合同关系，该合同关系的内容、性质究竟为何。这就是正确审理民事案件所应当遵循的基本思路。

第二节 民事法律关系的要素

民事法律关系的要素是指构成民事法律关系的必要因素，即构成一个具体民事法律关系必不可少的事项。缺少其中任何一项则不能构成具体民事法律关系；变更其中一项，则引起该民事法律关系的变更。任何民事法律关系都是由主体、内容、客体三要素构成的。掌握民事法律关系的构成要素是研究民事法律问题和确定具体民事法律关系产生、变更、消灭及其效力状态的着眼点。

一、民事法律关系的主体

民事法律关系的主体，即民事主体，是参加民事法律关系、享有权利和承担义务的人。凡是法律允许参与民事法律关系，从中享有权利、承担义务的自然人和社会组织都可以是民事法律关系主体。民事法律关系主体主要是指自然人和法人，在特定关系中国家也可以是民事法律关系的主体。不具备法人资格的其他组织即非法人组织，虽不是享有独立民事权利能力和行为能力的民事主体，但能以自己名义参加民事活动，只不过其民事责任最终由与其有组织关系的自然人或法人承担。

民事法律关系是民法调整的民事社会关系的法律反映，是人与人之间的关系，因此，主体是构成民事法律关系的首要要素，离开了主体要素，民事法律关系无从产生。在任何一个民事法律关系中，至少有两方主体，一个主体不可能和自己构成法律关系，只能与其他主体发生民事法律关系。在一个民事法律关系中，享有权利的一方主体称为权利主体；负有义务的一方主体称为义务主体。

由于民事法律关系主体的平等性，其权利义务具有相互对应性，因而在许多具体民事法律关系或者在具体民事法律关系的联系中，双方当事人互为权利义务主体。例如，在一个双务合同关系中，双方当事人互享权利、互负义务。在两个相互联系的所有权关系中互为权利义务主体。当然，在一些单务性质的民事法律关系中，一方只享有权利，另一方只负有义务。作为民事法律关系主体的一方，可以是一个人，也可以是两个人以上的人。主体一方为两个人以上的，该方主体内部又有民事法律关系。

二、民事法律关系的客体

民事法律关系的客体，是指民事法律关系主体享有的权利和承担的义务所共同指向的对象。如果没有客体，民事权利义务便无所依存，因而民事法律关系也就无从产生，所以客体也是民事法律关系的构成要素。

客体作为主体权利义务的对象，既可以是民事法律关系产生时就存在的事物，也可以是民事法律关系产生后才发生的事物。作为客体的担当者有四大类：物、行为、智力成果和人格要素、身份，在某些民事法律关系中，有些权利也可以成为客体。例如，物就是物权法律关系的客体，行为就是债权法律关系的客体，智力成果就是知识产权法律关系的客体，人格要素或身份是人身权法律关系的客体，在权利质押法律关系中被质押的权利就是客体。

延伸阅读

民事责任能否作为法律关系的一个要素？

本书认为，民事责任在性质上是违反民事义务的法律后果，因此责任是法律关系遭到破坏、违反而产生出来的新的法律关系。例如，合同法律关系被违反后就产生了违约责任，而违约责任本身就是一种法律关系，同理，因侵权行为而引发的侵权责任就是侵权法律关系。所以，民事责任本身就是法律关系的一种，是原有的法律关系的变异形态，而非法律关系的要素。

三、民事法律关系的内容

民事法律关系的内容是指民事主体所享有的权利和承担的义务。民法对民事社会关系的调整就是通过赋予民事主体权利义务而将他们之间的社会关系纳入民事法律关系的轨道，因而民事主体享有的权利和承担的义务是民事法律关系最实质之处，是民事法律关系区别于非法律关系和其他法律关系的标志，是各个具体民事法律关系之间相互区别的依据。因此，民事权利义务是民事法律关系的核心，是构成民事法律关系必不可少的要素。

民事法律关系是主体、客体、内容三要素密切联系的有机整体，主体针对客体享有权利和承担义务；客体承载和体现着由主体享有的权利和承担的义务，权利义务联结主体与客体，将客体所承载之权利和负担之义务归属于主体，而归属于主体之权利义务又是附着于客体上的。

第三节　民事能力

一、法律上所谓能力

法律上所谓能力，是指在法的世界中作为法律主体进行活动，所应具备的地位或资格。当然，该地位或资格是由法律所赋予的。民法上有三种能力：民事权利能力、民事行为能力及民事责任能力。民事权利能力，是作为民事主体“人”所具有的“静的”能力；民事行为能力及民事责任能力，是关于“人”的活动的“动的”能力。一切私法上之法律关系，均以此三种能力为基础。须注意的是，法律关于民事权利能力、民事行为能力和民事责任能力的规定，属于强行法规定。此类能力任何人不能放弃其全部或一部，亦不能由当事人设定或变更。

二、民事权利能力

（一）民事权利能力的概念

民事权利能力，是指据以充当民事主体，享受民事权利和承担民事义务的法律地位或法律资格。又称法人格或人格。

在奴隶社会，只有奴隶主才享有民事权利能力，才能充当民事法律关系的主体。奴隶不具有民事权利能力，从法律上看，奴隶不是人，而是会说话的工具，其法律地位与牛马、器物相同，只能成为民事法律关系的客体。在封建社会中，人们享有的民事权利能力大小不等，取决于他们在封建等级制度中所处的地位。贫苦农民处于封建等级制度的最底层，其地位低下，因而其民事权利能力最小，实际上只是承担义务的能力。无论奴隶制家庭或封建制家庭，都只有家长才具有民事权利能力，才可以参加民事法律关系，才能够享有民事权利和承担民事义务。妻和子女不享有民事权利能力，其法律地位相似于奴隶。

资产阶级在推翻封建统治之后，建立了资本主义的经济制度和政治制度，在法律上规定了自然人民事权利能力平等的原则。如《奥地利民法典》第17条、《法国民法典》第8条、《瑞士民法典》第11条，均明文规定一切自然人享有平等的民事权利能力，相对于奴隶社会和封建社会，无疑是一大进步。但须注意的是，民事权利能力毕竟只是一种法律资格，享有这一资格并不等于实际取得了民事权利。想要在实际上享有民事权利，除必须具备民事权利能力外，还必须实施法律行为或有其他法律事实。

在古代罗马法上，并无近代民法意义上的权利能力概念。在罗马法上，要成为完全的权利义务主体，须具有三种资格：自由权（status liberatis）、市民权（status civitatis）、家族权（status familiae）。当时尚未用权利能力一语来概括这三种资格，而是用人格或人格权

(caput)来总称这三种资格。中世纪罗马法学也是如此。近代意义的一般的权利能力概念,是由何人所倡,学者意见不一。学者 Franz von Zeiller (1753—1828)所起草的《奥地利民法典》第一次在法律上使用了权利能力概念。由于承认一般的权利能力,使该法典成为趋向私的自治的法典。因此,可以断言,权利能力的概念,产生于 18 世纪后半期至 19 世纪的欧洲。

(二)民事权利能力的取得和消灭

自然人和法人都有民事权利能力。自然人一出生,即被认为有民事权利能力。法人依法成立后,有民事权利能力。此外,还有所谓非法人团体,实际上在许多方面亦与法人同样对待。

民事权利能力,是指充当民事法律关系主体的法律资格,无此法律资格,即不得作为民事主体。须注意的是,民法关于民事权利能力的规定,属于强行性规定,不允许当事人依自由意思予以排除或变更。因此,任何人不得抛弃其民事权利能力,合同中如有限制当事人民事权利能力的内容,应为无效。此外,自然人的民事权利能力有不受剥夺的性质,即使受刑事处分,其一般民事权利能力仍不受影响。

(三)一般民事权利能力与特别民事权利能力

民事权利能力可分为一般民事权利能力与特别民事权利能力。一般民事权利能力,泛指参加一般民事法律关系的法律资格;特别民事权利能力,指参加特定的民事法律关系所要求的法律资格。一般民事权利能力,法律对于一切自然人均平等地赋予,不因年龄、性别、民族、种族、国籍、信仰、文化程度及财产状况而有所不同,贯彻民事权利能力平等原则。

但是,对于某些特定的民事法律关系,法律有特别的要求。自然人与法人,基于性质上的差异,存在特别民事权利能力的差别。如自然人有充当继承关系和婚姻关系主体的民事权利能力,而法人不具有这类民事权利能力,不得享有继承关系和婚姻关系上的权利。此外,本国人与外国人之间,基于政策上的考虑,也有特别民事权利能力的差异。

三、民事行为能力

(一)民事行为能力

民事行为能力,指民事主体据以独立参加民事法律关系,以自己的法律行为取得民事权利或承担民事义务的法律资格。民法理论上,关于民事行为能力概念,有广义概念与狭义概念之别。广义民事行为能力概念,既包括实施法律行为的能力,也包括实施非法行为的能力;狭义民事行为能力概念,仅指实施法律行为的能力。《民法典》虽未对民事行为能力概念下定义,但依解释,应当认为我国民法所称民事行为能力,系采狭义概念。因非法行为,如侵权行为,唯发生行为人的责任问题,而不发生行为是否生效问题,不要求有民事行为能力。至于合法行为中的事实行为，亦仅有构成问题，而无效力问题，也不要求有民事行为能力。

民事行为能力和民事权利能力，是现代民法上两项最重要的法律资格。民事权利能力，是充当民事法律关系主体所必须具备的法律资格。凡具有民事权利能力，均可成为民事法律关系主体，可以享有民事权利和承担民事义务。民事行为能力，是民事主体独立实施法律行为的法律资格。凡有民事行为能力，即可不依赖于他人而独立实施法律行为，参加民事法律关系，为自己取得民事权利或设定民事义务。对于自然人来说，人人都有民事权利能力，即自然人民事权利能力平等。

自然人的民事权利能力，以生存为条件，一经出生即当然具有民事权利能力。但自然人的民事行为能力，并不是从一出生即当然享有，也不是一切自然人都具有民事行为能力。法律只对有一定判断力的人赋予民事行为能力。自然人虽然一经出生即具有民事权利能力，可以成为民事法律关系主体，但要独立从事民事活动，实施法律行为，为自己取得权利和设定义务，除有民事权利能力外，还必须具备民事行为能力。

具有民事行为能力的自然人，才能够不依赖于他人而独立实施法律行为，参加民事法律关系，为自己取得民事权利或设定民事义务。可见，对于自然人而言，区别民事权利能力与民事行为能力，有重要意义。但对于法人而言，只要具备民事权利能力，也就在同样的范围被赋予民事行为能力。因此，在自然人须要求有民事行为能力，而在法人只须有民事权利能力即可。

（二）意思能力

意思能力，指自然人认识自己行为的动机与结果，并根据此认识决定其正常的意思之能力。瑞士民法称为判断能力，我国台湾地区“民法”称为识别能力。意思能力为法律赋予自然人民事行为能力之前提。有意思能力，始有民事行为能力；无意思能力，即无民事行为能力。须注意的是，此所谓意思能力，并非法律所赋予的地位或资格。意思能力的有无是事实问题，须就各个具体的法律行为，考虑行为人的年龄智力及精神状态而决定，并无统一的基准。但这在实践上又难以彻底贯彻，否则将影响交易活动的正常进行，并增添许多法律程序和手续。因此，民法采取变通办法，以达到定年龄且精神正常为基准，规定哪些自然人具有意思能力，因而具有民事行为能力；其余则不具有意思能力，因而不具有民事行为能力。

行为能力与意思能力的区别，于实践中有其重要意义。依民法规定，未满 8 周岁的未成年人，因其不具有意思能力，在法律上属于无行为能力人，其独立实施的法律行为，因此应无效。年满 18 周岁的成年人，因其具有意思能力，法律上属于有完全行为能力人，其所实施的法律行为，当然不得以欠缺行为能力而主张无效。但若能举证证明实施该行为之际处于无意思能力之状态，如因醉酒或疾病发作而陷于昏迷状态，则仍得以行为时欠缺意思能力而主张该行为无效。同理，精神病患者已依《民法典》第 21 条的规定被宣告为无行为能力人,其所实施的法律行为,应当然无效。其未依《民法典》上述规定宣告者,仍得以意思能力欠缺而主张该行为无效。唯此种情形,须负举证责任。

四、民事责任能力

(一)民事责任能力

民事责任能力,指民事主体据以独立承担民事责任的法律地位或法律资格,又称侵权行为能力。凡具有民事责任能力的主体,将对自己的行为所造成的违法后果承担民事责任。反之,无民事责任能力的主体,在其行为给他人造成损害时,其本人将不受法律追究,而由其监护人承担民事责任。

《民法典》虽未规定民事责任能力概念,但从第34条关于无民事行为能力人、限制民事行为能力人造成他人损害应由其监护人承担民事责任的规定解释,《民法典》中不仅有民事责任能力之存在,并且将民事责任能力与民事行为能力相联系:凡依法具有民事行为能力者,均具有民事责任能力。

(二)民事责任能力与民事行为能力的区别

民事责任能力与民事行为能力,虽然相互联系,但毕竟是两种不同的资格,不应混淆。二者区别如下。

1. 目的不同

法律设民事行为能力,在于使主体可以按照自己的意思追求自身利益;设民事责任能力之目的,在于对主体的违法行为追究民事责任,保护他人和社会利益。

2. 效力不同

民事行为能力是决定民事行为是否有效的根据,民事责任能力是决定主体是否自己承担民事责任的根据。

3. 性质不同

民事行为能力总是具体的,有一定的范围;民事责任能力乃是抽象的,并无一定范围。主体的行为超出其民事行为能力范围将不生效,但其违法行为无论是否超出民事行为能力范围,均发生法律效果,即应受法律追究。

(三)民事责任能力的判断

关于民事责任能力的判断,通说认为,应该以行为时有无意思能力为断,亦即须就其各个具体的行为,审查其有无识别能力,以决定其责任。法律上并未针对行为能力制度,以年龄等设定统一标准。盖不法行为系应受制裁之问题,依理应就具体情形决定,不适于依抽象的标准决定。此种学说着重于个人之保护,但难免有所偏颇,不利于对他人和社会之保护。且民事责任仅涉及责任人之财产利益，不及于人身，与刑事责任有别。以民事行为能力之有无，作为判断民事责任能力之根据，实有利于实务及对他人和社会利益之保护。

第四节 民 事 权 利

一、民事权利的概念

民事权利是指民事法律规范保护的民事主体的利益及以其意志自由实现利益的法律手段。利益是民事主体在民事生活中的各种物质的或精神的需要。例如，人们衣食住行的物质需要、名誉尊严的精神需要等。满足其需要就是其利益的实现。在民事社会关系中，民事主体处在各种利益关系中，每个主体都有各自的利益需求，难免发生利害冲突。因此，法律就需要调整主体的利益冲突。

法律调整主体的利益冲突，就是要界定主体的符合公平正义的利益享有，并保护其利益的实现不受他人的侵犯。法律保护主体利益的本质就是保护主体追求和实现其利益的意志自由，保障主体得主张其利益的正当性和实现利益的能为性。这种主体依法享有的得主张其利益的正当性和依法实现其利益的能为性就是主体的民事权利。

在这里，主体得主张其利益的正当性是指其利益的取得符合公平正义，具有法律依据，因而可以向义务人主张。主体实现其利益的能为性是指主体为实现其利益依法能够采取的各种手段。例如，主体直接支配客体，排除他人的干涉，实现客体利益；主体请求义务主体为一定行为或者不为一定行为，以实现其利益；主体在其利益受到侵犯或妨害时得依法请求法院或有关国家机关予以保护。因此，民事权利就是民法规范保护的民事主体的利益及其为实现利益得以其意志自由采取的法律手段。

二、民事权利的特征

(一)民事权利是由民法所确认的一种权利

民事权利是由民法所确认的权利，这表明民事权利不同于任何个人在公法上的权利。公法上的权利主要是指《宪法》和行政法所确认的公民所享有的各种权利，例如《宪法》规定的公民所享有的选举权和被选举权、劳动权、休息权等。这里所说的民事权利是指由民法所规定的民事权利，又称为私权。私权与公权之间的区别在于以下几点。

第一，法律依据不同。公权一般由公法所规定，而私权则由私法所规定。正是因为私权与公权分别由私法和公法所规定，也决定了二者在内容、行使规则等方面都存在较大差别。例如，就权利行使方式而言，私权遵循法无禁止即可为，而公权的行使则应遵循法无授权不可为。

第二,义务主体不同。私权无论为绝对权还是相对权,其义务主体都只是特定或不特定的民事主体。而大多数公权利从形式上看是一种权利,但实际上是为国家规定的一种职责,如公民享有劳动权,则国家应承担为公民提供就业机会的义务。

第三,权利的内容和目的不同。公民在公法上的权利通常要求公权力机关为一定行为或者不为一定行为,是政治国家的一个范畴。而公民的民事权利是市民社会中的权利,是用于对抗他人侵犯的权利。这两种权利的内容是不同的,并分别受到不同法律的保护。

第四,救济途径不同。民事权利是私法上的权利,对该权利的侵犯一般通过民事诉讼的方式,适用民事诉讼程序提供救济。而针对侵害公法上权利的救济,则一般通过行政复议、行政诉讼的方式进行,甚至还会用到违宪审查的方式。

(二)民事权利是由民事主体所享有的利益

民事权利的设定大多体现了主体一定的利益目的,即主体为了追求一定的利益而从事一定的民事活动。没有利益,民事权利就失去了设定的目的。同时,民事权利的内容体现了权利人的利益。民事权利分为财产权利和人身权利,分别体现为财产利益和人身利益。权利的本质就在于对个人利益的确认。民事权利本身也体现了主体的一定利益。还应当看到,民事权利的行使也体现了民事主体的利益。当事人行使或不行使权利,以及行使权利的方式等,都与权利人的利益直接相关。

应当指出,主体享有、行使、支配某种权利都是为了满足其特定利益需要。但是权利内容并不完全是一种个人利益的产物。因为权利本身要符合国家意志,权利需要体现一定社会目的和价值,所以国家就有必要协调个人利益和社会利益之间的冲突,从维护社会整体利益出发对民事权利的内容作出某种必要的限制,从而在一定程度上使权利的内容体现社会利益的要求。所以,权利内容本身是个人利益和社会利益的产物。在利益中,不仅包括民事主体的个人利益,而且在特定情况下可能还包括社会公共利益。

利益虽然是权利的主要内容,但并不是说所有的利益都能够表现为权利。我国《民法典》第 3 条规定:“民事主体的人身权利、财产权利以及其他合法权益受法律保护,任何组织或者个人不得侵犯。”该条规定合法权益也受法律保护,表明在权利之外仍然有一些合法的利益存在,但它们没有被确认为权利。例如,占有的利益、死者的人格利益等。所以,完全以利益来概括权利也不十分准确。

案例

甲驾车违规,将乙撞伤,致其残疾,住院就医花费医疗费 50000 元。另外,甲还将乙随身携带的价值 10000 元的笔记本电脑损坏。请问甲侵犯了乙的哪些权利?

依《民法典》第 110 条规定,自然人享有健康权。甲驾车将乙撞伤致残,侵犯了乙的健康权,属对其人身权的侵犯。《民法典》第 113 条规定:“民事主体的财产权利受法律平等保护。”《民法典》第266条规定：“私人对其合法的收入、房屋、生活用品、生产工具、原材料等不动产和动产享有所有权。”甲将乙的价值10000元的笔记本电脑损坏，侵犯了甲的财产权。乙可以依据《民法典》第1179条、第1183条、第1184条请求甲赔偿损失。

（三）民事权利体现为民事主体一定范围内的行为自由

因为权利的存在，就为民事主体的行为提供了一定的自由空间。“权利是个人自治权的外显及行为手段”，民事主体可以在权利范围内自由地行为。权利人享有的自由包括：第一，权利人是否行使权利的自由。第二，权利人处分非专属性权利的自由。第三，权利人选择权利行使方式的自由。第四，权利人选择权利救济方式的自由。

权利中的自由和利益是密切联系在一起的。正因给予了民事主体一定的自由，民事主体才有可能去实现其利益，有时自由本身就意味着一定的利益。例如，只有享有处分的自由，才可能使权利人真正实现其所有权。反之，限制了民事主体的自由，实际上就减损了其利益。例如，在物上设定用益物权或担保物权，则所有权的价值将受到减损。

（四）民事权利都受到国家强制力的保障

权利在性质上是一种法律上之力。权利人依法可以请求义务人为一定行为或不为一定行为，以保证其享有或实现某种利益。但是，单纯从利益角度还不能完全揭示权利的本质。权利人因他人的行为而使其利益受到侵害时，还可以请求有关国家机关采取强制措施予以保护。例如，民事权利的实现大多需要赋予权利人一种请求权，即请求义务人履行义务。要使权利人的权利得以实现，最有效的手段是赋予其享有一项相应的请求权。

这种请求的权利实际上是法律赋予其一定的力量。总之，任何民事权利都能够获得民法上的救济，无救济则无权利。反之，某种权利能否获得民法上的救济，也是区分民事权利和公法权利的重要标准。

（五）民事权利是类型化了的利益

原则上，民事权利应当由成文法所确认，但现代社会习惯法和判例法也可以发挥创设民事权利的功能。例如，德国法上的营业权就是由判例法所确认的；我国司法解释还创设了一般人格权等成文法没有确认的权利。这就表明，民事权利本身是一个开放的体系，完全由法律一览无余地予以确认是很困难的。立法者的理性有限，而社会生活变动不居，随着社会的发展，会出现一些新型的民事权益类型，如比较法上出现的采光权、日照权等。而且随着社会的发展，一些民事利益也可能上升为民事权利。

例如，从我国立法来看，隐私早期体现为一种民事利益，通过名誉权保护，后来被我国立法确认为独立的隐私权。因此，民事权利是一个动态的、变动的体系。正因如此，我国《民法典》第126条规定：“民事主体享有法律规定的其他民事权利和利益”，从而保持了保护民事权益范围的开放性。

三、《民法典》关于民事权利规定的特色和意义

《民法典》被称为“民事权利的宣言书”。《民法典》继续采纳《民法通则》的经验,专设“民事权利”一章,集中地确认和宣示自然人、法人所享有的各项民事权利,充分地彰显民法对私权保障的功能。《民法典》在全面保障私权方面呈现出许多亮点,主要表现在以下几方面。

1. 全面性

我国《民法典》以私权为中心构建起民法的体系。《民法典》的分则各编是由物权、合同债权、人格权、婚姻家庭中的权利(亲属权)、继承权以及对权利进行保护的侵权责任编所构成。这表明《民法典》既确认了个人享有各项具体民事权利,明确了这些权利的具体内容和边界,又保护个人能够正常行使和主张权利,免受他人不法侵害。《民法典》设立独立成编的人格权,旨在强化对人格权的全面保护。在财产权客体方面,《民法典》适应大数据的发展,将数据、网络虚拟财产纳入财产的保护范围,扩大了财产权保护的范围。《民法典》明确了住宅建设用地使用权自动续期规则,从而建立了财产权保护的长效机制,为人们确立财产权的稳定预期提供了根本保障。

2. 时代性

时代性体现了当代中国的时代特征,回应了当今社会的现实需求。例如,《民法典》首次正式确认隐私权,有利于强化对隐私的保护。针对他人发送垃圾短信、垃圾邮件侵扰个人私人生活安宁的行为,《民法典》的人格权编专门在隐私权部分规定了此种侵害隐私权的行为类型,并明确将个人私人生活安宁规定在隐私权之中,禁止非法进入、拍摄、窥视他人的住宅、宾馆房间等私密空间,禁止非法拍摄、窥视、窃听、公开他人的私密活动,禁止非法拍摄、窥视他人身体的私密部位。

这些规则既有力回应了个人隐私遭受侵扰的现实问题,又为保障社会生活的安定有序提供了法律依据。《民法典》针对各种“人肉搜索”、非法侵入他人网络账户、贩卖个人信息、网络电信诈骗等现象作出规范。民法典人格权编强化了对个人信息的保护。

3. 开放性

《民法典》第 126 条规定:“民事主体享有法律规定的其他民事权利和利益。”依据该条规定,不论是权利还是利益,都受到法律保护。这不仅与保护民事权益的基本原则相对应,而且为将来对新型民事权益的保护预留了空间,保持了私权保护的开放性。权益保护的开放性在人格权编中表现得尤为明显。依据《民法典》第 109 条和第 990 条第 2 款的规定,自然人享有的基于人身自由、人格尊严产生的其他人格利益也受到保护。

在这两个条款中,实际上确认了“其他人格权益”的概念,表明一般人格权是一个兜底性条款,可以为各项新型人格利益提供法律保护的依据,这就保持了人格权益类型体

系的开放性。我国《民法典》设立一般人格权的目的也就是要保持人格权保护的开放性，从而不断适应和满足社会发展对人格权保护提出的新要求和新需要。

众所周知，现代法治的核心在于“规范公权、保障私权”，法律的功能主要是确认权利、分配权利、保障权利、救济权利，《民法典》全面确认和保护民事权利，使其真正成为“民事权利的宣言书”，并奠定了现代法治的坚实基础。保障私权就是为了更好地保障最广大群众的根本利益，保护人民群众对美好生活的向往。此外，由于私权的保护在一定程度上界定了公权行使的范围，因而也将起到规范公权的作用。

第五节　民 事 义 务

一、民事义务的概念

《民法典》第 131 条规定：“民事主体行使权利时，应当履行法律规定或者当事人约定的义务。”民事义务，是对应于民事权利的，它是指民事法律规范规定的或当事人依法约定的，义务主体必须为一定行为或不为一定行为，以满足权利人要求，实现权利人利益的受法律约束的负担。由此可见：

(1)民事义务的产生依据是民事法律规范的规定或者当事人的约定，没有法律规定或约定的依据，义务人不负义务。

(2)民事义务的内容是义务人为一定行为或不为一定行为。

(3)义务的限度以满足权利人的权利要求为限，权利人不享有权利或超越权利范围，义务人不负义务。

(4)义务受法律约束，义务人必须履行义务，否则就要承担民事责任。

案例

甲以每月 800 元的价格租用乙的 3 间房屋居住使用，租期 3 年。居住 1 年后，房屋漏雨无法正常居住，乙请求甲维修房屋。甲以租赁时并未约定房屋维修问题，以谁居住谁维修为由，拒绝了乙的维修请求。

请分析这一民事法律关系中，各方当事人民事义务的性质以及甲拒绝乙的请求是否合法。

二、民事义务的分类

民事义务对应民事权利，因此，关于民事权利的分类也同样对应着相应的民事义务。例如，财产权和人身权对应着财产义务和人身义务，专属权和非专属权对应着专属义务和非专属义务等，除此之外，民事义务还有其自身的分类。

1. 法定义务与约定义务

以民事义务产生的依据不同,可分为法定义务和约定义务。

(1)法定义务,是指由民事法律规范规定民事义务主体负担的义务。

(2)约定义务,是指由民事主体依法协商确定的由义务人承担的义务。

2. 积极义务与消极义务

以民事义务行为人履行义务的行为方式为标准,可将民事义务分为积极义务与消极义务。

(1)积极义务,是指义务人以积极的作为方式,即为一定行为的方式履行的义务。

(2)消极义务,是指义务人以消极的不作为方式,即不为一定行为或容忍他人的行为履行的义务。

3. 基本义务与附随义务

以民事义务是否直接实现权利人利益目的为标准,可将民事义务分为基本义务和附随义务。

(1)基本义务是指民事法律关系中所固有的、必备的、直接实现权利人利益目的的义务。例如,在合同关系中也就是主给付义务,如在买卖合同中标的物交付和所有权移转义务、价款支付义务,租赁合同中交付租赁物的交付义务,租金的给付义务等都属于基本义务。

(2)附随义务是指在民事法律关系中,依据诚实信用原则附随于基本义务而发生的以促进基本义务充分实现权利人利益目的或保护权利人人身财产安全使其免受不利益的义务。

例如,在合同关系中,依据诚实信用原则和合同的性质、目的及交易习惯,一方当事人应当承担的通知协助、保护、保密等义务。《民法典》第 509 条规定:"当事人应当按照约定全面履行自己的义务。当事人应当遵循诚信原则,根据合同的性质、目的和交易习惯履行通知、协助、保密等义务。当事人在履行合同过程中,应当避免浪费资源、污染环境和破坏生态。"

第六节 民事责任

一、民事责任的概念与特征

(一)民事责任的概念和特征

民事责任,是指民事主体违反法律规定的或者合同约定的民事义务,而被法律强制承担的以补偿受害者权益为目的的法律后果。民事责任具有如下特征。

1. 民事责任以民事主体违反民事义务侵害其人民事权益为发生的依据

民事主体承担民事责任的前提是其依据法律规定或合同约定对对方当事人承担民

事义务，只有其行为违反了他所承担的民事义务，才会引起民事责任的承担，违反民事义务的行为是发生民事责任的事实依据。我国《民法典》总则编第八章专章规定民事责任，其中第 176 条规定："民事主体依照法律规定或者按照当事人约定，履行民事义务，承担民事责任。"《民法典》合同编第八章规定违约责任，其中第 577 条规定："当事人方不履行合同义务或者履行合同义务不符合约定的，应当承担继续履行、采取补救措施或者赔偿损失等违约责任。"《民法典》侵权责任编第 1165 条也规定，行为人因过错侵害他人民事权益造成损害的，应当承担侵权责任。

2. 民事责任主要以赔偿、补偿权益受损害一方当事人的利益为目的

民法调整的是私人之间的关系，民事法律关系是私法关系，这就决定了民事责任是私法责任。其私法性质体现在：民事责任是责任人对另一方当事人承担的责任，责任的内容是赔偿、补偿受害的一方当事人所受的损害，恢复其权益，一般不具有惩罚性。赔偿、补偿的给付利益也直接由受害方当事人受领，而不是上缴给国家。

3. 民事责任的确定和承担方式允许当事人意思自治和协商

民事责任的私法性质还体现在民事责任的确定和承担方式可以由当事人依法协商。例如，在合同法律关系中当事人可以事先约定违约金的数额以及损失赔偿的计算方法，也可以约定免责事项。民事责任发生后，当事人可以自主决定是否追究民事责任，可以通过协商解决民事责任的承担纠纷等。只要当事人关于承担民事责任的意思自治不超越法律许可的范围，法律就认可其自治效力。

(二) 民事责任与民事强制措施的区别

民事责任，是指民事主体违反法律规定或约定的民事义务而应承担的不利法律后果。它既可以因违法行为引起，也可以因缔约过失或违约行为引起。民事强制措施是由特定的国家机关对严重的违法行为人给予的强制性惩罚措施。例如，依据据《民事诉讼法》第 110 条第 2 款规定：人民法院对违反法庭规则的人，可以予以训诫，责令退出法庭或者予以罚款、拘留。

(三) 民事责任与其他法律责任的区别

法律责任，一般分为民事责任、行政责任和刑事责任。民事责任与行政责任和刑事责任的区别主要在于以下几方面。

1. 责任的法律属性不同

民事责任是私法责任；行政责任和刑事责任为公法责任。这是二者最根本的区别，其他区别都是在此基础上产生的。

2. 责任内容的性质不同

民事责任一般是以弥补受害人所受利益损失为内容的，具有补偿性质；行政责任和刑事责任以制裁行政违法行为和刑事违法行为，惩罚犯罪行为为内容，具有惩罚性质。

3. 责任产生的法律依据不同

民事责任依据民法规范产生，它既可以直接依据民法的规定产生，也可以依受民法保护的当事人的意思约定产生。行政责任和刑事责任只能依据行政法或刑法的严格规定产生，不会以当事人的约定产生。

4. 责任的强制性程度不同

行政责任和刑事责任都具有较强的强制性，都是国家有关专门司法机关或行政机关依其权力、职权强制追究和执行的，直接体现国家强制力，当事人不得自行和解，而且非依法定程序任何机关或个人不得赦免、改变刑事责任或行政责任的执行。民事责任的强制性则相对比较弱，表现在民事责任可以由当事人自行决定是否追究，责任人也可以无须强制机关的介入而主动承担责任；责任的内容、承担方式当事人可以协商、调解和和解。

5. 责任的构成要件不同

承担责任的主体要件上，刑事责任主体有严格的刑事责任年龄和刑事责任能力的要求，而民事责任对主体承担责任没有特殊要求；刑事责任和行政责任都是主体对自己行为承担责任，而民事责任在一定情况下可以要求主体对他人的行为承担责任，如雇主转承责任、监护人的责任等。在责任归责原则上，民事责任实行过错责任原则、无过错责任原则、公平责任原则等，而刑事责任必须以行为人有犯罪的故意或过失才能构成，没有无过错责任。

6. 责任的承担方式不同

民事责任的承担方式主要有停止侵害，排除妨碍，消除危险，返还财产，恢复原状，修理、重作、更换，赔偿损失，支付违约金，消除影响、恢复名誉，赔礼道歉等。刑事责任的承担方式主要是刑罚，如死刑、无期徒刑、有期徒刑、拘役、罚金、剥夺政治权利等。行政责任的承担方式主要表现为行政拘留、罚款等。

7. 责任承担的对象不同

行政责任、刑事责任主要是由行为人对国家承担的法律责任，而民事责任是由行为人向对方当事人承担的法律责任。

以上分析表明，民事责任与行政责任、刑事责任是性质完全不同的法律责任，各自有不同的构成要件和适用范围，是不可互相替代的，不可误用或者混用法律责任，但可以在符合各个责任构成的原则下并用。民事权利保护一般适用民事责任，但侵权行为触犯刑法构成犯罪的则应追究刑事责任，对违反行政法律法规的行政违法行为则应当追究行政责任；追究了行为人的刑事责任或者行政责任的，对行为给受害人造成的民事权益损害还应当追究行为人的民事责任。《民法典》第 187 条规定："民事主体因同一行为应当承担民事责任、行政责任和刑事责任的，承担行政责任或者刑事责任不影响承担民事责任；民事主体的财产不足以支付的，优先用于承担民事责任。"

二、民事责任的承担

(一)承担民事责任的方式

承担民事责任的方式指民事主体依法承担民事责任的具体形式。《民法典》第179条规定了11种承担民事责任的方式。这些承担民事责任的方式,可以单独适用,也可以合并适用。当事人究竟应当承担何种民事责任应当取决于具体的情形。

1. 停止侵害

如果加害人的行为仍处于持续状态,则受害人有权要求其停止侵害。

2. 排除妨碍

如果加害人的侵权行为使受害人无法行使或不能正常行使自己的民事权利,则受害人有权要求加害人除去此种妨碍。

3. 消除危险

如果加害人的行为对受害人的财产或人身造成了某种危险,受害人有权要求其消除此种危险。

4. 返还财产

返还财产是指权利人请求对方将自己的财产予以返还。例如,所有权人对不法占有自己所有物的人提出返还财产的请求。

5. 恢复原状

恢复原状是请求恢复到法律关系产生之前的、原有的状态。

6. 修理、重作、更换

修理、重作、更换也是常见的民事责任承担方式。如《消费者权益保护法》第24条规定:“经营者提供的商品或者服务不符合质量要求的,消费者可以依照国家规定、当事人约定退货,或者要求经营者履行更换、修理等义务。没有国家规定和当事人约定的,消费者可以自收到商品之日起7日内退货;7日后符合法定解除合同条件的,消费者可以及时退货,不符合法定解除合同条件的,可以要求经营者履行更换、修理等义务。依照前款规定进行退货、更换、修理的,经营者应当承担运输等必要费用。”

7. 继续履行

继续履行就是由责任人继续履行其义务。如《民法典》第577条规定:“当事人一方不履行合同义务或者履行合同义务不符合约定的,应当承担继续履行、采取补救措施或者赔偿损失等违约责任。”

8. 赔偿损失

赔偿损失是最常见的民事责任承担方式,是指责任人对其给他人造成的损失予以赔偿。除《民法典》第577条的规定外,《民法典》的其他条文对赔偿损失也作了规定。例如,《民法典》第583条规定:“当事人一方不履行合同义务或者履行合同义务不符合约定的,在履行义务或者采取补救措施后,对方还有其他损失的,应当赔偿损失。”

《民法典》第1179条规定:“侵害他人造成人身损害的,应当赔偿医疗费、护理费、交通费、营养费、住院伙食补助费等为治疗和康复支出的合理费用,以及因误工减少的收入。造成残疾的,还应当赔偿辅助器具费和残疾赔偿金;造成死亡的,还应当赔偿丧葬费和死亡赔偿金。”《民法典》第1183条规定:“侵害自然人人身权益造成严重精神损害的,被侵权人有权请求精神损害赔偿。因故意或者重大过失侵害自然人具有人身意义的特定物造成严重精神损害的,被侵权人有权请求精神损害赔偿。”《民法典》第184条规定:“侵害他人财产的,财产损失按照损失发生时的市场价格或者其他合理方式计算。”

9. 支付违约金

违约金是因合同当事人违约而应当向守约方支付的金钱。《民法典》第585条规定:“当事人可以约定一方违约时应当根据违约情况向对方支付一定数额的违约金,也可以约定因违约产生的损失赔偿额的计算方法。约定的违约金低于造成的损失的,人民法院或者仲裁机构可以根据当事人的请求予以增加;约定的违约金过分高于造成的损失的,人民法院或者仲裁机构可以根据当事人的请求予以适当减少。当事人就迟延履行约定违约金的违约方支付违约金后,还应当履行债务。”

10. 消除影响、恢复名誉

这种方式适用于侵害民事主体人身权的情形。按照在什么范围内加害就在什么范围内消除影响、恢复名誉的原则处理,在加害人造成影响的范围内消除该不良后果,将受害人的名誉恢复至未受侵害的状态。

11. 赔礼道歉

赔礼道歉是指加害人向受害人认错表达歉意等,是精神性的民事责任措施,大多适用于侵害人身权的情形。

12. 惩罚性赔偿

惩罚性赔偿不再遵循实际损失赔偿原则,而是按法律规定的赔偿原则加以赔偿。法律规定惩罚性赔偿的,依照其规定。我国不少法律规定了惩罚性赔偿,例如《食品安全法》第148条规定:“消费者因不符合食品安全标准的食品受到损害的,可以向经营者要求赔偿损失,也可以向生产者要求赔偿损失。接到消费者赔偿要求的生产经营者,应当实行首负责任制,先行赔付,不得推诿;属于生产者责任的,经营者赔偿后有权向生产者追偿;属于经营者责任的,生产者赔偿后有权向经营者追偿。

生产不符合食品安全标准的食品或者经营明知是不符合食品安全标准的食品,消费者除要求赔偿损失外,还可以向生产者或者经营者要求支付价款10倍或者损失3倍的赔偿金;增加赔偿的金额不足1000元的,为1000元。但是,食品的标签、说明书存在不影响食品安全且不会对消费者造成误导的瑕疵的除外。”

《消费者权益保护法》第55条规定:“经营者提供商品或者服务有欺诈行为的,应当按照消费者的要求增加赔偿其受到的损失,增加赔偿的金额为消费者购买商品的价款或者接受服务的费用的3倍;增加赔偿的金额不足500元的,为500元。法律另有规定的,依照其规定。经营者明知商品或者服务存在缺陷,仍然向消费者提供,造成消费者或者其他受害人死亡或者健康严重损害的,受害人有权要求经营者依照本法第49条、第50条等法律规定赔偿损失,并有权要求所受损失2倍以下的惩罚性赔偿。

经营者提供商品有欺诈行为的,应当按照消费者的要求增加赔偿其受到的损失,增加赔偿的金额为消费者购买商品的价款或者接受服务的费用的一倍。”此外,《商品房买卖合同解释》第8条规定了关于商品房买卖过程中因出卖人恶意违约和欺诈致使买受人无法取得房屋的可以适用惩罚性赔偿责任。

(二)不承担民事责任的情形

1. 不可抗力

《民法典》第180条规定:“因不可抗力不能履行民事义务的,不承担民事责任。法律另有规定的,依照其规定。不可抗力是不能预见、不能避免且不能克服的客观情况。”可见构成不可抗力需要满足以下条件。

一是不可抗力是客观情况,即人的意志以外的情况,不是人为的事件。二是对不可抗力的客观情况人不可预见,所谓不可预见是指以一般理性人的认知能力在现有科技水平下对事件的发生不可预知。三是对客观情况的发生不能避免并不能克服,也就是指在现有的能力条件下人无法避免事件的发生,不可克服事件给人造成的损害,事件的发生是必然的,损害也是必然的。

如果人可以预知,或者不可预知但能够采取措施加以避免成能够克服其造成的损害,就不构成不可抗力。不可抗力包括自然原因的不可抗力,如地震等自然灾害、疫情等意外事件;也包括社会原因、政府原因的不可抗力,如罢工、战争、国家法律的颁布、政府的行政命令等。不可抗力的法律意义在于构成不可抗力的义务人可以据此抗辩权利人的请求,达到对其违背义务的责任的免责。

2. 正当防卫

正当防卫是指为使国家、公共利益、本人或者他人的人身财产或其他权利免受正在进行的不法侵害,而采取的制止不法侵害的行为。正当防卫的正当性排除行为的违法性,不成立民事责任。但正当防卫的力度应在必要的限度内,即采取的防卫行动的强度与侵害行为程度相当,以能够有效制止不法侵害为必要。如果行为人超过必要的限度给对方造成不应有损害的,应当适当承担民事责任。但是在判断是否超出必要限度时,应当作出合乎情理的公平公正的判断,鼓励人们正当防卫,不应苛求防卫人的正当防卫行为。

《民法典》第181条规定:“因正当防卫造成损害的,不承担民事责任。正当防卫超过必要的限度,造成不应有的损害的,正当防卫人应当承担适当的民事责任。”

3. 紧急避险

紧急避险是指为使国家、公共利益、本人或者他人的人身、财产或其他权利免受正在发生的危险,不得已采取的行为。构成紧急避险需要满足以下条件。

一是必须针对正在发生的危险,危险尚未到来或者已经结束的,不存在避险。

二是采取的避险措施是来不及请求公力救济的情况下不得不采取的措施。

三是避险不得超过必要的限度,以较小的牺牲保全更大的利益。

紧急避险是民事主体在紧急情况下采取的私力救济的手段,其目的的正义性决定了对紧急避险损害责任的合理分配。《民法典》第 182 条规定,因紧急避险造成损害的,由引起险情发生的人承担民事责任。危险由自然原因引起的,紧急避险人不承担民事责任,可以给予适当补偿。紧急避险采取措施不当或者超过必要的限度,造成不应有的损害的,紧急避险人应当承担适当的民事责任。

三、民事责任承担的特别规定

《民法典》针对我国社会中出现的一些问题,遵循社会主义核心价值观,在民事责任的承担部分还有以下四项特别规定。

1. 见义勇为者合法权益受法律保护

《民法典》第 183 条规定:"因保护他人民事权益使自己受到损害的,由侵权人承担民事责任,受益人可以给予适当补偿。没有侵权人、侵权人逃逸或者无力承担民事责任,受害人请求补偿的,受益人应当给予适当补偿。"第 184 条规定:"因自愿实施紧急救助行为造成受助人损害的,救助人不承担民事责任。"

这两个条文都是对见义勇为者合法权益的保护,立法显然是为弘扬社会主义核心价值观,鼓励人们对处于危难和困境中的他人予以救助,端正社会风气。这两个条文规定的是见义勇为的不同情形,第 183 条规定的是见义勇为者、侵权人和受益人之间的法律关系,即见义勇为者所受损害首先应由侵权人承担民事责任,受益人可以给予适当补偿。如果没有侵权人或者侵权人逃逸或无力承担民事责任的,见义勇为者可以向受益人请求补偿。

可见,本条规定由两个层次构成:首先是对于见义勇为的救助者的损害由侵权人承担民事责任,受益人可以给予适当补偿。这是因为见义勇为属于自愿奉献的高尚行为,如果所受损害轻微一般不会提出由受益人补偿,但往往存在见义勇为者遭受重大身体损害,不仅受到财产损失,也受到精神痛苦,而受益人毕竟从中受益,要求其给予适当补偿具有合理性,符合公平原则。其中,适当补偿并不是全部赔偿,因为受益人并非侵权人,对损失的发生没有过错,也不是其主动请求的救助。所以,鼓励见义勇为规定的是受益人可以给予适当的补偿。其次,是在没有侵权人、侵权人逃逸或者无力承担民事责任的情况下,受害人要求受益人补偿,受益人应当给予适当补偿。在这种情况下,受害人因不能从侵权人处得到赔偿,才请求受益人补偿损失,受益人应当给予适当补偿。

《民法典》第 184 条规定的是紧急救助人与受助人之间的法律关系,即紧急救助人的民事责任豁免。该条明确地免除了紧急救助人的民事责任，避免因见义勇为可能招致民事责任。体现了弘扬道德与法律规范的统一，鼓励人们见义勇为。该条规定："因自愿实施紧急救助行为造成受助人损害的，救助人不承担民事责任。"自愿实施紧急救助，表明行为人并不负有法定的或者约定的救助义务而是自愿地义务实施紧急救助。在紧急关头救助人来不及权衡行为利弊和程度并作出理性选择，即使造成受害人损失也不承担责任。这样才能鼓励人们在紧急情况下，挺身而出，该出手时就出手，弘扬见义勇为的高尚道德精神。

2. 侵害英雄烈士人格利益的民事责任

《民法典》第 185 条规定："侵害英雄烈士等的姓名、肖像、名誉、荣誉，损害社会公共利益的，应当承担民事责任。"自然人死亡之后的一些人格利益仍然受到法律的保护 但英雄和烈士的姓名、肖像 、名誉、荣誉是一个国家和民族精神的体现，是引领社会风尚的标杆，涉及公共利益。保护和宣传英雄形象，是弘扬民族精神、增强国家凝聚力和发展推动力的需要，因此加强对英烈姓名、名誉荣誉等的法律保护，对于促进社会尊崇英烈，扬善抑恶，弘扬社会主义核心价值观意义重大。

3. 民事责任竞合的承担

民事责任的竞合是指其基于同一法律事实，符合了两种或两种以上法律规定的责任构成要件，权利人选择其中一种责任请求责任人承担责任。责任竞合通常是因责任人违反自己应当承担的民事义务行为符合了两种或两种以上法律规定的责任构成要件。与民事责任的聚合不同，聚合是多个民事责任并存，多个民事责任之间并无冲突。而在民事责任的竞合中，因受制于民事责任的实际损失赔偿原则，责任人一般不需要同时或依次承担两种或两种以上的民事责任。在民事责任竞合的情形下，相应的权利人享有两个或两个以上的请求权，也称为请求权的竞合。此种情形下，允许权利人选择行使其中一种请求权。

《民法典》第 186 条规定："因当事人一方的违约行为，损害对方人身权益、财产权益的，受损害方有权选择请求其承担违约责任或者侵权责任。"依据本条规定，民事责任竞合具体是指：一方当事人的违约行为，损害对方人身、财产权益，符合了违约责任的构成要件，应当承担违约责任；同时也符合了侵权责任的构成要件，应当承担侵权责任。这就发生了违约责任和侵权责任的竞合，对受害人而言则产生了违约责任请求权和侵权责任请求权的竞合，其有权请求责任人承担其中一种责任：要么承担违约责任，要么承担侵权责任。

4. 民事责任与其他法律责任并行与优先承担

民事主体在社会关系中可能因违反民事法律关系而产生民事责任，也会因其同一行为违反行政法律规定而承担行政法律责任，甚至违反刑法构成犯罪，被依法追究刑事责任。这三种法律责任是违反不同法律规定产生的不同法律后果，性质各不相同，功能作用不同，不得互相代替，因此，各种责任并行存在，互不影响。要改变"罚了不打""打了不罚”的传统观念，树立严格的法律责任意识。同时，由于三种责任并行，可能各自实现互不冲突，也可能发生实现上的冲突，例如民事主体给受害人的赔偿金、给国家的行政罚款和刑罚的罚金，因其财产不足就会出现实现上的冲突。

《民法典》第 187 条规定：“民事主体因同一行为应当承担民事责任、行政责任和刑事责任的，承担行政责任或者刑事责任不影响承担民事责任；民事主体的财产不足以支付的，优先用于承担民事责任。”因为民事责任更为直接地实现民事主体的合法权益，行政责任、刑事责任主要是惩罚违法行为，维护社会秩序。因此，从法律的终极目的出发，民事责任应当优先实现。但在理解上应当注意，这里的责任是指财产责任，不是行为和人身责任，例如不能要求优先履行劳务行为的民事责任，再承担有期徒刑的刑事责任。

思考题

1. 试述民事法律关系的概念和特征。
2. 简述民事法律关系的要素和构成。
3. 简述民事权利能力、民事行为能力和民事责任能力的概念。
4. 简述民事权利的概念和特征。
5. 简述民事义务的概念和分类。
6. 简述民事责任的概念与特征。

第三章　民事主体——自然人

【学习目标】

1. 了解自然人的民事权利能力的概念和特点。
2. 了解民事权利能力和民事行为能力的关系。
3. 了解民事行为能力的划分。
4. 了解监护的性质，了解监护的设立方式。
5. 了解宣告失踪的条件及法律后果。
6. 了解宣告死亡的条件及法律后果。

【引导案例】

甲今年16周岁，是某中学的一名学生，平时沉迷于网络游戏。在未经其父母同意的情形下，甲向乙借款2000元用于购买游戏卡，乙向甲的父母追讨欠款时，甲的父母拒绝追认甲的借款行为，并拒绝偿还甲的借款。

【简要评析】

该案中，甲16周岁，在法律上属于限制民事行为能力人，仅能够从事与其年龄、心智状况相适应的法律行为，其从事的行为超出其年龄、心智状况的，该行为在效力上属于效力待定的民事法律行为，只有得到其法定代理人的追认才能发生法律效力，其法定代理人拒绝追认的，该行为无效。在该案中，甲向乙借款2000元，显然已经超出了其年龄、心智状况，该借款行为在性质上属于效力待定的民事法律行为，甲的父母拒绝追认该行为时，该法律行为无效，甲的父母也无须向乙偿还该借款。

第一节　民事权利能力

一、自然人的概念

生物自然人，即依自然规律出生的人，是指被称为人的、区别于其他动物的生命体的存在。生物自然人概念只强调具有人的自然生命体这一唯的属性 ，而不考虑其他因素。例如，自然人无论有无国籍，也不区分国籍，一律是自然人。因此，自然人不同于公民，公民是指具有一国国籍而且依据宪法和法律规定享有权利和承担义务的自然人，这是公法概念，而自然人还包括外国人和无国籍人。

在古代社会,生物自然人并不一定都具有民事主体资格,例如,古罗马奴隶社会的奴隶,在法律上就被视为会说话的工具而成为奴隶主所有权的客体,而不是主体,只有自由民自然人才具有民事主体资格。而以个人主义思想为指导的近现代民法中则普遍赋予自然人民事主体资格,强调自然人的权利能力始于出生,自然人不分国籍一律平等,从而使生物学意义上的自然人因法律的确认而普遍地、平等地取得法律人格。

二、民事主体的民事权利能力的概念和特点

民事主体的民事权利能力是法律赋予民事主体得依法享有民事权利和承担民事义务的资格。

在民事法律关系中,能够享有权利和承担民事义务者称为民事主体。依法享有权利和承担义务的资格就是权利能力,因而民事主体的权利能力实质上就是指民事主体的资格,即具有法律上的人格,也就是人在法律上的地位。主体之所以成为主体就是能够在法律上享有权利和承担义务,离开对权利义务的享有,主体就不能成为主体,因此,主体必须有权利能力,有权利能力是主体资格的标志,是具有人格的内容。因而这里所谓的权利能力,是主体资格、人格或地位的意义,而不是一般意义上的人们做事的能力大小或强弱。

主体权利能力问题是民法的核心问题。民法的核心问题在于赋予怎样的社会实体以权利能力,使其具有主体资格,从而能够享有权利和承担义务。以民法调整的利益归属而言,就是民法将利益归属于谁。因此,主体权利能力问题是民法作为人法和权利法属性的集中反映。民法作为人法,首先塑造一定社会实体以法律人格,即赋予其权利能力;民法作为以权利为本位的法就是要规定并保障民事主体享有民事权利,同时为权利的实现要规定相对主体的义务,为此,规定主体义务也以赋予主体以权利能力为前提。民法关于民事主体的确立和民事权利与义务归属都统一于民事权利能力。因此,民事权利能力就是民法赋予民事主体得依法享有民事权利和承担民事义务的资格。

民事权利能力具有如下特点。

1. 平等性

权利能力的平等性是指民法赋予社会实体参与民事社会活动的资格平等和机会平等。例如,对于生物意义上作为生命实体存在的人,民法普遍地、平等地赋予其自然人的民事主体资格,规定其民事权利能力始于出生,一律平等,不因先天缺陷或后天优势而有差别,没有身份尊卑、等级上下之分,其民事权利平等地受法律保护。我国《民法典》第14条规定:“自然人的民事权利能力一律平等。”

2. 抽象性

权利能力的抽象性是指民法赋予民事社会实体以民事权利能力,只是抽象地赋予其民事主体的资格,而不涉及具体的从事某一项民事活动的具体资格,它只涉及“有”和“无”的问题,只要“有”就是同质的,都是指具有民事主体资格,而不涉及具体民事活动;

如“无”则指不具有民事主体资格。虽然民事主体依法不能从事某些具体民事活动,但不能因为这一点而否认其权利能力。这只是民事主体从事民事活动要遵守法律的行为合法性要求,而不涉及民事主体资格的丧失。

3. 完整性

民事主体的权利能力是民事主体的资格、人格法律地位问题,任何一个民事主体都具有独立完整的人格,即具有完整的民事权利能力,有这样的权利能力,就可以享有民事权利和承担民事义务。作为完整的主体资格的权利能力只有质的规定性,即都是平等的民事主体,没有量上的差别,不存在量的分割和限制,不存在量的多少和大小。

4. 与主体的不可分离性

权利能力是法律赋予主体的依法享有权利和承担义务的资格,作为社会实体的人,因有了权利能力才成为法律关系主体,主体也必须依权利能力的保有来维持其主体的资格。权利主体身份不得与其权利能力相分离,权利能力不可放弃,不可剥夺。

三、民事权利能力与民事权利的区别

民事主体的民事权利能力同民事权利是密切联系的两个概念,其联系和区别表现在以下几方面。

(1)民事权利能力是民事主体依法享有民事权利和承担民事义务的资格,是主体取得权利的前提,权利则是主体实际依法享有的能够依法保障实现的利益。在权利能力到权利享有之间必须有法律事实作为中介。

(2)权利能力是由法律赋予主体的资格,权利能力始于人的出生或法人的设立,终于自然人的死亡或法人的终止,只要主体存在权利能力就存在;权利能力具有抽象性、平等性、完整性和与主体人身的不可分离性,不受限制和剥夺,主体也不可放弃或转让;权利则是在具体民事法律关系中,由一定的具体民事法律事实引起的,是实现主体的具体目的利益的法律手段,其产生往往和主体的意志有关。权利是具体的,在主体之间是有差别的,是可以转让或抛弃的。

(3)权利能力是构成法律关系主体要素的法律资格,而权利是构成民事法律关系的内容要素。

(4)权利能力不仅指主体享有权利的能力,而且包括承担民事义务的能力;民事权利则不同于民事义务,它是与民事义务相对应的概念。

案例

原告刘某,男,17岁,系某公司职工,工作已一年多。被告马某,男,16岁,在高一上学。被告以240元的价格将其父给他上学用的自行车卖与原告,原告按照约定分两次将240元车款付清后,被告不向原告交付自行车,原告随后将被告起诉至法院,要求被告交付自行车。请问,如何认定他们之间民事行为的效力?如何处理这一纠纷?

四、自然人的民事权利能力特点

自然人的民事权利能力来自法律的赋予,是法律的意志针对自然人实体进行选择的结果。在罗马法中,当时没有法人的概念,只有自然人才可能是权利主体。但生物意义上的自然人并不都是具有法律意义的自然人,奴隶就不是法律上的人。"在法律上,奴隶是物,那些富有理性并且受过良好教育的奴隶无疑是一种特殊的物,并且他能为主人获得权利,但是,他本身没有任何权利,他只是权利的标的,就像牲畜一样。"非罗马市民即异邦人,也不能依罗马市民法享有权利,而是处于无权利能力的状态。

在罗马家庭中,家父是"唯一为法律所承认的完全人。他的子女无论年龄怎样,即使是罗马市民并且在公法上享有权利,皆受制于家父那不受约束的生杀权。只有家父能够拥有财产,且由其子女取得的东西皆归他所有"。奴隶只是有可能获得解放成为自由人而改变其无权利能力的地位。后来罗马万民法的发展,缓解了非罗马市民即异邦人无权利能力的状态,异邦人可以有限度地享有与罗马市民贸易、通婚等方面的权利。直到公元212年,大批在罗马的异邦人被授予市民籍,万民法与市民法走向融合。总之,在罗马法中的人是自然人,是以人格等级和不平等为特点的。

在封建的中世纪,在封建宗法制度和土地依附关系的条件下,自然人的法律地位也是以等级制为特点的。直到18世纪以来的近代民法才逐渐确立了自然人平等的法律地位。1804年《法国民法典》也没有规定法人制度,其所规定的民事主体只是自然人,但它将权利主体资格赋予所有的法国人,其第8条明文规定:"所有法国人都享有民事权利。"《奥地利民法典》第16条规定:"在法律上规定的要件之下,每个人皆能取得权利。"且该法典在平等对待本国人和外国人的基础上,最先提出和承认一般性的权利能力。

1900年《德国民法典》在普遍承认自然人主体资格的同时,也承认了法人的主体资格,规定了"法人制度",第一次明确规定了权利能力的概念。该法典第1条规定:"人的权利能力始于出生的完成。"从而将权利能力赋予了所有的人,而且平等地无差别地自出生时完成,这样就"将法国民法典的一个国内人扩充到人,这是私法关系中一个很大的进步"。由此可见,自然人的权利能力是由法律赋予的,平等地、没有国别地、没有差别地赋予自然人以民事权利能力是近代民法的最大特点,从这一点上讲,也只有自近代以来才有真正的民法。

自然人的民事权利能力具有民事主体权利能力的典型特点,即具有平等性、抽象性、完整性和与主体不可分离性等特点。

五、自然人的民事权利能力的开始和终止

1. 自然人民事权利的开始

自然人的民事权利能力从出生时开始,是大多数国家民法的普遍规定,我国《民法

典》第 13 条也明确规定自然人从出生时起到死亡时止，具有民事权利能力。自然人的民事权利能力从出生时开始，即意味着自然人一旦出生，就可以成为民事权利的主体，可以依法享有民事权利，其民事权利受法律保护。例如，自然人一出生，就立即享有人身权利，也可以因接受赠与或继承而享有财产权利。

出生为自然人享有民事权利能力的法律事实，是以自然规律发生的自然事件。出生，就是指自然人脱离母体而具有生命的生物状态。它由“出”和“生”两个方面要件构成。出者，指自然人出自母体，与母体分离而独立存在；生者，指自然人与母体分离后有生命，能够独立呼吸。

关于自然人出生时间的确定，我国《民法典》第 15 条规定，自然人的出生时间以出生证明记载的时间为准；没有出生证明的，以户籍登记或者其他有效身份登记记载的时间为准。有其他证据足以推翻以上记载时间的，以该证据证明的时间为准。出生证是自然人出生时由医院开具的，因此，其证明效力最强。其他有效身份登记，例如外国人的护照等有可能出错，作为书证，后者证据力具有推定性，因此，法律规定如果有其他充分的证据足以推翻这些书证证明的，以该证据为准。

2. 胎儿利益的保护

按照一般原则，自然人的民事权利能力始于出生，胎儿尚未出生，即不具有权利能力，不能享有权利，但胎儿是在母体中孕育的生命体，是将来要依自然规律出生的，因而胎儿也有其利益。例如，胎儿对其父亲的遗产利益，胎儿在其母体内的健康利益。如果因胎儿不具有民事权利能力而不保护胎儿的这些特殊利益，对胎儿则有重大不利。

例如，在处理其父遗产时对胎儿不予考虑，对胎儿出生后的生活可能造成困难；胎儿健康受损害可能对其出生后的健康仍有影响。因而各国民法对胎儿利益普遍给予保护，基本上有三种保护模式。

(1)总括保护模式

例如，《瑞士民法典》依罗马法所确立的原则规定，只要胎儿出生时生存，就和婴儿一样具有民事权利能力。

(2)个别保护模式

例如，法国、德国、日本等国民法典虽然坚持自然人民事权利能力始于出生，不承认胎儿具有民事权利能力，但在某些事项上视胎儿具有民事权利能力，对胎儿利益给予保护。《法国民法典》第 906 条规定：“胎儿在赠与时已存在者，即有承受生前赠与的能力。胎儿在遗嘱人死亡时已存在者，即有受遗赠的能力，但赠与或遗赠仅对婴儿出生时能生存者发生效力。”

《德国民法典》第 884 条规定：“在受害人被害当时第三人虽为尚未出生的胎儿，亦发生损害赔偿义务。”《日本民法典》第 721 条规定：“胎儿损害赔偿请求权，视为已出生。”该法典还在第 86 条与第 965 条承认了胎儿的继承权和受赠的权利。

(3)绝对不承认胎儿县具有民事权利能力,仅保护其特定利益的模式

我国原《民法通则》坚持自然人的民事权利能力始于出生,认为胎儿在任何情况下都不具有民事权利能力,但对胎儿的特定利益给予保护。例如,原《继承法》第 28 条规定:"遗产分割时,应当保留胎儿的继承份额。胎儿出生时是死体的,保留的份额按照法定继承办理。"

在这三种保护模式中,我国民法严格以出生作为自然人权利能力的开始,胎儿未出生即不具有权利能力,从而保持制度的协调性。而保护胎儿的特定的利益主要是基于对胎儿将来出生后的利益影响考虑的,从各国民法对胎儿利益保护范围看,这些利益主要涉及三个方面:一是遗产利益保护 ,对此,我国原《民法通则》和原《继承法》已有明确规定;二是受赠或受遗赠;三是胎儿健康的损害赔偿。对后两种利益的保护,我国原来的民法尚未规定,因而对胎儿利益的保护很不充分。在对胎儿利益的保护问题上,我国《民法总则》第 16 条作出了重大的改变,并已经成为《民法典》第 16 条。

我国《民法典》第 16 条规定:"涉及遗产继承,接受赠与等胎儿利益保护的,胎儿视为具有民事权利能力。但是,胎儿娩出时为死体的,其民事权利能力自始不存在。"可见,我国采用了法国、德国、日本等国民法典对胎儿利益的保护模式。虽然坚持自然人民事权利能力始于出生,不承认胎儿具有民事权利能力,但在某些事项上视胎儿具有民事权利能力,对胎儿利益给予保护。

原《继承法》第 28 条虽然保留胎儿的继承份额但并未承认胎儿具有继承权。这就造成一个问题,从继承开始保留的遗产到胎儿出生这段时间,胎儿不能取得所有权,该份遗产在权利归属上处于无主的状态,不利于对胎儿利益的保护。

《民法典》第 16 条的规定把胎儿视为具有权利能力的主体,他就能够享有继承权利,从继承一开始就能够取得遗产的所有权,不仅涉及继承,而且还有接受赠与等,这里的"等"主要是损害赔偿,如母亲在怀孕期间胎儿受伤害,胎儿有损害赔偿请求权,其法定代理人可直接向法院起诉,不必等到胎儿出生。继承、接受遗赠、损害赔偿都是保护胎儿利益的。因此,视为胎儿具有权利能力,并不涉及义务。胎儿权利的行使,参照未成年人的监护制度,由监护人以法定代理人的身份,代理胎儿行使。

3. 自然人民事权利能力的终止

自然人的权利能力终于死亡。死亡是自然人民事权利能力消灭的唯一法律事实。民法上的死亡包括自然死亡和宣告死亡。

(1)自然死亡。

自然死亡,是指自然人生命依自然规律确定地终结。例如,因年老寿终正寝,因疾病死亡,因事故死亡等都是自然死亡。无论何种原因,只要客观地导致自然人生命终止的事实发生都是自然死亡,因而自然死亡是事件法律事实。

死亡的医学标准有脉搏停止搏动说、心脏停止搏动说、呼吸停止说、脑死亡说等。我国民法对此无明确规定,但依我国目前的医学发展水平和医学实践,一般以呼吸和心脏

跳动均告停止为判断自然死亡的标准并确定死亡的时间。

在我国的司法实践中，自然人死亡的标准和时间也以医学上一般认为的呼吸和心脏均告停止的时间为准。《民法典》第15条规定，自然人的死亡时间以死亡证明记载的时间为准；没有死亡证明的，以户籍登记或者其他有效身份登记记载的时间为准。有其他证据足以推翻以上记载时间的，以该证据证明的时间为准。

(2)宣告死亡。

宣告死亡，是指由法院通过法定程序对失踪自然人死亡的一种推定。由法院以法定程序宣告自然人死亡的，一般视为同自然死亡一样，引起该自然人民事权利能力的终止。但宣告死亡毕竟不同于自然死亡，它仅仅是对自然人死亡的一种法律推定，被宣告死亡的人也可能实际上还活着。在这种情况下，他的权利能力实际上仍然存在，为此，《民法典》第49条规定："自然人被宣告死亡但是并未死亡的，不影响该自然人在被宣告死亡期间实施的民事法律行为的效力。"

死亡引起自然人民事权利能力的终止，即其民事主体资格的消灭，其生前享有的民事权利和参与的民事法律关系就会发生消灭或更替。例如，婚姻关系终止，财产所有权消灭，财产继承法律关系发生。自然人的民事权利能力终止后，他再也不是民事主体，也不再享有民事权利，也无所谓死者的民事权利。

死者的人格遗留利益则是对死者亲属或人类社会生活秩序的利益。因此，对死者人格遗留利益的侵害实质是对其亲属利益和社会利益的损害。在司法实践中，对不法侵害死者人格遗留利益的行为，可由其亲属或社会有关机构予以追究。《民法典》第185条规定："侵害英雄烈士等的姓名肖像、名誉荣誉，损害社会公共利益的应当承担民事责任。"本条规定的内容说明对英雄烈士遗留的人格利益的损害是对社会公共利益的损害。

第二节 民事行为能力

一、自然人的民事行为能力的概念和特点

自然人的民事行为能力，是指自然人能够以自己的行为行使民事权利和设定民事义务，并且能够对于自己的违法行为承担民事责任，简言之，是自然人可以独立进行民事活动的能力或资格。

1. 它是独立进行民事活动的能力

人们对自己的行为后果并不是都能认识清楚的，如果许可一切人都可独立地进行活动，势必会对一些缺乏判断能力的人不利，也不能进行公平的交易。因此，法律规定，不具备认识能力的人的行为是无效的，不能发生当事人所追求的法律后果。

2. 它以意思能力为基础

自然人的民事行为能力是自然人对自己的行为后果承担责任，使自己的行为发生法

律效力的能力。因此,一个人要具备承担自己行为后果的能力,首先应具备认识这种行为的能力,即要以意思能力为基础。本书认为,如果将意思能力理解为认识和判断自己行为的能力,那么行为能力应当包括意思能力,或者说应当以意思能力为基础。民事行为能力以人的认识能力为根据,而人的认识能力与人的年龄和健康状况有密切联系。一个人只有达到一定的年龄且有健全的智力,对客观事物才具有判断力。

3. 它具有法定性

自然人的民事行为能力与人的认识能力有关,但它不是以自然人个人的意思为标准的,也不是"天赋"的,而是由国家法律赋予的。所以除法律规定的情况和依法定程序外,任何人不得剥夺和限制自然人的民事行为能力。

法律上规定自然人的民事行为能力,其根本原因在于以下几方面。

一是保护无行为能力和限制行为能力人的利益。行为能力欠缺,意味着欠缺独立行为的能力,因此其在交易中容易受到损害。所以,法律有必要规定一个标准,使那些不具有或欠缺意思能力的人不能自由行为,即不能通过自己的积极活动,去设定权利义务关系,行使权利、履行义务,从而保护这些行为能力欠缺的人的利益。

二是保护交易的安全和秩序。如果任何人可以其无行为能力而主张交易无效,这对交易安全的保护是不利的,所以,对民事行为能力应规定严格、明确的标准。

总之,法律正是根据自然人的个人利益和社会利益的需要来规定自然人的民事行为能力的。有民事行为能力必然有民事权利能力,而有民事权利能力并不一定就具备民事行为能力。

二、民事行为能力和民事权利能力

具备了民事主体资格,要实际地参与民事活动,还必须要有民事行为能力。民事行为能力,就是法律所认定的形成意思的能力,即主体能够独立地以自己的行为取得权利、承担义务的资格。主体能否独立认识和判断自己行为的性质和后果并对自己的行为作出选择,从而具备形成意思的能力,通常是由法律确认的。

民事权利能力和民事行为能力是主体制度中的两项重要内容。没有民事权利能力,就失去了主体资格,也就不可能具有行为能力。但是仅有权利能力,而没有行为能力,也不能通过自己的行为去享有权利和承担义务。具体来说,二者的区别表现在以下几方面。

第一,民事权利能力是成为民事主体的资格,而民事行为能力是能够以自己的行为从事民事活动的资格,换言之,它是法律认定的意思能力。有权利能力的人,如果不具备法定的意思能力,就没有行为能力。但反过来说,任何具备行为能力的人,都具有民事权利能力。

第二,民事权利能力具有普遍性,而行为能力不具有普遍性。任何人都具有权利能力，权利能力也不需要特别认定，更不需要通过某种程序来认定。而对自然人来说，想要具有行为能力，首先要达到一定的标准。其次，对于一些因健康等原因欠缺足够的意思能力的人认定其行为能力，要经过特殊的程序。对于自然人来说，权利能力都是平等的，但行为能力却可能因人而异。

第三，民事权利能力是不受限制和剥夺的，而民事行为能力却可以依据法律规定的原因和程序作出限制。例如，精神病人可以被认定为限制民事行为能力人或无民事行为能力人。

第四，民事行为能力以意思能力的存在为基础，而民事权利能力不以意思能力的存在为基础，不受年龄、精神状况和身体条件的限制。

三、自然人的行为能力和责任能力

所谓责任能力，又称为不法行为能力或过失责任能力，是指对自己的过失行为能够承担责任的能力。责任能力包括侵权责任能力、违约责任能力和其他责任能力。但由于责任能力在侵权法中最为重要，所以各国对侵权责任能力都有明确规定，而对于违约责任能力则规定准用侵权责任能力之规定。我国《民法通则》第 133 条第 1 款规定："无民事行为能力人、限制民事行为能力人造成他人损害的，由监护人承担民事责任。监护人尽了监护责任的，可以适当减轻他的民事责任。"该条规定在第六章第三节"侵权的民事责任"名下，可见，我国对于责任能力的规定仅仅限于侵权责任能力。

责任能力与行为能力有着密切的联系，但也不完全等同于行为能力。凡是具有民事行为能力者，均具有民事责任能力。从意思能力的角度来看，责任能力也要求有意思能力。但是民事行为能力和责任能力又有区别，主要表现在以下几方面。

第一，就侵权责任而言，现代民法为了对受害人遭受的损害给予充分的补救，在分配责任的时候，不仅仅要考虑过错，还要考虑如何对受害人的损害予以充分教济，这就要突破意思能力的局限，使行为能力和责任能力分开。因此，无行为能力人致人损害，其监护人应当负责。侵权责任中的公平原则，更注重行为人是否具有责任财产，所以财产也称为责任能力的基础。

第二，行为能力实际上是以理性的判断能力为基础的，而责任能力是以对不法行为的识别能力为基础的，因此，行为能力的判断标准显然要高于责任能力的判断标准。

第三，行为能力的判断标准是由法律统规定的，即结合年龄和智力状况来进行判断。而对责任能力的判断，则要根据每个具体不法行为人的意思能力和财产情况等分别进行判断。

四、民事行为能力的划分

(一)完全民事行为能力

所谓完全民事行为能力,是指自然人能以其自己的行为独立享有民事权利,承担民事义务的资格。《民法典》第 17 条规定:“18 周岁以上的自然人为成年人。不满 18 周岁的自然人为未成年人。”第 18 条第 1 款规定:“成年人为完全民事行为能力人,可以独立实施民事法律行为。”

依据上述规定,18 周岁以上的自然人为完全民事行为能力人,《民法典》作出此种规定是合理的,因为一方面, 根据我国《宪法》规定,年满 18 周岁的公民享有选举权和被选举权,且在社会生活交往中,一般认为 18 周岁的人为成年人,已经具有相当的社会经验和知识,能够独立地生活和就业,因此,年满 18 周岁的人应为完全行为能力人。另一方面,对 18 周岁以上的自然人而言,其已经成年,具有相当的社会经验和知识,对外界各种情况已经有了自己独立的判断能力,可以独立实施各种民事法律行为,有必要规定其为完全民事行为能力人。

《民法典》第 18 条第 2 款规定:“16 周岁以上的未成年人,以自己的劳动收入为主要生活来源的,视为完全民事行为能力人。”所谓“以自己的劳动收入为主要生活来源”,包括两个方面。

第一,具有一定的劳动收入,即依靠自己的劳动获得了一定的收入,如工资、奖金等。这种收入应当是固定的,而不是临时的、不确定的。

第二,其劳动收入构成其主要生活来源。也就是说,其劳动收入能够维持其生活,不需要借助其他人的经济上的资助,也可以维持当地群众的一般生活水平。此处所说的“视为”属于法律上不可推翻的推定。“视为”, 亦即“即是”。

我国《民法典》作出上述规定的主要原因在于,法律上对于自然人是否具有行为能力的规定,是对所有的自然人的民事行为能力的一般规定,但每个自然人的情况并非完全相同,是否具有完全民事行为能力,其情况也可能是有差别的,因此法律上有必要设定例外规定。

《劳动法》第 15 条规定,16 周岁以上的自然人就享有劳动权。因此,16 周岁以上的公民能够参加劳动,并可能有一定的收入,完全否定其具有完全的行为能力,也不一定妥当。所以,我国《民法典》第 18 条规定,以自己的劳动收入为主要生活来源的,可以视为完全民事行为能力人。

(二)限制民事行为能力

限制民事行为能力,又称为不完全民事行为能力,是指自然人部分独立地,或者说在一定范围内具有民事行为能力。根据《民法典》的规定,限制民事行为能力人有两种。

1. 8 周岁以上的未成年人

《民法典》第 19 条规定："8 周岁以上的未成年人为限制民事行为能力人，实施民事法律行为由其法定代理人代理或者经其法定代理人同意、追认；但是，可以独立实施纯获利益的民事法律行为或者与其年龄、智力相适应的民事法律行为。"

该条将限制民事行为能力人的年龄下限从《民法通则》规定的 10 周岁降低为 8 周岁，降低的主要原因在于，随着经济社会的发展和人们生活、教育水平的提高，未成年人的生理心理成熟程度和认知能力较以往有了一定的提高，适当降低限制民事行为能力人的年龄下限，有利于其从事与其年龄、智力状况相适应的民事活动，这也是尊重未成年人自主意识的体现，有利于保护其合法权益。

2. 不能完全辨认自己行为的成年人

一些成年人（如精神病人）也可能因精神、智力障碍而不能完全辨认自己行为的内容与法律后果，不能独立实施一些民事活动，其也应当属于限制民事行为能力人。对此，《民法典》第 22 条规定："不能完全辨认自己行为的成年人为限制民事行为能力人，实施民事法律行为由其法定代理人代理或者经其法定代理人同意、追认；但是，可以独立实施纯获利益的民事法律行为或者与其智力、精神健康状况相适应的民事法律行为。"

对于限制民事行为能力人来说，法律只允许其独立从事纯获利益的民事法律行为及与其智力、精神健康状况相适应的民事法律行为。

第一，纯获利益的民事法律行为。有的国家立法在规定限制民事行为能力人可以实施的法律行为时，采用了纯获法律上利益的表述。例如，《德国民法典》第 107 条规定："（法定代理人的允许）对于未成年人并不因之而纯获法律上的利益的意思表示，未成年人必须得到其法定代理人的允许。"依据这规定，凡是双务合同，实际上都会使未成年人负担一定的义务，都不属于该条所规定的纯获法律上利益的法律行为。

我国《民法典》第 19 条并没有采用《德国民法典》的表述，而是采用了"纯获利益的民事法律行为"这表述，所谓纯获利益的民事法律行为，是指限制民事行为能力人从某项民事法律行为中纯粹获得利益而不负有负担，或者虽然负有负担，但所获得的利益明显高于负担的民事法律行为。这就是说，一方面，限制民事行为能力人如果仅从某项民事法律行为中纯粹获得利益，则该民事法律行为应当属于纯获利益的民事法律行为。此类民事法律行为类似于比较法上的纯获法律上利益的民事法律行为。

另一方面，在某项民事法律行为中，限制民事行为能力人虽然有一定的负担，但该负担明显小于其所获得的利益，则也应当将该民事法律行为认定为纯获利益的民事法律行为。例如，如果未成年人获得的利益远远高于其承受负担所遭受的不利益，那么这种合同也可以认为是纯获利益的合同。此外，就附负担的赠与而言，如果限制民事行为能力人所负担的明显小于其因赠与而获得的利益，则也应当将该附负担的赠与认定为纯获利益的民事法律行为。

第二，与其年龄、智力及精神健康状况相适应的民事法律行为。依据《民法典》第 19

条和第 22 条的规定,限制民事行为能力人可以独立实施与其年龄、智力及精神状况相适应的民事法律行为。具体而言,对未成年人而言,其可以独立实施与其年龄、智力状况相适应的民事法律行为。因为从 8 周岁至 18 周岁跨度有 10 年,17 周岁的未成年人与 8 周岁的未成年人的认知状况是不同的,应当区别对待。还应当看到,即便是同一年龄的未成年人,其智力状况也有一定的差别。

例如,虽然都是 8 周岁,但有的未成年人心智发育较早,有的未成年人心智发育较晚,因此,应当区别对待。对不能完全辨认其行为的成年人来说,其可以独立实施与其智力、精神健康状况相适应的民事法律行为。与限制民事行为能力人年龄、智力及精神健康状况相适应的民事法律行为主要是指日常生活必需的行为。

限制行为能力人应当可以从事些日常生活所必需的交易,否则会不当限制其行为的自由,也会给其生活造成不便。

限制民事行为能力人依法不能独立实施的民事法律行为,则应当由其法定代理人代理实施。对此,《民法典》第 23 条规定:“无民事行为能力人、限制民事行为能力人的监护人是其法定代理人。”依据该条规定,限制民事行为能力人的监护人为其法定代理人,限制民事行为能力人依法不能独立实施的民事法律行为,应当由其监护人代理实施,否则应当属于效力待定的民事法律行为。

依据《民法典》第 19 条和第 22 条的规定,在经法定代理人允许的情形下,限制民事行为能力人可以独立实施各类民事法律行为。法定代理人的允许既可以是事先的同意,也可以是事后的追认。具体包括以下两种情形。

一是事先同意。也就是说,限制民事行为能力人的法定代理人可以事先同意或者授权该限制民事行为能力人实施民事法律行为,在此情形下,即便该民事法律行为超出了该限制民事行为能力人的年龄、智力发展状况,其也是有效的。例如,父母授权子女在 300 元范围内购买一辆自行车,只要其子女是在 300 元的范围内购买自行车,就应认为已得到父母的允许。当然,该限制民事行为能力人应当在其法定代理人允许的权限范围内行为。

二是事后追认。追认就是事后表示同意。从这一规定可以看出,此类行为并不是一概被认定为无效,而是将其作为效力待定的民事法律行为。这就是说,限制行为能力人实施的依法不能独立实施的行为,在法律上既不是当然无效,也不是当然有效,其是否有效,要取决于其法定代理人是否追认。限制民事行为能力人有权实施一些与其年龄、智力状况相适应的民事行为,除此以外的其他比较复杂及重大的民事法律行为,则应当由其法定代理人代理或征得其法定代理人同意后进行。

小贴士

关于未成年人网络打赏行为的效力,应当根据未成年人的行为能力(年龄、智力)以及打赏的数额、家庭经济条件以及打赏的环境等综合判断。例如,如果实施打赏行为的是无民事行为能力人，依据《民法典》第144条规定，该打赏行为应当是无效的，但限制民事行为能力人实施该行为就不一定是无效的。

此外，还需要考虑未成年人实施打赏行为所使用的财产是否属于未成年人可以支配的财产。例如，如果未成年人实施打赏行为所使用的是其父母给的压岁钱、零花钱，表明其父母允许其自由支配该财产，对其使用该财产作出了事先同意，依据《民法典》第19条的规定，该行为应当是有效的；但如果未成年人打赏使用的是其父母的积蓄，而且数额巨大，与其年龄、智力等不相适应，其法定代理人不予追认的，该网络打赏行为即应当属于无效行为。

（三）无民事行为能力

所谓无民事行为能力，是指自然人无独立从事民事活动的资格，也就是说，不具有以自己的行为取得民事权利和承担民事义务的资格。在我国，无民事行为能力人包括以下两类。

一是不满8周岁的未成年人。对此，《民法典》第20条规定："不满8周岁的未成年人为无民事行为能力人，由其法定代理人代理实施民事法律行为。"

二是不能辨认自己行为的人。对此，《民法典》第21条第1款规定："不能辨认自己行为的成年人为无民事行为能力人，由其法定代理人代理实施民事法律行为。"依据该条规定，如果成年人因为智力、精神状况等原因而无法辨认自己的行为，则应当属于无民事行为能力人。《民法典》第21条第2款规定："8周岁以上的未成年人不能辨认自己行为的，适用前款规定。"

依据《民法典》第19条的规定，年满8周岁的未成年人属于限制民事行为能力人，但如果其不能辨认自己的行为，则也应当属于无民事行为能力人。对于不能辨认自己行为的自然人而言，从保护其利益的角度出发，法律规定其为无民事行为能力人是十分必要的。

依据《民法典》第20条和第21条的规定，对无民事行为能力人而言，其不能独立实施任何民事法律行为，而必须由其法定代理人代理实施。因此，无民事行为能力人所实施的民事法律行为都是无效的。但依据《民法通则意见》第6条的规定，"无民事行为能力人、限制民事行为能力人接受奖励、赠与、报酬，他人不得以行为人无民事行为能力、限制民事行为能力为由，主张以上行为无效"。

无民事行为能力人通常不能辨认和理解自己的行为，因此不能独立实施民事法律行为。但在特殊情形下，无民事行为能力人可以实施如下两类行为：

一是纯获利益的行为，例如，接受赠与、奖励等。对此类行为，也必须从严解释，即只能对未成年人有利，而不能给其增加任何负担，这些行为应当予以允许。

二是日常生活必需的细小的行为。无行为能力人也可能会从事一些日常生活所必需的行为，例如乘坐公交车和地铁、购买早点或零食。如果这些行为所涉金钱数额不大，且与其年龄和智力相符合的,其可以实施。允许无民事行为能力人实施上述行为,有利于保护无民事行为能力人的利益,同时,也有利于保护交易安全。

五、自然人民事行为能力的宣告

(一)申请认定自然人为无民事行为能力人或限制民事行为能力人

在自然人因智力、精神健康状况等原因而不能辨认或者不能完全辨认自己的行为时,相关主体有权申请人民法院认定该自然人为无民事行为能力人或者限制民事行为能力人。《民法典》第 24 条第 1 款规定:“不能辨认或者不能完全辨认自己行为的成年人,其利害关系人或者有关组织,可以向人民法院申请认定该成年人为无民事行为能力人或者限制民事行为能力人。”依据该条规定,申请认定自然人为无民事行为能力人或限制民事行为能力人需要具备如下条件。

1. 被认定人为不能辨认或者不能完全辨认自己行为的成年人

从该条规定来看,其仅适用于成年人,未成年人为无民事行为能力人或者限制民事行为能力人,不需要人民法院的认定,而可以直接依据其年龄来判断。同时,被认定人应当是不能辨识或者不能完全辨识其行为的自然人,即该自然人因为智力发育不成熟,或者因为精神健康状况方面的原因,导致其辨识能力不足。从比较法上看,有的国家设置了禁治产制度,适用于因醉酒、服用麻醉品等人,但我国并不存在禁治产制度,无民事行为能力人或者限制民事行为能力人的认定仅适用于不能辨认或者不能完全辨认自己行为的人。

2. 必须经利害关系人或者有关组织申请

认定自然人为无民事行为能力人或限制民事行为能力人必须依据利害关系人或者有关组织申请,法院不能依职权主动认定。所谓利害关系人,是指与被申请宣告的人有利害关系的人,如精神病人的配偶、父母、成年子女以及其他亲属等。法院不得主动进行宣告。所谓有关组织,依据《民法典》第 24 条第 3 款规定,具体包括:居民委员会、村民委员会、学校、医疗机构、妇女联合会、残疾人联合会、依法设立的老年人组织、民政部门等。只有利害关系人或有关组织才能提出申请。

3. 须经人民法院认定

行为能力的认定涉及个人的行为自由,也涉及交易安全,因此,任何人不得单方认定他人为无民事行为能力人或者限制民事行为能力人,而必须由人民法院予以认定。人民法院在认定某自然人为无民事行为能力或限制民事行为能力人时,必须确定其辨识能力的状况,具体进行认定。

(二)民事行为能力的全部和部分恢复

《民法典》第 24 条第 2 款规定:“被人民法院认定为无民事行为能力人或者限制民事

行为能力人的，经本人、利害关系人或者有关组织申请，人民法院可以根据其智力、精神健康恢复的状况，认定该成年人恢复为限制民事行为能力人或者完全民事行为能力人。”该条对民事行为能力的全部或者部分恢复作出了规定，依据该条规定，民事行为能力的全部和部分恢复应当具备如下条件。

第一，必须针对被人民法院认定为无民事行为能力人或者限制民事行为能力人的成年人。一方面，如果不是被人民法院认定为无民事行为能力人或者限制民事行为能力人的，则不能适用该条所规定的民事行为能力的恢复规则。另一方面，从该条规定来看，其仅适用于成年人民事行为能力的恢复，如果未成年人因为年龄增长而取得限制民事行为能力或者完全民事行为能力，则不需要通过该条所规定的程序取得相应的民事行为能力。

第二，必须经本人、利害关系人或者有关组织申请。依据该条规定，人民法院不能依职权主动宣告某自然人恢复相应的民事行为能力，而是必须经申请才能作出相应的认定。请求恢复民事行为能力的申请人包括本人、利害关系人或者有关组织。

具体来说，一是本人。民事行为能力的恢复关系本人的切身利益，因此，与认定自然人为无民事行为能力人或限制民事行为能力人的申请不同，被认定恢复相应民事行为能力的自然人本人也可以提出相应的申请。

二是利害关系人。此处所说的利害关系人主要是指该自然人的近亲属、债权人等。

三是有关组织。依据《民法典》第 24 条第 3 款规定，可以提出申请的“有关组织”具体包括：居民委员会、村民委员会、学校、医疗机构、妇女联合会、残疾人联合会、依法设立的老年人组织、民政部门等。

第三，根据成年人的智力、精神健康恢复的状况决定是否恢复。人民法院在认定是否有必要全部或者部分恢复某人的民事行为能力时，主要是考虑其智力、精神健康恢复状况。如果法院在考虑其智力、精神健康状况后认为其已经能够完全辨识自己的行为，则应当认定其已恢复完全民事行为能力；如果该自然人只恢复到部分辨识自己的行为，则应当认定其为限制民事行为能力人。在必要时，可能需要医院提供相关的诊断证明，以确定其智力、精神健康恢复状况。

需要指出的是，该条所规定的民事行为能力的恢复包括两种情形，即恢复为限制民事行为能力人或者完全民事行为能力人。这就是说，民事行为能力的恢复并不意味着一概恢复为完全民事行为能力人，而是由人民法院根据该自然人的智力、精神健康恢复的情况，具体认定其恢复为限制民事行为能力人或者完全民事行为能力人。

六、自然人民事行为能力的终止

自然人民事行为能力的终止是指民事行为能力的消灭。自然人的民事行为能力因一定的法律事实而取得，也因一定法律事实而终止。《民法典》第 13 条规定：“自然人从出生时起到死亡时止，具有民事权利能力。”因此，自然人的主体资格因死亡而终止，自然人死亡后，其民事行为能力也相应终止。死亡是自然人民事行为能力终止的法律事实。因为自然人一旦死亡，其民事权利能力终止，其就不再是民事权利主体，因而也就不可能再从事民事活动。当然，自然人民事行为能力的终止应当是基于自然死亡，在宣告死亡的情形下，如果某自然人仍然处于生存状态，则其民事行为能力并不因此终止。

自然人因智力、精神健康状况而被宣告为无民事行为能力，并非意味着其民事行为能力终止。在此应当区分民事行为能力的终止与民事行为能力的中止的概念：民事行为能力的中止是自然人民事行为能力的一时丧失，而终止则是永远地消灭。自然人因智力、精神健康状况被宣告为无民事行为能力人时，其民事行为能力一时丧失，在他恢复健康时，可以重新获得行为能力。

第三节 监 护

一、监护的概念、监护的目的和性质

（一）监护的概念

监护，是指对未成年人和无民事行为能力或者限制民事行为能力的成年人（精神病人、智力障碍者）的人身、财产及其他合法权益，由监护人监督和保护的民事法律制度。监护人就是对未成年人和无民事行为能力或者限制民事行为能力的成年人（精神病人、智力障碍者）的人身、财产及其他合法权益负有监督保护职责的人。受监护人监督保护的未成年人和无民事行为能力或者限制民事行为能力的成年人（精神病人、智力障碍者）是被监护人。被监护人是无民事行为能力或限制民事行为能力人。

（二）监护的目的

监护制度的目的在于直接保护被监护人的人身财产和其他合法权益，进而维护社会利益。

被监护人很难以自己的独立行为去实现和维护自己的人身、财产和其他权益。监护制度为他们设置监护人，对其人身、财产和其他合法权益进行监督和保护，弥补了被监护人行为能力的欠缺，可以充分有效地保护其合法权益。

被监护人由于意思能力的欠缺或障碍，不仅不能审慎地处理自己的事务，而且由于不能分辨自己行为的性质和法律后果，有可能实施不法行为，给他人的合法权益造成损害，从而影响社会利益和公共秩序。监护人对被监护人履行监督保护职责，对其行为加以教育和管束，并对其违法行为后果承担责任，就能有效预防和制止被监护人实施不法行为，损害他人利益和社会利益。

（三）监护的性质

监护作为一种民事法律制度，其实质内容在于监护人为被监护人利益和社会利益依法律的规定负有的监护职责，而不是监护人为实现自己的私人利益而享有的民事权利。

父母对未成年子女的监护职责，在传统民法中就属于亲权的内容。亲权是父母对未成年子女的人身和财产管理、教育和保护的权利义务的统一，而监护则是针对亲权以外的未成年人和无民事行为能力的精神病患者等即被宣告为禁治产的人设置的监督保护制度，它纯粹为监护人的职责，而非权利。我国《民法典》第26条规定父母对未成年子女负有抚养、教育和保护的义务，这是对父母亲权的规定，属于身份权范围。

《民法典》第27条规定父母是未成年子女的监护人，实质上将亲权内容纳入了监护。但监护又不限于亲权，就未成年人而言，其监护人的范围不限于父母，父母已经死亡或者父母没有监护能力的，由其祖父母、外祖父母、兄姐依顺序担任监护人，这仍然在亲属关系范围，但不属于亲权；没有这些近亲属范围的人担任监护人的，则可以由其他愿意担任监护人的个人或者组织经未成年人住所地的居民委员会、村民委员会同意后担任监护人。

这些人和组织显然已经不再属于亲属范围，对无民事行为能力和限制民事行为能力的成年人的监护显然不属于亲权范围，其他愿意担任监护人的人经被监护人住所地居民委员会或者村民委员会同意担任监护人的，也已经超出近亲属范围。《民法典》第32条规定：没有依法具有监护资格的人的，监护人由民政部门担任，也可以由具备履行监护职责条件的被监护人住所地的居民委员会、村民委员会担任监护人。

可见，监护是不同于亲权、亲属关系的独立的对被监护人监督保护制度，是以亲属关系为基础，社会参与、国家补充的监督保护制度，监护人负有的是监督保护职责和责任。这也正是监护制度规定在《民法典》第一编总则部分，而不规定在《民法典》第五编婚姻家庭的原因。《民法典》第31条第4款规定：监护人被指定后不得擅自变更；擅自变更的，不免除被指定的监护人的责任。

《民法典》第34条规定了监护人的职责，以及监护人不履行监护职责或者侵害被监护人合法权益的应当承担法律责任。虽然第34条第2款规定“监护人依法履行监护职责产生的权利，受法律保护”，但对此应当理解为其依法履行监护职责受法律保护，为实现被监护人的权利和利益，监护人依法履行监护职责是有权而为，必须给予应有的支持和便利。

根据《精神损害赔偿解释》第2条的规定，非法使被监护人脱离监护，导致亲子关系或者近亲属间的亲属关系遭受严重损害，监护人向人民法院请求赔偿精神损害的，人民法院应当依法予以受理。这条规定实质上应当是对亲属关系的侵权或者是对亲权监护的侵害。

二、监护的设立

各国民法关于监护的设立方式的规定不尽相同,归统起来主要有三种方式,即法定监护、遗嘱监护和指定监护。法定监护是指依据法律的直接规定产生监护人;遗嘱监护,是指依据父母所立遗嘱指定监护人;指定监护,则指没有法定监护人和遗嘱监护人的情况下,由法院或有权指定的机关指定监护人。我国《民法典》规定了法定监护和指定监护,还规定了遗嘱监护。

(一)法定监护

法定监护,是指依据法律直接规定而成为无民事行为能力人或限制民事行为能力人的监护人。

1. 对未成年人的法定监护人的规定

我国《民法典》第 27 条关于未成年人的法定监护人的设立作出了以下规定。

(1)未成年人的父母是未成年的子女的监护人。

基于未成年子女出生的法律事实,其父母依据法律规定直接成为未成年子女的监护人。《民法典》第 26 条规定:"父母对未成年子女负有抚养、教育和保护的义务。成年子女对父母负有赡养、扶助和保护的义务。"这是父母是未成年人的监护人的法律依据,即父母对未成年子女的监护权来自其亲权。父母对未成年子女享有亲权,当然应是未成年子女的监护人。父母是未成年子女的最近的直系血亲,养儿育女是父母之基本人身需求。从情感上,父母担任未成年子女的监护人最有利于对未成年子女利益的保护。父母的监护人资格从子女出生开始直至子女成年取得民事行为能力都存在。

父母分居、离异都不影响父母的监护权。父母离异后,由人民法院判决未成年子女随一方共同生活由其直接抚养,但父母双方仍为未成年子女的监护人,不与未成年子女共同生活的一方仍对未成年子女有监护的义务和责任。父母因正当原因不能亲自履行监护职责的可以委托他人代为履行部分或全部监护职责,但父母仍为法定监护人。未成年子女因上学处在幼儿园、学校管照教育之下的,父母仍为法定监护人。学校对未成年学生除法律有规定的或者学校依法接受委托承担相应监护职责的情形外,不承担监护职责。

(2)未成年人的父母死亡或丧失监护能力

未成年人的父母死亡或丧失监护能力时,由下列有监护能力的人按照顺序担任监护人:未成年人的祖父母、外祖父母;由未成年人的兄姐当中有监护能力的人担任监护人。其他愿意担任监护人的个人或者组织,但是须经未成年人住所地的居民委员会、村民委员会或者民政部门同意。

所谓按照顺序担任监护人就是监护顺序,是指法律规定的担任监护人的先后顺序,有前一顺序的监护人的,由顺序在前的具有监护能力的人担任监护人,顺序在后的人不能担任监护人；没有前一顺序范围的人或者前一顺序范围的人没有监护能力的，则依次由后一顺序范围的人担任监护人。例如，未成年人的父母死亡或丧失监护能力时，首先由祖父母、外祖父母担任监护人；如果祖父母、外祖父母也已经死亡或者丧失监护能力的，则由未成年人的兄姐担任监护人。

祖父母、外祖父母中只要还有人健在并且具有监护能力，其兄姐就不能担任监护人。未成年人的父母死亡或丧失监护能力时，如果祖父母、外祖父母也已经死亡或者丧失监护能力，且没有兄姐或者兄姐都丧失监护能力的情况下，才由其他愿意担任监护人的个人或者组织，经未成年人住所地的居民委员会、村民委员会或者民政部门同意担任监护人。

2. 对无民事行为能力或者行为能力受限制的成年人的法定监护人的规定

依据《民法典》第 28 条规定，无民事行为能力或者限制民事行为能力的成年人，由下列有监护能力的人按顺序担任监护人：(1) 配偶；(2) 父母、子女；(3) 其他近亲属；(4) 其他愿意担任监护人的个人或者组织，但是须经被监护人住所地的居民委员会、村民委员会或者民政部门同意。

本条规定在其他愿意担任监护人的范围中增加了有关组织，原《民法通则》规定的是关系密切的其他亲属、朋友，这里增加的有关组织主要指公益组织，体现了监护的社会化。有关组织是否适合做监护人要经被监护人住所地的居民委员会、村民委员会或者民政部门同意，能否同意主要从社会组织设立的宗旨、财产或者经费、社会信誉、工作人员等方面判断其担任监护人是否有利于维护被监护人利益。

3. 对没有依法具有监护资格的人的监护人的规定

《民法典》第 32 条规定："没有依法具有监护资格的人的，监护人由民政部门担任，也可以由具备履行监护职责条件的被监护人住所地的居民委员会、村民委员会担任。"这里所说的没有依法具有监护资格的人，就是指不存在《民法典》第 27 条所规定的未成年人的监护人范围的人或者不存在第 28 条所规定的无民事行为能力或者限制民事行为能力的成年人监护人范围的人。

在这种没有依法具有监护资格的人的情况下，由民政部门或者具备履行监护职责条件的居民委员会、村民委员会担任监护人。这一条规定体现了国家和社会对监护的责任。监护以亲属为基础，以国家和社会为补充，把民政部门提到了担任监护人的首位，特别强调政府在监护中的职责，明确了政府监护的兜底性作用，即没有依法具有监护资格的人的，监护人由民政部门担任，也可以由具备履行监护职责条件的被监护人住所地的居民委员会、村民委员会担任。

（二）遗嘱指定监护

《民法典》第 29 条规定："被监护人的父母担任监护人的，可以通过遗嘱指定监护人。"遗嘱指定监护，是指担任其未成年子女或者无民事行为能力和限制民事行为能力的成年子女的监护人的父母，通过立遗嘱给被监护的子女指定监护人的监护设定方式。只有正在担任监护人的父母才能通过立遗嘱为其被监护的子女指定监护人，如果父母因某种原因没有担任监护人的，不能为被监护的子女指定监护人。

遗嘱指定监护优先于法定监护，指定监护人的范围也不限于《民法典》第 27 条和第 28 条所规定的监护人的范围，但必须具有监护能力，能够履行监护职责。遗嘱是立遗嘱人生前以意思表示处置安排其民事事务，于立遗嘱人死后生效的单方民事法律行为。因此，遗嘱指定的监护在立遗嘱人死亡时生效，受遗嘱指定的监护人应当履行其监护职责。如果遗嘱指定的监护人因病丧失监护能力或者客观上不能履行监护职责，就要依法另行指定监护人。

（三）协议确定监护

《民法典》第 30 条规定："依法具有监护资格的人之间可以协议确定监护人。协议确定监护人应当尊重被监护人的真实意愿。"可见，协议指定监护是指两个或者多个依法具有监护资格的人，为了被监护人的利益以意思表示一致的协议方式为被监护人确定监护人。协议是双方或者多方的民事法律行为，意思表示一致时成立，依法发生法律效力。依据协议约定确定的监护人在协议生效时生效或者协议具体约定的生效日期生效。被协议确定的监护人在协议确定的监护生效之日，开始履行监护职责。

依法具有监护资格的人是依据《民法典》第 27 条和第 28 条具有监护资格的人，在以协议方式确定监护人的时候可以不按照这两条规定的监护人顺序，而主要考虑谁更有利于维护被监护人的利益，从各个具有监护资格的人的经济条件、与被监护人的生活联系状态、教育条件、情感程度等因素考虑，协商选择对被监护人最有利的监护人。

在协商过程中对于有一定的意愿表达能力的被监护人，应当听取和尊重被监护人的意见，选择被监护人感情上最愿意接受的监护人，以利于被监护人的身心健康和各项权益的维护。

（四）指定监护

指定监护，是指对监护人的确定有争议的，由有权机关或组织指定监护人或由人民法院指定监护人。

1. 指定监护的适用

指定监护适用于对监护人的确定有争议的情形。对监护人的确定有争议是指《民法典》第 27 条和第 28 条规定的具有监护资格的人，对于由谁担任监护人发生争议不能确定的情况。例如，几个具有监护资格的人互相推诿都不愿意担任监护人。

2. 指定监护的主体和程序

指定监护的主体是指法律规定的有权指定监护的机关或者组织。《民法典》第 31 条第 1 款规定："对监护人的确定有争议的，由被监护人住所地的居民委员会、村民委员会或者民政部门指定监护人，有关当事人对指定不服的，可以向人民法院申请指定监护人；

有关当事人也可以直接向人民法院申请指定监护人。”指定监护的主体可以是被监护人住所地的居民委员会、村民委员会或者民政部门和人民法院。

居民委员会、村民委员会和民政部门的指定与人民法院指定都是有权指定，但指定的效力不同，表现在居民委员会、村民委员会和民政部门的指定当事人对指定不服的，可以申请人民法院指定；有关当事人也可以直接申请人民法院指定监护人。

人民法院的指定为终局指定。在指定程序上居民委员会、村民委员会和民政部门的指定不是申请法院指定的前置程序。对监护人的确定有争议的，当事人可以申请居民委员会、村民委员会或者民政部门指定，居民委员会、村民委员会和民政部门也可以主动指定，指定者以书面或者口头形式通知了被指定人的，指定就成立。被指定人不服的，应当在接到通知的次日起30日内向人民法院起诉。逾期起诉的按照变更监护关系处理。人民法院的指定是依据有关当事人的申请指定的。

3. 指定的原则

《民法典》第31条第2款规定："居民委员会、村民委员会、民政部门或者人民法院应当尊重被监护人的真实意愿，按照最有利于被监护人的原则在依法具有监护资格的人中指定监护人。”可见，指定监护有三条原则：尊重被监护人真实意愿的原则、最有利于被监护人的原则、不受监护人顺序限制的原则。

4. 指定临时监护人

临时监护人是指在指定监护人之前，对被监护人承担暂时性的监护职责直至监护人正式指定的人。《民法典》第31条第3款规定："依照本条第一款规定指定监护人前，被监护人的人身权利、财产权利以及其他合法权益处于无人保护状态的，由被监护人住所地的居民委员会、村民委员会、法律规定的有关组织或者民政部门担任临时监护人。”

5. 指定监护人的效力

《民法典》第31条第4款规定："监护人被指定后，不得擅自变更；擅自变更的，不免除被指定的监护人的责任。”无论是居民委员会、村民委员会、民政部门指定监护后，还是人民法院指定监护后，当事人都不得擅自变更；如果当事人对居民委员会、村民委员会、民政部门指定监护不服的，也只能在规定时间内申请人民法院指定，不得擅自变更。擅自变更的，不免除被指定的监护人的责任。

（五）事先协商确定监护

事先协商确定的监护，也称意定监护，是指具有完全民事行为能力的人，对其将来被监护需要与其近亲属、其他愿意担任监护人的个人或者组织事先协商，以书面形式确定自己的监护人。实质上是成年人在协商的基础上为自己委任监护人而对方予以接受的意定监护，是当事人以意思表示一致的法律行为确定的监护。为将来监护需要而设立，是附生效条件的民事法律行为，条件就是该成年人将来丧失或者部分丧失民事行为能力，条件成就时协商确定的监护人开始履行监护职责。

《民法典》第33条规定："具有完全民事行为能力的成年人，可以与其近亲属、其他愿意担任监护人的个人或者组织事先协商，以书面形式确定自己的监护人，在自己丧失或者部分丧失民事行为能力时，由该监护人履行监护职责。"本条规定，来自《老年人权益保障法》第26条的规定内容，主要是适应人口老龄化趋势，允许成年人在自己具有完全民事行为能力的情况下，对自己将来的监护事务按照自己意愿与其近亲属、其他愿意担任监护的个人或者组织协商作出妥善安排，以备将来丧失或者部分丧失民事行为能力时，及时确定监护人，监护人能够及时履行监护职责。

案例

张力民与肖欣迟系夫妻关系。1995年婚生一子张小成。2000年10月，二人经法院判决离婚，其子张小成随其母生活。2003年元月，肖欣迟将张力民杀死。某省高级人民法院判处肖欣迟死刑，缓期两年执行。张小成在其母被判刑后随其伯父张强民、姑母张民侠生活。其祖父母、外祖父母均已死亡。

2004年4月，张家兄妹商量将侄儿张小成交由其伯父张强民抚养并由张强民担任其监护人。2004年6月，在监狱服刑的肖欣迟与其妹妹肖欣兰妹夫常春明签订监护抚养协议，委托其对张小成行使监护权。由于事实上张小成一直随其伯父生活，其伯父坚持其监护权，其所在村委会也同意由其伯父行使监护权。为此，张强民与肖欣兰之间为争夺对张小成的监护权发生争议。

请问该案应如何处理？

三、监护人的职责和监护能力

（一）监护人职责的内容

监护是监护人对被监护人的监督与保护。监护人的职责构成监护法律关系的基本内容。监护人的职责是包括监护人的监护义务和责任及由此产生的权利的总称。根据我国《民法典》第34条的规定，监护人的具体职责主要有以下几方面。

1. 担任被监护人的法定代理人

担任被监护人的法定代理人，代理实施民事法律行为或者辅助其实施的民事法律行为，或者代理民事诉讼。《民法典》第23条规定："无民事行为能力人、限制民事行为能力人的监护人是其法定代理人。"可见，担任被监护人的法定代理人是监护人的一项职责。法定代理主要发生在被监护人的民事活动和民事诉讼中。

例如，被监护人与他人进行与其年龄、智力和精神健康状况不相适应的民事活动时，须由监护人作为法定代理人代理进行，或征得他的法定代理人的同意追认。当被监护人的人身、财产及其他合法权益受到非法侵害时，监护人作为法定代理人代理被监护人向人民法院起诉请求给予保护，代为参加诉讼活动。在被监护人被起诉时，也要代为应诉参加民事诉讼活动。

2. 保护被监护人的人身

保护被监护人的人身、财产及其他合法权益。监护人应保护被监护人的人身权益，保护其生命、身体健康的安全，使其人身安全不受侵害，同时保护其姓名权、肖像权、名誉权、荣誉权等合法权益不受侵犯。监护人对被监护人的财产要尽善良管理人之注意进行管理和保护，除为了被监护人的利益，不得处理被监护人的财产。当被监护的人身权益、财产权益及其他权益遭受不法侵害时，要采取切实措施加以保护，其保护职责受法律保护。

3. 照顾、管理、教育被监护人

监护人应照顾被监护人的日常生活，给其衣食温饱、疾病疗养和精神关怀，不得虐待和遗弃被监护人。对未成年的被监护人应当关心其身心健康的成长，教育其品德，对其行为进行监督和管理，防止其受到侵害或者侵害他人。对于适学年龄的未成年人应让其按时入学，接受国家规定年限的义务教育。

4. 承担应当由监护人承担的民事责任

依据《民法典》第 1188 条、第 1189 条规定，被监护人造成他人损害的，如果监护人未尽到监护职责的，由监护人承担民事责任；如果监护人尽到监护职责的，可以适当减轻其民事责任。在监护人将其监护职责部分或全部委托给他人期间，被监护人给他人造成的损害需要承担民事责任的，除另有约定的外，由监护人承担，但受托监护的人确有过错的应负连带责任。

（二）监护人因履行监护职责产生的权利

《民法典》第 34 条第 2 款规定："监护人依法履行监护职责产生的权利，受法律保护。"这里因履行监护职责所产生的权利，表明其不是指监护人的固有权利，而是指监护人为了履行监护职责所应具有的权利，保护这些权利实质是保护监护人对监护职责的履行，使其能够尽职尽责，维护被监护人的利益，并不是在监护职责和被监护人利益之外追求监护人的自身利益。

例如，为了对被监护人财产的保护，规定了监护人对被监护人财产的占有权利，以及为了监护人利益的处分权利；为了对被监护人人身的保护，规定了对其必要的管束权利，甚至对其身体自由的限制的权利；为了防止精神病患者的被监护人走失、侵害他人身体或者财产，规定了对其身体自由的限制；为了关心未成年人的身心健康成长，规定了对其进行思想教育，了解其思想、心理状况，对其隐私知悉的权利，等等。

这些权利的行使都是为履行监护职责所必需的权利。监护人为了维护被监护人利益在为履行监护职责所需要的范围行使的这些权利，是受法律保护的，不能认为是对被监护人的财产或者人身权利的侵害，其他人也不得干涉。

（三）监护人的法律责任

我国《民法典》第 34 条第 3 款规定："监护人不履行监护职责或者侵害被监护人合法

权益的，应当承担法律责任。”监护制度是为了保护被监护人的人身权利、财产权利和其他合法权益设置的强制性的法律制度，监护人的职责就是保护被监护人的人身权利、财产权利和其他合法权益，这是法定职责，如果监护人不履行职责或者侵害被监护人的合法权益，就违反了监护法律规定，构成侵权责任。

（四）监护人职责的履行

依据《民法典》第35条的规定，监护人履行监护职责应当遵循如下原则。

1. 最有利于被监护人的原则

最有利于被监护人的原则是监护制度的基本原则，贯彻于监护制度的始终，从监护人的确定、指定、撤销、恢复，到监护人职责的履行都必须贯彻这一基本原则。其核心含义就是监护人在履行监护职责中要尽可能地维护被监护人利益，追求被监护人利益最大化。例如，对被监护人财产的保护要最大限度实现财产的增值避免毁损减少，对其人身权利的保护应选择最有利于其身心健康的方式，对未成年人的管教应采取最有利于其心理健康的教育方式，而不宜粗暴训斥、打骂，尽可能避免伤害其自尊。要尽可能采取预防措施防止被监护人受到伤害。

2. 维护被监护人利益

除为维护被监护人利益外，不得处分被监护人的财产。保护被监护人的财产权利，主要是保护被监护人的财产所有权，因此监护人原则上不得处分被监护人的财产，而应主要为财产的保持行为，尽善良管理人之注意管理被监护人的财产。以最有利于被监护人利益考虑，监护人也可以处分被监护人的财产，但对此应当严格掌握，否则就可能出现监护人以维护被监护人利益为名不当处分被监护人财产的行为。

一方面，处分被监护人财产为被监护人的生存生活所必需，如为救治其生命所作的处分；或者是为了避免被监护人财产遭受重大损失而作的处分。

另一方面，对被监护人财产的处分从长远看要有利于其财产稳定，不能使被监护人财产遭受损失，不能满足于一时的利益增加。另外，履行被监护人依法承担的财产责任处分被监护人财产的，应当认为是为了被监护人利益。监护人不当处分被监护人财产的，应当承担法律责任。

3. 应根据被监护人的年龄和智力状况，尊重被监护人的真实意愿

未成年人的监护人履行监护职责，在作出与被监护人利益有关的决定时，应当根据被监护人的年龄和智力状况，尊重被监护人的真实意愿。成年人的监护人履行监护职责，应当最大限度地尊重被监护人的真实意愿，保障并协助被监护人实施与其智力、精神健康状况相适应的民事法律行为。对被监护人有能力独立处理的事务，监护人不得干涉。

（五）监护人的监护能力

监护人必须具有监护能力，监护能力是指监护人履行监护职责所应具备的能力或条件，也就是监护人为监督和保护无民事行为能力人或者限制民事行为能力人的人身、财产和其他合法权益，实现被监护人的利益所应当具备的能力。《民法典》第27条、第28条都规定监护人要具有监护能力；第32条规定居民委员会、村民委员会担任监护人应当具备履行监护职责的条件。从《民法典》第34条所规定的监护职责的实现要求来看，监护能力应当包括以下内容。

1. 监护人具有完全民事行为能力

监护人的基本职责就是担任被监护人的法定代理人，代理被监护人实施民事法律行为或者对被监护人实施民事法律行为进行追认，因此，监护人必须具有完全的民事行为能力。

2. 保护被监护人的人身权利的能力

保护被监护人的人身权利包括保护其生命、健康、身体、肖像、名誉、隐私、姓名等各项人身权利和利益不受损害，能够对其身体照护，避免损害；能够制止他人对被监护人的侵害；能够对被监护人进行管教约束，防止其侵害他人，例如，对精神病人能够看管、约束，防止其侵害他人。如果品行不端，就不能对被监护人进行良好管教；或者虐待被监护人，也就不具备保护被监护人的能力。

3. 保护被监护人的财产权利的能力

能够保护被监护人的财产所有权，为被监护人的利益管理、维修被监护人的财产，甚至必要时处分被监护人的财产。

4. 具备履行监护职责的条件

具备履行监护职责的条件就是在客观上能够履行监护职责，例如，身处外地或者国外就在地理空间上不具备监护条件；长期患病，就不具备监护的身体健康条件。

（六）监护人暂时无法履行监护职责时对被监护人的临时照料

《民法典》第34条第3款规定：“因发生突发事件等紧急情况，监护人暂时无法履行监护职责，被监护人的生活处于无人照料状态的，被监护人住所地的居民委员会、村民委员会或者民政部门应当为被监护人安排必要的临时生活照料措施。”本条是根据2020年春季新冠肺炎疫情期间的现实问题在《民法典》中补充的新规定。

例如，由于新冠肺炎疫情暴发这一紧急情况，监护人被强制隔离期间，暂时无法履行监护职责，被监护人的生活就处在无人照料的状态，被监护人住所地的居民委员会、村民委员会或者民政部门就应当为被监护人安排必要的临时生活照料措施。

四、监护的开始、变更、撤销和终止

（一）监护人监护职责的开始

监护关系的内容是监护人的监护职责，因此，所谓监护的开始，就是指监护人监护职责开始的时间。监护人监护职责的开始是由一定的法律事实引起的。父母作为未成年人的监护人始于未成年子女的出生。从成年人患有精神病时起,他的配偶或父母,或成年子女,或其他近亲属依法定顺序作为监护人的,其监护职责开始。

由于原监护人死亡或丧失监护能力,而引起新的监护人职责的开始,例如,从未成年子女的父母均死亡时起,其祖父母或外祖父母或兄姐即作为新的监护人开始其监护职责。因指定方式产生监护人的,从指定单位的指定决定作出时开始监护职责。

(二)监护人的变更

监护人的变更是指在监护过程中原监护人丧失监护能力或者其监护对被监护人不利时,或者法定监护人范围的人协定变更时,依监护人的原产生方式或更有效的方式更换新的监护人。主要包括以下几种情况。

(1)原监护人死亡或丧失监护能力的,法定监护人范围的人依据法律规定顺序直接成为新的监护人,或者法定监护范围的人协议确定新的监护人。

(2)原由法定监护人范围的人协议确定的监护人,又经其协议予以更换。

(3)因情况变化由有权指定的单位为被监护人重新指定监护人。

(4)因监护人不履行监护职责或侵害被监护人的合法权益,人民法院根据有关人员或有关组织的申请撤销其监护人的资格,重新指定监护人。

(5)被监护人的父母或者子女被撤销监护人资格后,又依法恢复监护资格的,人民法院作出恢复监护人资格的判决生效后自动恢复监护资格,指定的监护终止。

在监护人职责履行过程中,监护人将监护职责的一部分或全部委托他人代为监护的,不发生监护人的变更,原监护人仍为被监护人的监护人。

(三)监护人资格的撤销

监护人资格的撤销是指因监护人损害被监护人利益,而由人民法院取消其资格。依据《民法典》第36条的规定,监护撤销制度包括以下内容。

1. 撤销监护人资格的事由

监护人有下列情形之一的,可以撤销其监护人资格:(1)实施严重损害被监护人身心健康行为;(2)怠于履行监护职责,或者无法履行监护职责且拒绝将监护职责部分或者全部委托给他人,导致被监护人处于危困状态;(3)实施严重侵害被监护人合法权益的其他行为。

2. 撤销监护的申请人

撤销监护由有关个人和组织向人民法院提出申请,有关个人和组织包括:其他依法具有监护资格的人、居民委员会、村民委员会学校、医疗机构、妇女联合会、残疾人联合会未成年人保护组织依法设立的老年人组织、民政部门等。这些个人和民政部门以外的组织未及时向人民法院申请撤销监护人资格的,民政部门应当向人民法院申请。

3. 安排必要的临时措施

安排必要的临时措施，是指人民法院根据有关个人或者组织的申请，在撤销监护人资格时为了保护被监护人利益采取的临时保护被监护人的必要措施。例如，对身心健康遭受严重损害的被监护人进行救治和心理安慰；解救处于危急、困难状态的被监护人；防止原监护人再伤害被监护人等。

4. 指定监护人

人民法院撤销监护人后，应按照最有利于被监护人的原则依法在具有监护人资格的人当中为被监护人指定新的监护人。在撤销程序中，一并指定新的监护人，有利于及时确定监护人，保护被监护人的利益，同时也节约司法资源。

5. 被撤销监护人资格的监护人负担义务的履行

《民法典》第 37 条规定："依法负担被监护人抚养费、赡养费扶养费的父母、子女、配偶等，被人民法院撤销监护人资格后，应当继续履行负担的义务。"父母对未成年子女负担生活费、教育费、医疗费等抚养费用的义务；成年的子女对无劳动能力或生活困难的父母负担其生活费、医疗费等正常生存所必需的赡养费的义务；配偶相互之间在一方生活困难时负担给付扶养费的义务。这些义务是依据婚姻法的父母子女关系、婚姻关系等亲属身份关系确定的义务，与义务人是否担任被抚养被赡养、被扶养人的监护人没有关系，监护资格的撤销不影响其负担义务的履行。

6. 监护人资格的恢复

《民法典》第 38 条规定："被监护人的父母或者子女被人民法院撤销监护人资格后，除对被监护人实施故意犯罪的外，确有悔改表现的，经其申请，人民法院可以在尊重被监护人真实意愿的前提下，视情况恢复其监护人资格，人民法院指定的监护人与被监护人的监护关系同时终止。"可见恢复监护人资格需具备以下条件。

（1）适用于被监护人的父母或者子女被人民法院撤销监护人资格的情形。

父母和子女是最近的直系血亲，担任监护人最有利于被监护人利益，法律鼓励其对亲人知错改错，继续担任监护人。

（2）撤销监护人资格的事由不是因为对被监护人实施故意犯罪。

因对被监护人实施故意犯罪而被撤销监护的，不得恢复监护，如虐待、遗弃犯罪，性侵害，严重的伤害犯罪等。

（3）被撤销监护资格的被监护人的父母或者子女确有悔改表现。

确有悔改表现就是对自己曾经侵害被监护人利益或者怠于履行监护职责的行为有真诚的悔改意愿，客观上有悔改的积极表现。例如，积极地关心爱护未成年人子女和父母的身心健康，照护其日常生活、保护其人身权益和财产权利。

（4）本人申请。

被撤销监护资格的被监护人的父母或者子女愿意恢复其监护资格的，应当主动向人民法院提出申请。

(5)尊重被监护人的真实意愿。

恢复监护的目的是更好地维护被监护人的利益,如果被监护人认为恢复监护对自己不利,不愿意恢复父母或者子女对自己的监护则不能恢复;只有被监护人在完全自主的情况下表达的真实意愿,同意恢复父母或者子女监护的才可以恢复。

(6)人民法院就具体情况作出判决

恢复监护对被监护人利益关系重大,人民法院对被撤销监护资格的人是否确有悔改表现、被监护人的具体生活状态和人身财产状况都应严格审查,综合判断,从有利于维护被监护人利益出发作出是否准予恢复监护的判决。人民法院判决恢复被监护人的父母或者子女的监护人资格的,自判决生效后被监护人的父母或者子女自动恢复监护人资格,人民法院在撤销监护资格时指定的监护人与被监护人的监护关系同时终止。

(四)监护的终止

依据《民法典》第39条的规定,监护关系因下列原因而终止:

1. 被监护人取得或者恢复完全民事行为能力

未成年人已经成年、精神病人已经康复,他们就具有了完全民事行为能力,为其设置的监护随即终止。

2. 监护人丧失了监护能力

监护人丧失监护能力,无法再履行监护职责,因而以其为监护人的监护关系终止,但应为被监护人更换新的监护人。

3. 监护人或被监护人一方死亡

被监护人死亡的,监护关系就再无存在必要因而绝对消灭。监护人死亡,则原监护关系终止,但应由新的监护人对被监护人承担监护职责。

4. 人民法院认定监护关系终止的其他情形

例如,人民法院依法撤销监护人的监护资格,监护关系终止。人民法院判决恢复被监护人的父母或者子女的监护人资格的,人民法院在撤销监护资格时指定的监护人与被监护人的监护关系同时终止。《民法典》第39条第2款规定:"监护关系中止后,被监护人仍然需要监护的,应当依法另行确定监护人。"就是按照本法关于监护设立的规定,另行确定监护人。

第四节 宣告失踪

一、宣告失踪的概念

所谓宣告失踪,是指自然人离开自己的住所下落不明达到法定的期限,经利害关系人申请,人民法院依照法定程序宣告其为失踪人的一项制度。

自然人一旦失踪,将对其既有的财产关系产生重大影响,其财产将处于无人照管的状态,而且其债权人和债务人也难以主张权利或者履行义务,这可能影响经济秩序的稳定,对多方当事人的利益产生影响。这就有必要在法律上设置宣告失踪制度,并通过设置财产代管人的方式,对失踪人的财产进行管理,从而保护失踪人的利益,及时了结相关的债权债务关系。

宣告失踪的目的是通过人民法院确认自然人失踪的事实,并通过设置财产代管人管理失踪人的财产,并及时了结其债权债务关系,以保护失踪人和利害关系人的利益,从而维护社会经济秩序的稳定。从比较法上看,许多国家的立法都对宣告失踪制度作出了规定。我国《民法典》也在《民法通则》规定的基础上,于该法第 40 条规定:“自然人下落不明满 2 年的,利害关系人可以向人民法院申请宣告该自然人为失踪人。”这就对宣告失踪制度作出了规定。

二、宣告失踪的条件

宣告失踪应当符合法定的条件,依据《民法典》第 40 条、第 41 条的规定,宣告失踪应当具备如下条件:

1. 必须有自然人下落不明满 2 年的事实

依据《民法典》第 40 条的规定,宣告失踪要求自然人必须下落不明满 2 年。依据《民法通则意见》第 26 条的规定,所谓下落不明,是指自然人离开最后居所和住所后没有音讯的状况,这种状况须持续、不间断地存在。如果自然人离开住所和居所后仍然有音讯,只是因为通信等方面的原因无法联系到,并不属于下落不明。

延伸阅读

关于下落不明的起算点

《民法典》第 41 条规定:“自然人下落不明的时间从其失去音讯之日起计算。战争期间下落不明的,下落不明的时间自战争结束之日或者有关机关确定的下落不明之日起计算。”依据该条规定,自然人下落不明的时间起算点并不是其离开住所或者居所的时间,而是其失去音讯的时间。如果自然人是在战争期回下落不明的。则其下落不明的时间应自战争结束之日起计算,如果有关机关确定了自然人下落不明的时间,则其下落不明的时间自该机关确定的时间起算。

2. 必须由利害关系人向人民法院提出申请

依据《民法典》第 40 条的规定,宣告失踪需要利害关系人的申请。由于宣告失踪仅涉及当事人之间的私人事务,一般不涉及社会公共利益,因而,法院不能依据职权进行失踪宣告,宣告失踪必须由失踪人的利害关系人提出申请。

关于利害关系人的范围,《民法典》并没有作出规定,《民法通则意见》第 24 条规定:

"申请宣告失踪的利害关系人,包括被申请宣告失踪人的配偶、父母、子女、兄弟姐妹、祖父母、外祖父母、孙子女、外孙子女以及其他与被申请人有民事权利义务关系的人。"从该条规定来看,其既没有对申请宣告失踪的利害关系人的人数作出规定,也没有对其申请顺序作出规定,因此,上述利害关系人可以单独申请,也可以同时申请,而且其申请并没有顺序限制,即便这些利害关系人就是否宣告失踪发生冲突,只要符合受理的条件,法院就应当受理。

3. 必须经过法院依据法定程序宣告

宣告失踪只能由人民法院作出,其他任何机关和个人无权作出宣告失踪的决定。人民法院在收到宣告失踪的申请以后,应当依据《民事诉讼法》规定的特别审理程序,发出寻找失踪人的公告,公告期满以后,仍没有该自然人的音讯时,人民法院才能宣告该自然人为失踪人。

三、宣告失踪的法律后果

在自然人被宣告失踪后,其民事主体资格仍然存在,其仍然可以实施各种民事行为。因此,宣告失踪并不产生消灭婚姻关系的效力,也不会导致失踪人的财产被他人继承。依据《民法典》的规定,宣告失踪的法律后果是为失踪人设置财产代管人。

(一)财产代管人的设置

财产代管人是为失踪人管理财产的人。自然人在被宣告失踪后,有必要为其设置财产代管人,因为在自然人下落不明的情形下,其财产无人照管,可能遭受毁损、灭失,这就有必要设置财产代管人为其管理财产。同时,设置财产代管人也有利于及时了解失踪人的相关权利义务关系,从而维护社会经济秩序的稳定。

依据《民法典》第 42 条,首先,应当由其配偶、成年子女、父母或者其他愿意担任财产代管人的人代管。这是因为这些人与失踪人存在密切关系,由其代管财产更符合失踪人的利益。该条并没有对上述主体担任财产代管人的人数和顺序作出规定,因此,可以由上述人中的一人或者数人担任失踪人的财产代管人,而且上述主体在担任财产代管人方面并没有顺序上的限制。其次,如果失踪人没有上述人担任财产代管人,或上述主体对担任失踪人的财产代管人有一定的争议,或者上述主体均无代管能力的,由人民法院指定财产代管人。从该条规定来看,其并没有对法院指定的财产代管人的范围进行限定,因此,人民法院可依具体情况确定合适的财产代管人。此时法院应当考虑失踪人利益的最大化。

(二)财产代管人的职责

财产代管人兼具法定代理人和保管人的身份,依据《民法典》第 43 条的规定,财产代管人的职责包括如下内容。

1. 妥善管理失踪人的财产

《民法典》第 43 条第 1 款规定："财产代管人应当妥善管理失踪人的财产，维护其财产权益。"财产代管人管理失踪人财产的行为主要体现为一种消极的管理行为，如履行失踪人的债务，接受失踪人债务人的履行等，其一般不得积极利用失踪人的财产。

在特殊情形下，为了保护失踪人的利益，财产代管人也需要对失踪人的财产进行积极处分，如为防止失踪人的房屋倒塌，应当允许财产代管人请人代为修缮。同时，依据该条规定，财产代管人应当妥善管理失踪人的财产，且在管理失踪人的财产时应当尽到善良管理人的管理义务。当然，依据《民法典》第 43 条第 3 款的规定，财产代管人只有因故意或者重大过失造成失踪人财产损失时，才需要承担赔偿责任，财产代管人在因一般过失造成失踪人财产损失时，并不需要承担赔偿责任。

2. 清偿失踪人的债务，并追索其债权

代管人的另一项主要职责是代理失踪人履行债务和接受履行。一是代管人有权从失踪人的财产中支付税款、债务和其他应当支付的费用（如赡养费、抚养费等）。关于财产代管人履行管理职责的费用，《民法典》第 43 条第 2 款规定："失踪人所欠税款、债务和应付的其他费用，由财产代管人从失踪人的财产中支付。"依据该条规定，财产代管人缴纳失踪人所欠税款、清偿债务以及所支出的其他费用，应当从失踪人的财产中支付。二是代管人应当尽力追索失踪人的债权，代理失踪人接受债权。如果财产代管人怠于主张债权或者怠于接受履行造成失踪人损失的，财产代管人应当承担赔偿责任。

该条并没有对财产代管人的报酬请求权作出规定，因此，财产代管人原则上只能请求失踪人偿还履行财产代管职责所支出的必要费用，而不能请求失踪人支付管理报酬。

（三）财产代管人的变更

在自然人失踪期间，财产代管人可能因为丧失民事行为能力等原因而无法履行财产代管职责，此时，就有必要变更财产代管人。依据《民法典》第 44 条的规定，财产代管人的变更主要包括如下情形。

一是失踪人的利害关系人申请变更财产代管人。《民法典》第 44 条第 1 款规定："财产代管人不履行代管职责、侵害失踪人财产权益或者丧失代管能力的，失踪人的利害关系人可以向人民法院申请变更财产代管人。"依据该规定，在财产代管人不履行代管职责、侵害失踪人财产权益或者丧失代管能力的情形下，为失踪人设置财产代管人的目的将难以实现，此时，失踪人的利害关系人有权向人民法院申请变更财产代管人。

二是财产代管人申请变更财产代管人。《民法典》第 44 条第 2 款规定："财产代管人有正当理由的，可以向人民法院申请变更财产代管人。"依据该规定，如果财产代管人有正当理由，其也可以申请变更财产代管人。例如，财产代管人因为年龄、健康状况等原因难以有效履行财产代管职责，可能导致失踪人遭受损失的，此时，应当允许其向人民法院申请变更财产代管人。

在人民法院变更失踪人的财产代管人后,为保障新的财产代管人有效履行代管职责,同时为了明确当事人之间的权利义务关系,减少纠纷,原财产代管人应当及时将失踪人的有关财产移转给新的财产代管人,并且及时向新的财产代管人报告其担任财产代管人期间的代管情况。对此,《民法典》第 44 条第 3 款规定:“人民法院变更财产代管人的,变更后的财产代管人有权请求原财产代管人及时移交有关财产并报告财产代管情况。”

四、失踪宣告的撤销

(一)撤销失踪宣告的条件

自然人在被宣告失踪后,如果又重新出现,则其有权申请撤销失踪宣告,也可由利害关系人申请撤销。关于失踪宣告的撤销,《民法典》第 45 条第 1 款规定:“失踪人重新出现,经本人或者利害关系人申请,人民法院应当撤销失踪宣告。”依据该规定,撤销失踪宣告应当符合如下条件。

1. 失踪人重新出现

依据该条规定,失踪人重新出现是撤销失踪宣告的必要条件,当然,失踪人重新出现并不限于失踪人回到原住所或者居住地,如果确知其下落,也应当属于“失踪人重新出现”。

2. 经本人或者利害关系人申请

撤销失踪宣告需要被宣告失踪人本人或者其利害关系人向人民法院提出申请。从该条规定来看,失踪人本人或者其利害关系人在申请撤销失踪宣告方面并没有顺序限制,在失踪人重新出现后,利害关系人中的一人或者数人都可向人民法院申请撤销失踪宣告。

3. 由人民法院撤销

失踪宣告的撤销应当由人民法院作出,申言之,撤销失踪宣告的申请应当向作出失踪宣告的人民法院提出。关于撤销失踪宣告的程序,《民事诉讼法》第 186 条进一步详细规定了撤销失踪宣告的法定程序:“被宣告失踪、宣告死亡的公民重新出现,经本人或者利害关系人申请,人民法院应当作出新判决,撤销原判决。”

(二)撤销失踪宣告的法律后果

失踪宣告一旦撤销,即产生如下法律效力。

1. 财产代管关系终止

财产代管人是在自然人失踪期间代其管理财产,一旦失踪宣告被撤销,相应的财产代管关系也应当终止。当然,依据《民法典》第 45 条第 2 款的规定,在失踪人重新出现的情形下,财产代管人即应当负有相应的移转财产和报告义务,此时,即应当认定财产代管关系已经终止。

2. 财产代管人的移交财产和报告义务

《民法典》第 45 条第 2 款规定："失踪人重新出现，有权要求财产代管人及时移交有关财产并报告财产代管情况。"依据该条规定，一旦失踪人重新出现，则其就有权请求财产代管人移交有关财产，并有权请求财产代管人报告代管其财产期间的相关情况。

第五节　宣告死亡

一、宣告死亡的概念

所谓宣告死亡，是指自然人下落不明达到法定期限，经利害关系人申请，人民法院经过法定程序在法律上推定失踪人死亡的一项制度。自然人长期下落不明可能导致相关的财产关系和人身关系长期处于不确定状态，这有可能影响经济秩序和社会秩序。通过宣告死亡制度，可以及时了结下落不明人与他人的财产关系和人身关系，从而维护正常的社会秩序。宣告死亡虽然可以了结相关的财产关系和人身关系，但其毕竟属于对下落不明人死亡的一种推定，在该自然人仍然生存的情形下，其民事权利能力并不受影响。

宣告死亡和宣告失踪的联系十分密切。在多数情况下，应先宣告失踪，而后宣告死亡。但宣告失踪并非宣告死亡的必经程序，在未宣告失踪的情形下，利害关系人也可以依法申请宣告死亡。宣告死亡不同于自然死亡，表现在以下几方面。

一方面，自然死亡将终局性地了结该自然人的财产关系和人身关系，不存在恢复的可能；而宣告死亡虽然也可以了结被宣告死亡人的财产关系和人身关系，但该民事法律关系存在恢复的可能，即一旦死亡宣告被撤销，相关的财产关系和人身关系即可能恢复。

另一方面，自然死亡将消灭该死亡自然人的民事主体资格；而宣告死亡毕竟属于对下落不明人死亡的一种推定，在该自然人仍然生存的情形下，其民事权利能力并不受影响，其民事行为能力也不受影响。因此，自然人被宣告死亡后，如果其仍然处于生存状态，仍然可以实施民事法律行为，依法取得民事权利，负担民事义务。

二、宣告死亡的条件

《民法典》第 46 条规定："自然人有下列情形之一的，利害关系人可以向人民法院申请宣告该自然人死亡：(1)下落不明满 4 年；(2)因意外事件，下落不明满 2 年。因意外事件下落不明，经有关机关证明该自然人不可能生存的，申请宣告死亡不受 2 年时间的限制。"该条对宣告死亡的条件作出了规定，依据该条规定，宣告死亡必须具备以下条件。

1. 自然人下落不明达到法定期限

如前所述，下落不明是指自然人离开最后居所和住所后没有音讯的状况。在宣告死亡的情形下，自然人的下落不明主要是指生死不明，如果确知某人仍然活着，只是没有和家人联系或者不知道其确切地址，不能认为其生死不明。

依据《民法典》第46条的规定，在申请宣告死亡的情形下，自然人下落不明达到法定期限可以分为如下两种情形：

(1)一般情形下，下落不明满4年。

由此可见，与宣告失踪相比，在宣告死亡的情形下，自然人下落不明的时间应当更长，因为在宣告失踪的情况下，只是发生了被宣告失踪人的财产代管和债权债务了结的后果，但宣告死亡以后，还会发生继承的开始、身份关系解除等，因此，宣告死亡的条件应当比宣告失踪严格，下落不明的时间应当比宣告失踪时所要求的时间长。

(2)在自然人因意外事件下落不明时，其下落不明需要满2年。

由于自然人在因意外事件下落不明的情形下，其生存的可能性相对较小，因而，宣告其死亡时对其下落不明的时间要求也相对较短。此外，依据《民法典》第46条的规定，在自然人因意外事件下落不明的情形下，如果有关机关证明该自然人不可能生存的，此时，申请宣告该自然人死亡不受2年时间的限制，即在此情形下，其利害关系人可随即申请宣告该自然人死亡。

例如，发生沉船事故后，相关部门进行了紧急搜救，证实乘客已不可能生存，此时，其利害关系人可以立即申请宣告该人死亡，而不受2年期限的限制。

2. 必须要由利害关系人提出申请

依据《民法典》第46条的规定，宣告死亡需要由利害关系人向人民法院提出申请，此处所说的利害关系人，是与被宣告死亡法律后果具有利害关系的人。

关于各利害关系人在申请死亡宣告时是否有顺序的先后，存在不同观点：一种观点认为，宣告死亡的利害关系人包含的范围很广，如果没有顺序的限制，就会导致父母要求宣告死亡，但配偶并不希望宣告死亡，如果满足父母的请求，就会干涉配偶的婚姻自主。另一种观点认为，我国法律不应当规定申请宣告死亡的顺序，因为如果顺序在先的当事人不申请，则失踪人长期不能被宣告死亡，造成财产关系长期不能稳定。

《民法典》没有对各利害关系人申请宣告死亡的顺序作出规定，但《民法通则意见》第25条规定："申请宣告死亡的利害关系人的顺序是：(1)配偶；(2)父母、子女；(3)兄弟姐妹、祖父母、外祖父母、孙子女、外孙子女；(4)其他有民事权利义务关系的人。申请撤销死亡宣告不受上列顺序限制。"该司法解释确立了宣告死亡申请人的顺序。这就意味着，居于优先次序的利害关系人对失踪人不申请宣告死亡的，后顺序的利害关系人不得提出死亡宣告的申请。当然，同一顺序的利害关系人之间则无优先次序，如果部分申请宣告死亡而部分不同意宣告死亡的，则可以宣告死亡。

《民法典》第47条规定："对同一自然人，有的利害关系人申请宣告死亡，有的利害关系人申请宣告失踪，符合本法规定的宣告死亡条件的，人民法院应当宣告死亡。"

法律之所以作出此种规定，是因为宣告死亡不仅解决失踪人的财产关系，而且能够解决失踪人的人身关系，与宣告失踪相比，其效力范围更为广泛，能够终局地解决失踪人的权利义务关系，可见，宣告死亡的法律效力范围要强于宣告失踪，在不同利害关系人同时申请宣告失踪与宣告死亡的情形下，如果符合宣告死亡的条件，人民法院作出死亡宣告有利于更好地解决当事人之间的纠纷。

3. 必须要由人民法院作出宣告

依据《民法典》第 46 条的规定，死亡宣告应当由人民法院作出。人民法院在受理死亡宣告的申请后，应当按照《民事诉讼法》规定的特别审理程序发出寻找下落不明人的公告，公告期届满，没有其音讯的，人民法院才能作出死亡宣告。

三、宣告死亡时间的认定

在宣告死亡的情形下，自然人死亡时间的认定对于确定相关的权利义务关系具有重要意义。被宣告死亡是人民法院基于利害关系人的申请，依据法定程序推定下落不明的自然人死亡的一种法律制度。作出这种推定首先就是要确定死亡的具体时间，如果死亡的时间不确定，则不利于准确认定相关的权利义务关系。例如，自然人死亡时间的认定，对于死亡赔偿金的计算、养老金的领取、抚恤金的领取、继承开始时间的确定，甚至婚姻关系的终止时间等，均具有重要意义。

小贴士

关于宣告死亡情形下自然人死亡时间的认定

《民法典》第 48 条规定："被宣告死亡的人，人民法院宣告死亡的判决作出之日视为其死亡的日期；因意外事件下落不明宣告死亡的，意外事件发生之日视为其死亡的日期。"该条将宣告死亡情形下自然人的死亡时间区分为两种情形。

一是一般情形下被宣告死亡时死亡时间的认定。依据该条规定，一般情形下，在自然人被宣告死亡时，人民法院宣告死亡的判决作出之日视为其死亡时间。该规则基本沿袭了《民法通则意见》的规则，该司法解释第 36 条第 1 款规定："被宣告死亡的人，判决宣告之日为其死亡的日期。判决书除发给申请人外，还应当在被宣告死亡的人住所地和人民法院所在地公告。"该规则被实践证明是行之有效的。因此，《民法典》继受了这一经验，将人民法院宣告死亡的判决作出之日视为自然人的死亡时间。

二是因意外事件被宣告死亡时死亡时间的认定。依据该条规定，在因意外事件导致自然人下落不明，该自然人被宣告死亡的，该意外事件发生的日期将视为该自然人的死亡日期。例如，马航 MH370 航班事故属于众所周知的意外事故，该事故发生后，相关人员生死未卜，此时，如果依法作出死亡宣告，则相关人员的宣告死亡时间应当是该事故发生的日期。

四、宣告死亡的法律后果

(一)宣告死亡的效力及于一切人

自然人一旦被宣告死亡,将产生消灭其既有财产关系和人身关系的效力,该效力不仅及于申请人,而且及于其他任何人。

(二)宣告死亡并不当然消灭被宣告死亡人的民事主体资格

由于宣告死亡的目的在于终结被宣告死亡人原有的财产关系和人身关系,但其不同于自然死亡,只是对下落不明的自然人死亡的一种拟制,不能完全等同于自然死亡。可见,宣告死亡并非为了绝对地消灭或剥夺被宣告死亡人的主体资格,而在于结束以被宣告死亡人既有的民事法律关系。自然人在被宣告死亡后仍然可能生存,并且也必然会从事一些民事活动,产生一些新的民事法律关系。如果被宣告死亡的失踪人被认为完全没有权利能力,则他从事任何行为都是无效的。这显然不符合法理。

假如被宣告死亡的自然人完全没有权利能力,还可以自行向法院申请撤销对他的死亡宣告,即实施有效的诉讼行为,这在民法上是无法解释的。因此,依据《民法典》第49条的规定,在被宣告死亡后,如果自然人仍然生存的,则其主体资格并不受影响,其在被宣告死亡后所实施的民事法律行为的效力也不受影响。

(三)财产关系的变动

自然人被宣告死亡后,将对其财产关系产生一定的影响。如前所述,宣告死亡将产生消灭自然人原有的人身关系和财产关系的效力,因此,自然人一旦被宣告死亡,其财产将作为遗产由其继承人继承。同时,被宣告死亡的自然人的债权人也有权请求该自然人的继承人清偿债务。

(四)婚姻关系的消灭

自然人一旦被宣告死亡,其婚姻关系将消灭。对此,《民法典》第51条规定:“被宣告死亡的人的婚姻关系,自死亡宣告之日起消除。”依据该条规定,自然人一旦被宣告死亡,其婚姻关系将自死亡宣告之日起消灭。宣告死亡制度的主要功能是了结被宣告死亡人原有的人身和财产关系,因此,死亡宣告一旦作出,被宣告死亡人的婚姻关系即应当消灭。

五、死亡宣告的撤销

(一)死亡宣告撤销的条件

宣告死亡毕竟是一种法律上的死亡推定,该推定是可以被推翻的,自然人被宣告死亡后，其客观上仍然可能处于生存状态，在确知该自然人仍然生存时，其本人或者利害关系人即有权撤销之前的死亡宣告。对此，《民法典》第 50 条规定："被宣告死亡的人重新出现，经本人或者利害关系人申请，人民法院应当撤销死亡宣告。"依据该条规定，死亡宣告的撤销应当具备如下条件：

1. 被宣告死亡的人重新出现

被宣告死亡的人重新出现包括的情形很多，例如，该自然人回到原住所或者居住地，或者有人确知其下落，或者虽然难以确定其下落，但确定其仍然处于生存状态。只要出现了能够确定被宣告死亡人仍然生存、否定其已经死亡的情形，就可以认定属于该条所规定的"重新出现"。

2. 必须经本人或者利害关系人申请

被宣告死亡人重新出现，并不意味着其原有的人身、财产关系就当然恢复，而必须要经过本人和利害关系人申请，由人民法院作出新的判决，撤销原有的死亡宣告。毕竟，死亡宣告的判决具有既判力，而且已经产生了相应的法律后果，所以，要推翻该判决，也必须经过法定的程序。这就是说，撤销死亡宣告需要被宣告死亡人或者利害关系人提出申请。当然，从《民法典》第 50 条的规定来看，其并没有对申请撤销死亡宣告的利害关系人的顺序和人数进行限制，因此，只要被宣告死亡的人重新出现，任何一个利害关系人都可以申请撤销死亡宣告。

3. 由人民法院作出撤销宣告

《民事诉讼法》在特别程序中对撤销死亡宣告作出了规定，该法第 186 条规定："被宣告失踪、宣告死亡的公民重新出现，经本人或者利害关系人申请，人民法院应当作出新判决，撤销原判决。"

（二）死亡宣告撤销的法律后果

1. 财产关系应当恢复

死亡宣告的撤销将产生财产关系恢复的效果。对此，《民法典》第 53 条第 1 款规定："被撤销死亡宣告的人有权请求依照本法第六编取得其财产的民事主体返还财产；无法返还的，应当给予适当补偿。"依据该条规定，一旦自然人的死亡宣告被撤销，其继承人应当向其返还自己依照继承法所取得的财产，原则上应当返还原物。由于宣告死亡只是对死亡的一种拟制，被宣告死亡的自然人仍然可能生存，在被宣告死亡的自然人重新出现后，对其死亡的拟制将被推翻，相关当事人通过继承所取得的财产应当返还给被宣告死亡的人。同时，继承人取得遗产是无偿的，科以其返还义务也不会不当加重其负担。

由于继承人对宣告死亡的发生并无过错，且属于合法取得财产，在其取得财产后，有权将财产使用、消费，因而，在死亡宣告被撤销后，如果其所继承的财产无法返还（如财产已经毁损、灭失），其并不需要承担赔偿责任，而只需要给予适当补偿。所谓适当的补偿，主要是考虑返还义务人取得的财产价值、返还能力以及获得的利益。

2. 婚姻关系的恢复

《民法典》第 51 条规定："死亡宣告被撤销的，婚姻关系自撤销死亡宣告之日起自行恢复。但是，其配偶再婚或者向婚姻登记机关书面声明不愿意恢复的除外。"依据该条规定，被宣告死亡人的婚姻关系原则上应当自行恢复，但在例外情形下，其婚姻关系则不能自行恢复。依据该条规定，该例外情形包括如下两种。

（1）其配偶已经再婚。

因为在死亡宣告后，被宣告死亡人的婚姻关系已经消灭，其配偶可以再婚，该婚姻也受到法律保护，在此情形下，即便死亡宣告被撤销，被宣告死亡人的婚姻关系也不能当然恢复，这也有利于维持婚姻家庭关系的稳定。如果配偶再婚，即使再婚后又离婚或再婚后新配偶死亡，其与被宣告死亡的配偶之间的婚姻关系也不得自动恢复。

（2）其配偶向婚姻登记机关书面声明不愿意恢复。

也就是说，如果被宣告死亡人的配偶不愿意恢复婚姻关系的，则其有权向婚姻登记机关声明不愿恢复婚姻关系。该条要求当事人必须作出书面声明，主要是为了避免发生争议。法律作出此种规定，有利于保护当事人的婚姻自由。因从该条规定来看，其并没有对被宣告死亡人的配偶作出书面声明的时间作出限定，因此，被宣告死亡人的配偶作出书面声明既可以在死亡宣告被撤销前作出，也可以在死亡宣告被撤销后作出。

3. 对收养关系的影响

《民法典》第 52 条规定："被宣告死亡的人在被宣告死亡期间，其子女被他人依法收养的，在死亡宣告被撤销后，不得以未经本人同意为由主张收养关系无效。"宣告死亡具有消灭自然人既有人身关系的效力，因此，自然人一旦被宣告死亡，如果符合收养的条件，其子女就可以被他人收养，依法产生的收养关系受法律保护，非因法律规定的原因，不得擅自解除或者被宣告无效。为了维护合法收养关系的效力，保持收养关系的稳定性，即便死亡宣告被撤销，被宣告死亡人也不得以其未同意收养为由主张收养关系无效。

4. 利害关系人隐瞒真实情况的责任

如果相关利害关系人隐瞒真实情况，导致他人被宣告死亡的，则在死亡宣告被撤销后，其应当承担责任。《民法典》第 53 条第 2 款规定："利害关系人隐瞒真实情况，致使他人被宣告死亡而取得其财产的，除应当返还财产外，还应当对由此造成的损失承担赔偿责任。"依据这一规定，利害关系人隐瞒真实情况的责任的构成要件是：

一方面，利害关系人隐瞒失踪人未死亡的信息。此处所说的"隐瞒真实情况"，是指利害关系人明知或者应当知道失踪人未死亡，但故意隐瞒真实情况，不告知其下落不明的情况；或者在被询问时，未告知被宣告死亡人未死亡的信息。

另一方面，由于利害关系人隐瞒真实情况，导致他人被宣告死亡的，也就是说，某人被宣告死亡，与利害关系人隐瞒真实情况具有因果关系。

利害关系人应当承担两种责任：一是返还财产。如果利害关系人因为宣告死亡而取得其财产，则应当返还财产。取得财产的原因可能是继承，也可能是其他原因。返还原则上应当返还原物,如果原物不存在,应当作出适当的补偿。如果因此还导致被宣告死亡人的其他损失,该利害关系人应当予以赔偿。二是赔偿损失。在利害关系人隐瞒真实情况的情形下,其取得相关财产具有一定的过错,因此,在死亡宣告被撤销后,其除了应返还因此所取得的财产外,如果被宣告死亡人还有其他损失,则该利害关系人仍然应当予以赔偿全部损失。

第六节 自然人的住所

一、自然人的住所概述

住所是指自然人长期居住生活的地点。在社会生活中,每个人的活动总是存在于一定的空间的,其从事一定的民事活动和开展社会生活,总是在一定的场所内活动,例如,工作场所、营业活动的场所、居住的场所、财产所在地等,这些场所可能各不相同。

住所是自然人参与的各种法律关系集中发生的中心地域,这就需要在法律上确定自然人的住所。《民法典》第25条规定:"自然人以户籍登记或者其他有效身份登记记载的居所为住所;经常居所与住所不一致的,经常居所视为住所。"该条对自然人的住所确定规则作出了规定。法律上确定住所的意义主要在于以下几方面。

1. 确定自然人的民事主体状态

如宣告失踪、宣告死亡,都以自然人离开住所地下落不明为前提。

2. 决定债务的清偿地

《民法典》第511条规定:当事人履行地点约定不明确,依照本法第510条的规定仍不能确定的,适用下列规定:履行地点不明确,给付货币的,在接受货币一方所在地履行;交付不动产的,在不动产所在地履行;其他标的,在履行义务一方所在地履行。

3. 决定婚姻登记的管辖地点

如我国《婚姻登记条例》规定,依申请人住所管辖婚姻登记。再如,《民法典》第31条规定,"对监护人的确定有争议的,由被监护人住所地的居民委员会、村民委员会或者民政部门指定监护人"。

4. 在涉外民事关系中确定法律适用的准据法

如《涉外民事关系法律适用法》第31条规定:"法定继承,适用被继承人死亡时经常居所地法律,但不动产法定继承,适用不动产所在地法律。"

5. 决定诉讼管辖法院和司法文书送达地

在民法上,住所分为三类。

一是法定住所,即由法律直接规定的住所。我国现行立法对于法定住所没有明确规定,但一般认为,如果无行为能力人及限制行为能力人与监护人共同生活,应当以其监护人的住所为住所。夫妻在尚未离婚以前,夫妻一方可以以另一方的住所为其住所,但当事人另外选定住所的除外。

二是意定住所,也称为任意住所。对于是否允许当事人根据自己的意志确定住所,我国现行立法没有规定,本书认为,对此应当允许当事人选择。

三是拟制住所,即由法律规定在特殊情况下将居所推定为住所。所谓居所,即自然人居住的住处。如果自然人离开住所后长期在某居所居住,则可能将该居所推定为其住所。

二、自然人住所的认定规则

1. 自然人以户籍登记或者其他有效身份登记记载的居所为住所

户籍登记是公安机关按照国家户籍管理的相关规定,对公民的身份信息进行记载的制度。依据相关法律法规的规定,公民应当在经常居住地的公安机关进行户籍登记。"其他有效身份登记"主要是指身份证、居住证和外国人的有效居留证件。

因为在我国,随着城镇化的发展,从农村进城打工或从事各种经商等活动的人越来越多,这些人可能并没有取得当地的户籍,但是取得了相关的居住资格;另外,随着我国对外交往的增多,外国人来华工作、居住的现象也越来越普遍,这些外国人并没有在我国进行户籍登记,其有效的居留证件也可以作为认定其住所的依据。

2. 经常居所与住所不一致的,经常居所视为住所

《民法典》第 25 条规定:"经常居所与住所不一致的,经常居所视为住所。"《民法通则意见》第 9 条规定:"公民离开住所地最后连续居住 1 年以上的地方,为经常居住地。但住医院治疗的除外。公民由其户籍所在地迁出后至迁入另一地之前,无经常居住地的,仍以其原户籍所在地为住所。"

因此,如果自然人的经常居所与住所不一致的,则将其经常居所视为住所,法律之所以作出此种规定,是因为法律规定住所的主要目的是确定与自然人有最密切联系的法律关系发生地和纠纷解决地,在自然人在住所以外的居所经常居住的情况下,将该居所视为其住所,更有利于实现住所法律规则的目的。

第七节 个体工商户、农村承包经营户

一、个体工商户

(一)个体工商户的概念和特征

《民法典》第 54 条规定:"自然人从事工商业经营,经依法登记,为个体工商户。"据此可见,个体工商户,是指经过依法登记,从事工商业经营的自然人。关于个体工商户的性质,理论上存在不同观点。从《民法典》的规定来看,其将个体工商户规定在"自然人"一章中,表明其在性质上仍然属于从事工商业经营活动的自然人,而不应当属于非法人组织。当然,自然人且以个体工商户的名义从事工商业经营活动,就成为商事主体。个体工商户的特征主要在于以下几方面。

第一,它是商事主体的一种类型。虽然个体工商户是在“自然人”部分规定的,但是,它与自然人不完全相同。个体工商户可以是一个自然人,也可以是数个自然人。依据《个体工商户条例》第2条的规定,“有经营能力”的自然人可以申请成为个体工商户,因而作为个体工商户的自然人,应当具备经营能力,参与市场经济活动。但个体工商户又不是一个组织体,即使是家庭经营,家庭也并非组织。

第二,它有自己的经营范围。在我国,《个体工商户条例》等要求个体工商户明确其经营范围。该经营范围也决定了个体工商户的权利能力和行为能力范围。

第三,它必须依法办理登记。自然人要成为个体工商户,不需要出资,但必须依法进行登记。在这一点上,它和法人和非法人组织的设立是不同的。法律要求个体工商户必须依法登记,是为了有效规范和监管个体工商户的经营活动,保障其正常合法经营。法律也不要求其必须具有字号和名称。依据《民法典》第54条的规定,个体工商户可以起字号,这是个体工商户依法享有的权利。

依据《个体工商户条例》第4条的规定,自然人在办理个体工商户登记时,并不需要登记机关的批准,只要不属于法律、行政法规禁止进人的行业,登记机关都应当办理登记,这就极大地保障了个人的经营自由。依据《民法通则》第26条的规定,公民只有在法律允许的范围内经核准登记从事工商业经营的,才属于个体工商户,而从《民法典》第54条规定来看,其删除了《民法通则》中“在法律允许的范围内”的表述,体现了对当事人私法自治的尊重,也体现了对自然人经营自由的保障。

(二)个体工商户的债务承担

依据《民法典》第56条第1款的规定,对个体工商户的债务承担采取区别处理的模式。

1. 个人经营的个体工商户

个人经营个体工商户的,其债务以个人财产承担。从登记的角度来看,这些个体工商户会明确登记为“个人经营”。因为在个人经营的情况下,个体工商户和经营者是同一个主体,由于个体工商户并没有独立的财产,因此,应当以经营者个人财产承担债务。

2. 家庭经营的个体工商户以家庭财产承担债务

在办理登记时,个体工商户可以被明确地登记为“家庭经营”。家庭经营个体工商户的,以家庭财产承担。不过,从实践来看,有些个体工商户虽然登记为“个人经营”,但其他家庭成员也参与到经营之中,从而形成事实上的家庭经营。这里所说的家庭财产,包括了从事经营的各个家庭成员的个人财产和共同财产。因为在家庭经营的情况下,家庭成员的个人财产也要投入家庭经营,因而个体工商户的财产无法与家庭财产区分开来。

法律上要求用家庭财产承担债务,有利于强化对债权人的保护。

3. 无法区分个人经营还是家庭经营的,以家庭财产承担债务

在有些情况下,个体工商户究竟是个人经营还是家庭经营难以区分。例如,虽然登记为“个人经营”,但是其家庭成员也参与了经营活动。为了解决此时的债务承担问题,也为了强化对债权人的保护,我国《民法典》第 56 条第 1 款规定,“无法区分的,以家庭财产承担”。

《个体工商户条例》第 12 条规定:“个体工商户不再从事经营活动的,应当到登记机关办理注销登记。”但是,法律上并没有要求其注销登记之前要进行清算,这是因为个体工商户的财产与经营者的财产并没有区分开来,而且,经营者要承担无限责任,因此,并无清算的必要。

二、农村承包经营户

(一)农村承包经营户的概念

《民法典》第 55 条规定:“农村集体经济组织的成员,依法取得农村土地承包经营权,从事家庭承包经营的,为农村承包经营户。”据此,所谓农村承包经营户,是指依法取得农村土地承包经营权,从事家庭承包经营的农户。农村承包经营户的出现是我国 20 世纪 70 年代末农村经济体制改革的产物,至今仍然是最为重要的农村集体经济的经营形式。我国《宪法》第 8 条规定:“农村集体经济组织实行家庭承包经营为基础、统分结合的双层经营体制。”因此,明确农村承包经营户的法律地位,保障其合法权益,是落实宪法确立的基本经济制度的要求。

比较而言,农村承包经营户与个体工商户的区别在于以下几点。

第一,农村承包经营户是以“户”为单位从事家庭承包经营的。户本身不是组织体,而是基于血缘、婚姻等而组成的。而个体工商户并非都是以“户”为单位从事经营,其可以是个人经营,也可以是家庭经营,在经营方式上是比较灵活的。从我国农村改革的趋势来看,虽然逐步允许专业大户、家庭农场、专业合作社、农业企业取得农村土地承包经营权,但农村承包经营户仍然是重要的农村集体经济的经营形式。

第二,农村承包经营户需要依法取得农村土地承包经营权。依据《民法典》第 55 条的规定,农村承包经营户可以取得农村土地承包经营权,土地承包经营权是指权利人依法对其承包经营的耕地、林地、草地等享有占有、使用和收益的权利,依据《民法典》物权法编的规定,该权利在性质上属于独立的用益物权。农村承包经营户可以将该权利流转,也可以利用该权利进行融资,而且在该权利被征收的情况下,权利人还有权获得征收补偿,这就更有利于保护农村承包经营户的权利。

第三,农村承包经营户从事的是土地承包经营。与个体工商户不同,农村承包经营户主要从事的是农业生产,而非工商业活动,并没有明确的经营范围。而个体工商户从事的是工商业经营，还必须经过登记取得营业执照。

第四，农村承包经营户并不以登记为前提，只要依法取得了农村土地承包经营权，就应当认定其主体资格。而个体工商户必须依法办理登记。此外，个体工商户可以起字号，该字号可作为名称权予以保护，而农村承包经营户并不享有起字号的权利。

（二）农村承包经营户的债务承担

考虑到农村承包经营户是以“户”为单位进行农业经营活动的，因此，其债务也应当由“户”来承担。《民法典》第56条第2款规定：“农村承包经营户的债务，以从事农村土地承包经营的农户财产承担。”这里所说的“农户财产”包括该户内成员的个人财产和共同财产。例如，夫妻二人组成农村承包经营户，在债务承担时，责任财产既包括其夫妻的个人财产，也包括其夫妻的共同财产。

《民法典》第56条第2款规定：“事实上由农户部分成员经营的，以该部分成员的财产承担。”这也体现了权利义务一致的原则。所谓“事实上由农户部分成员经营”，是指虽然以农户的名义签订了土地承包经营合同，但是，实际上仅农户内的部分成员从事了农业生产经营。此时，应当根据实际情况，认定农户仅由部分成员经营，债务也应当仅由参与经营的成员承担。而对于那些没有参与经营的家庭成员，在法律上就不能再要求其承担民事责任。例如，因考上大学、参军等原因，农户中的一些成员已经不再从事农业经营，要求这些成员也对农户的债务负责，是不合理的。

思考题

1. 试述自然人的民事权利能力的概念和特点。
2. 试析权利能力和权利的区别。
3. 简要分析民事权利能力和民事行为能力的关系。
4. 试述民事行为能力的划分。
5. 请简要区分自然人的行为能力和责任能力。
6. 试析监护的性质。
7. 监护的设立方式有哪些？
8. 如何理解成年监护制度的功能？
9. 简述宣告失踪的条件及法律后果。
10. 简述宣告死亡的条件及法律后果。

第四章　民事主体——法人、其他组织

【学习目标】

1. 认识法人的本质和作用，理解法人制度的机理和运作。

2. 掌握法人的概念、分类，法人的民事权利能力和行为能力，法人的机关，法人的成立、消灭，非法人组织的构成等基本理论知识及相关法律规定。

【引导案例】

2012 年 4 月，中国消费者协会（以下简称中消协）消费指导委员会委托国家电子计算机质量监督检验中心对 20 种品牌的国产台式电脑性能进行了一次全面比较检验，检验报告结果显示：三个品牌的电脑在电磁兼容性检验中辐射一项不合格。中消协向上述品牌的生产厂家发出征询意见函，促请三公司对测试结果进行书面答复，并称若逾期未收到书面答复意见将视为认同检测结果。

生产该三种电脑的三家公司对此均置之不理，中消协遂在《中国消费者》刊出文章，公布上述电脑不符合 B 级标准。三公司认为中消协的评比检验不符合法定程序，其评测结果不公正、不合法，使其产品声誉受到巨大损害，蒙受了巨大经济损失，遂以中消协侵害其名誉权为由，向法院起诉。

【简要评析】

中消协是依法成立的法人组织。其符合法人成立的条件，有设立行为，有法律依据并且经过主管机关的批准，经过国家民政部的登记，因此，其取得了法人的民事主体资格，享有法人的民事权利能力和民事行为能力，其中，法人的民事权利能力取决于设立法人的宗旨。中消协的宗旨就是保护消费者的合法权益，因此，中消协有权依照自己的章程和设立宗旨，依法维护消费者的合法权益。中消协组织对市场销售的产品的质量进行检查和检测，将所检查和检测的结果予以公布，尤其是将质量不合格产品的检查和检测结果予以公布，是维护消费者合法权益的必要措施。这些都是中消协作为法人实现其宗旨的正当行为，完全符合其民事权利能力和民事行为能力的要求，是合法的、正当的，任何人都无权干涉。

在本案中，中消协在该次检测后，已经将其检测结果告知原告，征询原告的意见，促使原告改进，但是原告并没有理睬。这说明，原告不仅没有将消费者的权益放在心上，也没有将中消协的监督改进意见放在心上。如此，既说明中消协已经尽到了必要的告知义务，符合必要的程序，也说明中消协将检测结果予以公布，警示消费者对该种商品质量予以注意的必要性。

因此，对于中消协的行为应当予以支持。中消协作为法人，具有民事责任能力，如果其行为构成侵权行为，它能够承担侵权责任。但在本案中，中消协的行为合法，主观上无过失，符合法律规定和其设立的宗旨，因此，其行为不构成侵权行为。法院判决驳回原告的诉讼请求是有法律依据的。

第一节　法人概述

一、法人的概念与特征

（一）法人的概念

法人是与自然人相对应的民事主体，是指依据一定的成员或者财产为基础而成立的，具有民事权利能力与民事行为能力，依法独立享有民事权利和承担民事义务的组织体。法人作为一种独立的民事主体，在民事活动中与自然人、非法人组织具有同等的法律地位。与自然人相比，法人是法律拟制的民事主体，没有自己的生命与独立的意思能力，因此不享有生命权、身体权、健康权、隐私权、婚姻自主权、继承权等专属于自然人的人身权与财产权。

（二）法人的特征

1. 法人是社会组织

法人不同于自然人的特点，在于自然人是由个体充任民事主体，而法人是由自然人及其财产的集合而组成的团体或者说是社会组织，这个社会组织被法律确认为民事主体。由于法人是自然人或财产的集合，于是就出现了不同于自然人主体的两个特殊问题：一是如何协调法人单个成员的意志，从而形成法人的意志，这就需要有法人的组织机构；二是如何管理和使用法人的财产，以实现法人的目的。

2. 法人是具有民事权利能力和民事行为能力的社会组织

法人是社会组织，但并不是任何社会组织都能取得法人资格。例如大学班集体，虽为组织体，但不能取得法人资格。只有具备法人的成立条件，具有民事权利能力和民事行为能力的社会组织，才能取得法人资格。而且，即使取得法人资格的社会组织，也不是在任何情况下都以法人的名义进行活动，例如机关法人在进行公务活动时就不是以法人的名义出现的，只有在进行民事活动或者民事诉讼时，才以法人的名义出现。

3. 法人能独立承担民事责任

这是法具有独立的组织和独立财产的逻辑结果，法人既然拥有独立财产，便能够以此财产负担自己行为的法律后果。如果法人违反民事义务，由法人独立承担民事责任。法人的财产不足以清偿债务时，法人的出资者不承担责任（法律另有规定的除外）。独立承担民事责任是法人具有独立的组织和独立的财产的必然结果。独立责任,是法人制度的突出优点,也是法人的重要特征。

4. 法人能以自己的名义参加民事法律关系

法人作为拟制的人,其所为的行为总是由具体的自然人作出的,也就是法人在参加民事法律关系时,是由法人的代表人、代理人或者其他成员出面进行。但法人既为民事主体,则任何自然人在代表法人从事民事活动时,其人格就被法人吸收,其行为在名义上属于法人,其效果自然也由法人承担。这是法人独立人格的体现。

小贴士

《民法典》

第57条:法人是具有民事权利能力和民事行为能力,依法独立享有民事权利和承担民事义务的组织。

第60条:法人以其全部财产独立承担民事责任。

二、法人制度产生的原因

(一)法人制度便利于自然人更充分地参加民事活动

自然人作为权利主体,当然可以从事各种民事法律活动。然而,个人的力量毕竟有限,有些事业非雄厚之财力、充分的智力以及足够的时间不能完成,个人能力难以企及,因此需要多人组成团体,合作从事,如多个自然人合伙来从事商业经营。

合伙由于缺乏独立于这些组织成员之外的载体,因而就产生了创设一个其法律人格独立于成员之外、具有独立民事主体地位的组织——法人的需要。有了这个组织,它就可以直接以自己的名义进行交易,并且独立承担责任。因此,法人制度的产生在很大程度上使自然人可以更充分地参加民事活动。

(二)法人制度节约了交易成本,提高了交易效率

法人是自然人借以实现特定目的的工具,其成为享有权利、承担义务的法律主体并非理所当然。主体资格想要得到法律承认,必须具备充分的法律理由。

在充分竞争的市场中,资源配置通过市场价格机制实现。科斯在《企业的性质》一文中指出,设立企业的一个重要的目的是在专业化的交换经济中从资源导向上寻找替代价格机制的另外一种机制。但是利用价格机制是有成本的,如搜寻成本、谈判成本、监督成本等。因此,在一定的领域中当利用价格机制的成本高于自己进行生产的成本时,人们就会设立企业,通过形成有别于市场的团体,并允许某个权威(如企业家)以行政手段配置资源,从而节省交易成本。因此,团体(企业)的出现,首先是降低交往成本之需求所致。然而,经济交往中形成的团体,未必都能取得法律上的主体资格成为"法人"。法人

之形成，是在普通团体的基础上进一步节省交易成本的结果。

随着社会的发展，人与人之间的交往变得日益频繁，交往规模亦逐渐扩大。单数的个人在资金、专业知识、时间、精力等方面越来越难以应付纷繁复杂的社会交往。于是，个人需要结成团体，以实现彼此共同的目的。为了明确法律效果的承受者，法律要求交往实行显名原则。但是，法律交往中，如果所有交易都必须显示每一个参与者的名义，可能反而会因其过于烦琐而招致不便，尤其是在大规模团体涉及缔约、登记、诉讼等事项时，这一不便就显得更为突出，有违设立团体的初衷。

在此初衷下，规模越大的团体，节省交易成本的功效应越是明显。同时，团体若无独立的法律地位，其存续与否势将受制于个别成员的去留。基于上述考虑，某些团体有必要独立于成员，以团体自身的名义从事法律活动。

（三）法人制度的产生是限制责任、降低风险的需要

自然人所结成的团体，往往只是为了实现自然人某一方面的需要，如商事团体旨在营利、政治团体旨在实现某种政治目标，等等。自然人在社会交往中有多方面的需要，因此可能同时成为多个团体的成员。如果团体虽然能够以自己名义对外活动，却不能独立承担相应的法律后果，那么，自然人所面对的风险将因为团体的出现而呈几何倍级的增加。所属团体越多，风险越大，这种局面显然于社会交往不利。

并且，虽然依照私法自治理念，由行为人自己承受行为后果并无不妥，但在团体中，自然人往往并不亲自参与，甚至无力影响团体行为，此时，要求团体成员一概对团体行为负责，亦不能符合正义观念。因此，在团体取得独立名义之外，法律还需要对某些团体的独立财产责任予以承认。有了独立责任保障，每一自然人在加入团体时只需要付出有限的财产，却可以通过团体无限满足自己的需要。在此意义上说，通过财产独立而实现责任独立，这构成个人谋求设立法人的根本动因。

案例

2015 年 8 月 12 日，张公平、董敏法、梁一思每人出资 20 万元设立悟空文化创意有限责任公司（以下简称悟空公司），租赁大发有限公司（以下简称大发公司）经营的写字楼作为公司住所和经营场所。双方约定月租金为 3.6 万元，每月 1 日交付，逾期交付，每天承担万分之三的违约金。悟空公司成立 3 个多月，没有开展任何业务，因此也没有任何经营收入。因购置办公设备，由 3 人出资构成的 60 万元的公司经营资金花费殆尽，也无力支付所欠大发公司 3 个月即 10.8 万元的房租及违约金。

问题：悟空公司无钱支付房租，大发公司可以向张公平、董敏法、梁一思 3 个股东讨要房租吗？

案例分析

案例中作为法人的悟空公司相对于其出资人具有独立的法人财产权，此时，大发公

司无权要求股东张公平、董敏法、梁一思交付悟空公司所欠房租，其只能要求悟空公司支付。若提起诉讼主张权利，大发公司只能以悟空公司为被告提起诉讼，要求其支付所欠房租和相应的违约金。

第二节 法人的本质

法人的本质，就是法人何以能够与自然人同样具有民事权利能力，成为可以享有权利、承担义务的民事主体。“法人性质究竟是什么？”这是19世纪德国法学最具有争议的问题。当时许多著名的法学家多就这个题目，阐发各自的见解，形成不同的学说。直至今天，也还有人在继续研究和争论，这也说明了“法人现象一经产生，其本质问题始终是一个至今悬而不决的法哲学争议，人们始终不能令人信服地回答法人是像自然人一样的坚固主体，还是只是技术性的主体或者说并没有真正独立结构的实体”的意见纷争。

在法人本质这个问题上，著名的法学家提出了三种相互对立的学说，主要有法人拟制说、法人否认说和法人实在说三种观点。

一、法人拟制说

此说为著名的德国民法学家萨维尼（von Savigny）所创，该说以罗马法上的法律思想为依据，认为在罗马法传统、基督教神学、启蒙学说以及理想主义德国哲学中，仅视自然人为天生的并且是预设为法律秩序的法律主体，因为只有自然人是能够在上帝面前负责的且能道德自律的生物。

如果要使得超个体的社会团体能够像自然人一样享有同等的权利能力，只能借助客观法所创设的使其与自然人享有同等地位的方法，且这种同等地位并不能取代人所固有的属性，仅仅是拟制而已，因此，法人只不过是法律技术上的一种拟制而已。现实生活中，法人“看不见，摸不到”，只是从法律观点来看它是存在的。人们能够看到的只是法人的成员，一个个的自然人。

拟制说的贡献在于承认法人应像自然人那样作为权利义务的主体，不足之处在于没有说明法人的实质意义，以及在何种范围内、何种程度上可以将法人与自然人同等看待，或者二者有何区别。

二、法人否认说

该说是拟制说的一种发展形态，持该观点的学者认为法人的本质不过是个人与财产，法人纯系法律之拟制，在个人或物品财产之外不再有任何物的概念，法人就是因一定目的而组成的财产。布林兹学派（Brinz）提出无财产说或目的财产说，认为“目的财产”没有必要强制确定其主体，直接认定为无主财产比较适当；耶林（Jhering）学派提出享有者主体说,认为法人财产的真正主体,实质是享有其财产利益的人;宾达(Binder)学派提出管理者主体说,认为法人财产的真正主体,是现任的管理法人财产的人。法人否认说的前提是非自然人不得为权利主体,将自然人代替法人作为权利主体。

三、法人实在说

该说认为,法人是相对于个人的自然有机体而言在社会生活中有机存在的组织实体,亦应是权利义务的主体。基尔克(Gierke)学派提出有机体说或团体人格说,认为法人在个人的意思之外有团体意思、在个人生活之外有团体生活、在自然有机体之外有社会有机体。法人的实体是具备团体意思的社会有机体,“法人先于法律”,即人组成的团体是一个客观存在的组织体,不论国家是否给予承认,它都是存在的。法律承认只是对客观存在的反映,是国家基于结社问题的政策考量结果。米休(Michoud)学派提出组织体说,认为法人的独立实体在于法律上的组织体,法人无论为社团或者财团,都没有自我意识以及心理上的意志,不能将其与自然人的有机体同等对待,强调组织体与成员之间独立人格的分离,组织体是能够通过内部民主集中制形成独立意志的独立法人。

法人实在说并没有说清法人为什么应是权利义务主体以及对法人组织体赋予权利能力的实质理由及依据。我国民法学通说采用法人实在说,在立法上也是采用法人实在说作为理论基础。

小贴士

《民法典》

第57条:法人是具有民事权利能力和民事行为能力,依法独立享有民事权利和承担民事义务的组织。

第三节 法人的分类

一、民法学上的分类

(一)公法人与私法人

这是按照法人的设立行为及所依据的法律对法人的所作的分类。

公法人是指以服务于公权力行使或实现公共管理的职能为目的,依据公法设立的行使或担负国家权力或政府职能的法人。例如,依据《宪法》或《政府组织法》设立的政府及其职能机构,依据《律师法》设立的律师协会,还有公立大学法人。在公权力行使中的权力机关和公团体无须以法人名义活动,因为法人都是平等的,公权力机关与相对人则是不平等的。

私法人是指以私人利益为其目的事业，依据私法设立的法人。例如依据《公司法》设立的股份有限公司或有限责任公司。因此，民法中规定的是私法人，公法人规定于公法中。

延伸阅读

区别公法人与私法人的意义在于：

第一，诉讼方式不同。对于公法人的诉讼多以行政诉讼解决或以行政救济程序解决；而对于私法人的诉讼，应以民事诉讼程序解决。

第二，损害赔偿的依据不同。公法人及其职员因其侵权行为所生损害赔偿责任，依《国家赔偿法》或特别规定处理；私法人及其职员因侵权行为所生损害赔偿责任，则依据民法规定解决。实际上，公法人以法人名义活动于民事领域时它与私法人是平等的，其在民事活动中发生的纠纷均应依据民事诉讼程序和民法规定解决。至于公法人及其职员以其公权力机构和公权力行为而生损害赔偿责任，则适用行政诉讼程序和《国家赔偿法》解决。

（二）社团法人与财团法人

这是按照法人设立的基础对法人所作的分类，是大陆法系民法对法人的最基本的分类。

我国《民法典》中目前未采纳此种分类，但这种分类标准对深化对法人的认识有重要的意义。所谓社团法人，是指以人为基础而集合成立的法人，如公司为股东之集合，工会为会员之集合，均属社团法人。社团法人的成员统称社员，其享有的权利亦称社员权，如股东权就属社员权。社团法人与社会团体法人是完全不同的概念，社会团体法人中有的属于社团法人，如工会、学会等；有的则属于财团法人，如各种基金会。财团法人，是指以财产为基础而集合的成立法人，财团法人的主要形式就是基金会，在《民法典》中称之为捐助法人。

延伸阅读

区别财团法人与社团法人的意义在于：

第一，设立人地位不同。财团法人的设立人或出资人的出资，属于捐赠或遗赠，因此，法人成立或捐赠完成后所赠财产即移转为法人所有，捐赠人或遗赠人并不获得社员权对价；社团法人的设立人或其成员的出资，属于取得社员权的合同行为，根据合同成为社员或股东。

第二，法人的目的事业不同。财团法人只能为公益事业，并不得营利；而社团法人既可从事公益事业，如工会，也可从事营利事业，如公司。

第三，有无意思机关不同。财团法人参与民事活动，须以捐赠人的意思进行，所以财团法人属他律法人，没有自己的意思机关。如捐赠人捐赠的扶贫基金，只能用于扶贫，而不能移作他用。而社团法人由社员组成意思机关，属自律法人，其从事的活动在章程范围内，由意思机关决定。

第四，财团法人因无意思机关，其执行机关是否按捐助人意思行事就需要有人监督。捐助人、主管机关都可以对其行为实施监督，若财团法人的行为违背法律、章程或捐助人意思的，捐助人、主管机关可以向法院申请撤销该行为；而社团法人原则上不受外部监督。

第五，在剩余财产分配上，财团法人终止时，其剩余财产不得向出资人、设立人或者会员分配；社团法人终止时，经清算后有剩余财产的，须按章程或者社员大会的决议分配给社员。

（三）营利法人、公益法人与中间法人

这是依照法人的目的事业的性质所作的分类。由于财团法人性质决定其不能营利，是“天生”的非营利法人，因此这个分类主要是对社团法人的再分类。

营利法人，是指以营利并向成员分配盈余为目的事业的法人，如有限责任公司和股份有限公司。但是，仅仅获取营利而不将利益分配给出资人的法人，如公立学校，虽然收取学费或也从事其他营利活动，但所得收益主要用于补充经费不足或扩大其事业规模，因此不属于营利法人。

公益法人是指以公益为目的事业的法人，这里公益是指为社会一般人，即不特定多数人的利益。公益法人不得以营利为目的事业，如各类公立学校、公立医院。此外，非营利法人亦可以从事营利活动，但所获营利不得向设立人、出资人分配，而是用在公益之目的事业上。事业单位法人、社会团体法人中的律师协会，红十字会等都属于非营利法人。

中间法人则是指其设立人既非以营利为目的，又非以公益为目的，而是为实现其特定目的而设立的法人，它是指在非营利法人中除公益法人以外的法人，如同乡会、学会、行业协会、商会、俱乐部等，以为特定会员的服务为目的，具有共益或者互益性目的。

延伸阅读

区别营利法人与公益法人的意义在于：

第一，设立的法律依据不同。营利法人依特别法的规定为依据设立；而公益法人除有特别法的规定外，须依民法的规定设立。

第二，设立的程序不同。营利法人，除法律特别规定外，一般无须经主管机关的许可；而公益法人的设立必须首先得到行政主管机关的许可。

第三，活动范围不同。营利法人可以从事各种营利性事业；公益法人则不得从事以向其成员分配营利为目的的事业。

第四，法人的能力不同。营利法人可以广泛从事各种营利活动，而非营利法人只能从事非营利活动。

（四）本国法人与外国法人

这是按照法人的国籍不同所作的分类。具有本国国籍的法人为本国法人，不具有本国国籍的法人为外国法人。法人的国籍一般以其设立所在国为其国籍，即在哪个国家设

立就是哪国的法人。例如,在中国境内设立的外商投资的企业法人,则为中国法人;中国的投资者在外国设立的法人,则为外国法人。

延伸阅读

区分本国法人与外国法人的意义在于:

外国法人的分支机构在一国的设立须依据法律的规定经主管机关批准其设立,否则不能成立。外国法人与本国法人的民事权利能力和民事行为能力基本是一致的。基于国家的经济安全,按国民待遇,对外国法人有时会有些限制,如禁止从事能源开采、不得参与和国防有关的工业等。此外,为了吸引投资,对外国法人也会有些优惠,如减免税收,允许使用外汇结算等。

二、《民法典》对法人的分类

我国《民法典》以法人成立目的的不同为标准,将法人分为营利法人、非营利法人和特别法人。在理论上,与营利法人和非营利法人的类型相对应地,还应当包括中间法人,特别法人与中间法人相近,但是并不完全相同。

(一)营利法人

营利法人是指自然人以外由法律创设得为权利义务主体之组织,其中以取得利润并分配给其股东等出资人为目的成立的法人。营利法人的宗旨就是获取利润并将利润分配于成员,因此一切以法人名义进行的商业活动,其最终的受益人都是股东。企业法人是明显的营利社团法人。

对于营利法人的类型,我国《民法典》第 76 条第 2 款规定:"营利法人包括有限责任公司、股份有限公司和其他企业法人等。"也就是说,营利法人主要指公司与其他企业法人,当然也不排除其他以营利为目的事业并向出资人分配红利的非企业法人,如民办医院、民办学校。

小贴士

《民法典》

第 76 条:以取得利润并分配给股东等出资人为目的成立的法人,为营利法人。营利法人包括有限责任公司、股份有限公司和其他企业法人等。

(二)非营利法人

1. 非营利法人概念和特征

(1)非营利法人的概念。

非营利法人,就是指不以社员获得经济利益为目的的法人。所谓的非营利性,是指不向其出资人、设立人或者会员分配所取得的利润，而非指法人不从事营利性活动，例如公立医院、公立学校等事业单位法人。

（2）非营利法人的特征

第一，为公益目的或者其他非营利目的而成立。例如，事业单位法人并非无偿服务，而是从事有偿的活动，只不过没有股东，其所获得的收入不能作为利润分配，而只能作为积累盈余用于单位的存续和发展；再如基金会，除了从事公益事业，基于资产保值增值的需要，也对外进行营利性的投资活动。

第二，非营利法人所获得的利益不能对股东或捐资人分配。例如，基金会是财团法人，其没有股东，捐资人也不得分配基金会利润，投资获益只能作为积累盈余依照基金会章程运用。据此，仅法人本身营利，如果不将所获得利益分配给成员，而是作为自身发展经费，则不属于营利法人，而属于非营利法人。事业单位等非营利法人与公司等营利法人的区别在于，营利法人是以出资人营利为目的，所赚取的利益是要给出资人分配的，这是两者最核心的区别。

小贴士

《民法典》

第 87 条：为公益目的或者其他非营利目的成立，不向出资人、设立人或者会员分配所取得利润的法人，为非营利法人。

非营利法人包括事业单位、社会团体、基金会、社会服务机构等。

2. 非营利法人的种类

（1）事业单位。

根据《事业单位登记管理暂行条例》第 2 条的规定，事业单位是指国家为了社会公益目的，由国家机关举办或者其他组织利用国有资产举办的，从事教育、科技、文化、卫生等活动的社会服务组织。

（2）社会团体。

根据《社会团体登记管理条例》第 2 条的规定，社会团体是指中国公民自愿组成，为实现会员共同意愿，按照其章程开展活动的非营利性社会组织。

（3）捐助法人。

依据《民法典》第 92 条规定，捐助法人是指为公益目的以捐助财产设立的具备法人条件的法人。包括基金会、社会服务机构、宗教活动场所法人等。

基金会的设立最早依据的是 1988 年《基金会管理办法》，当时国家对基金会管制很严，仅有少数的国家兴办的基金会，例如宋庆龄基金会、希望工程基金会等。2004 年《基金会管理条例》出台，民间基金会蓬勃发展，各种公募私募基金会迅速涌现，成为中国社会一类重要的非营利法人。根据《基金管理条例》第 2 条的规定，基金会是指利用自然人、法人或者其他组织捐赠的财产,以从事公益事业为目的,按照本条例的规定成立的非营利性法人。

社会服务机构,原来叫民办非企业单位,其依据是1998年的《民办非企业单位登记管理暂行条例》,主要是民办学校、民办医院、民办科研机构、民办博物馆、民办体育俱乐部等民间实体。2016年《慈善法》把民办非企业单位改称为社会服务机构。

宗教活动场所法人是指以宗教活动场所的财产为基础经申请登记设立的从事宗教活动的捐助法人。例如,寺庙、道观、教堂等宗教活动场所作为财产的集合体经登记取得捐助法人的资格。宗教活动场所法人与宗教团体法人不同,后者属于社会团体法人。

(三)特别法人

《民法典》第96条规定,机关法人、农村集体经济组织法人、城镇农村的合作经济组织法人、基层群众性自治组织法人,为特别法人。特别法人就是"营利法人"与"非营利法人"无法涵盖的法人类型。有独立经费的机关和承担行政职能的法定机构从成立之日起,具有法人资格后,可以从事为履行职能所需要的民事活动。

特别法人的特殊性在于其不能按照营利与非营利的分类标准进行明确归类。如机关法人明显不以营利为目的,但又不具有典型意义的非营利的公益事业目的或者为特定成员服务的共益目的,而是以实现国家对社会的管理为目的设立的,所以不能简单地归为非营利法人。

农村集体经济组织法人是经济组织,当然应当具有经济活动的营利目的,但它又不是典型的以向成员分配利润为目的,而是在农村一定社区范围的集体土地公有基础上为成员集体所有土地的占有、使用、收益、处分而进行管理,以实现集体利益和成员利益的经济组织,所以不能简单地将其归入营利法人或者社团法人。

城镇农村的合作经济组织法人从事营利活动,并向社员分配利润,但其主要目的又不是营利而是社员的互助,其利润分配不是基于股份,而是按照惠顾额、交易量分配,因此,不宜简单将其归入营利或者非营利法人。

基层群众性自治组织法人是由特定社区范围的居民选举的成员组成的,以自我管理、自我服务、自我教育为目的,从事社区公共事务和公益事业的非营利性组织,也担负一定的社会服务工作和联结基层人民政府与群众的管理工作。因此,也属于特殊法人。

延伸阅读

《民法典》

第90条:具备法人条件,基于会员共同意愿,为公益目的或者会员共同利益等非营利目的设立的社会团体,经依法登记成立,取得社会团体法人资格;依法不需要办理法人登记的,从成立之日起,具有社会团体法人资格。

第92条:具备法人条件,为公益目的以捐助财产设立的基金会、社会服务机构等,经依法登记成立，取得捐助法人资格。依法设立的宗教活动场所，具备法人条件的，可以申请法人登记，取得捐助法人资格。法律、行政法规对宗教活动场所有规定的，依照其规定。

案例

原告：莫某博

被告：朱某英等 4 人，系周某华的法定继承人

被告：张某清、刘某达、廖某宏

第三人：湖北省武汉贤达贸易有限公司（以下简称贤达公司）

1995 年 4 月，刘某达、莫某博、周某华、廖某宏、张某清、卢某昭、能某珍 7 人共同集资创立武汉国际商务学校。1998 年 10 月，武汉国际商务学校在试办 3 年以后，被正式批准设立民办武汉国际商务学校。2001 年 4 月 26 日，武汉国际商务学校的民办非企业单位登记申请表中“开办资金来源”填写为“开办时有刘某达、廖某宏办学所收取的学费人民币 20 万元和由刘某达等 7 人集资 10 万元共计 30 万元开始起步”，“举办者情况”栏填写为“刘某达、周某华、廖某宏、张某清、莫某博、卢某昭”。该校于 1995 年 10 月 28 日向莫某博出具一张收据，载明收到莫某博集资款 15000 元。2001 年 10 月 30 日，莫某博收回集资款 15000 元。2002 年 4 月，张某清等 10 人组建了贤达公司，莫某博未参与组建。2005 年 5 月，贤达公司股变更为廖某宏、刘某达、张某清、周某华 4 人。

2003 年，刘某达、周某华，张某清、廖某宏 4 人开始着手创办中南财经政法大学武汉学院。2003 年 4 月 20 日，武汉国际商务学校董事会召开会议并形成会议纪要。周某华、张某清、刘某达、廖某宏 4 人参加了会议，会议决定撤销武汉国际商务学校，经中南财经政法大学、贤达公司联合申办中南财经政法大学武汉学院；贤达公司决定以其下属武汉国际商务学校现有土地、校舍、设备等校产参与申报；与会 4 名董事一致表决，同意向湖北省教育厅、省计委申请撤销武汉国际商务学校，并向省民政厅申请办理注销手续；武汉国际商务学校债权债务以及在分校中的一切权利、义务均由贤达公司全权承担。

2003 年 5 月 20 日，周某华代表武汉国际商务学校、刘某达代表贤达公司双方签订协议书，约定：由贤达公司接管武汉国际商务学校现有全部财产，武汉国际商务学校的债权债务全部转让给资达公司；贤达公司与中南财经政法大学联合创办“中南财经政法大学武汉学院”，贤达公司独立对外承担责任。2003 年 7 月 1 日，湖北省教育厅、省计委批复同意撤销武汉国际商务学校，明确学校的债权债务由贤达公司承担。2004 年 2 月 16 日，贤达公司向湖北省民政厅申请注销武汉国际商务学校。2004 年 2 月 29 日，湖北永和有限责任会计师事务所作出审计报告，资产负债表显示：武汉国际商务学校净资产（经营结余）25749745.29 元。

莫某博诉称：周某华、张某清、刘某达、廖某宏 4 人（以下简称周某华等 4 人）注销学校时侵犯其合法权益，对武汉国际商务学校的经营结余应按照当初其投资比例即七分之

一进行分配,请求法院判令被告共同支付其相应款项人民币3678535元。

问题:莫某博的学校举办者身份问题如何界定?周某华等4人行为是否构成侵权?

案例分析

第一、关于莫某博的学校举办者身份问题。莫某博作为举办者,其身份在学校章程以及申办资料中已有明确,而这些资料在教育行政主管部门及民政部门已经备案,具有对外公示的效力,因此莫某博举办者身份应当得到确认。

第二、关于周某华等4人是否构成侵权。武汉国际商务学校剩余财产被全部转让给贤达公司,再由贤达公司投资与中南财经政法大学联合举办武汉学院,教育行政部门未处置上述资产。周某华等4人作为贤达公司股东,通过公司支配和控制了上述财产。上述行为本质上是对财产进行了分配,根据以上事实判断,武汉国际商务学校应属于营利性质。周某华等4人未经莫某博同意,擅自将学校注销,并且注销时未依法对资产进行清算,其行为违反了章程及法律规定,构成侵权。

第四节　法人的民事能力

一、法人的民事权利能力

法人作为私权的主体,具有权利能力。法人的民事权利能力,是指法人作为民事主体,享受民事权利并承担民事义务的资格。

法人的民事权利能力与自然人的民事权利能力相比较,有以下特点。

第一,权利能力的范围不同。法人不享有与自然人人身不可分离的权利。法人是一个社会组织体,某些与自然人的人身不可分离的人身权(如生命权、健康权等)不能由法人享有,以性别、年龄、身份及亲属关系等为前提的权利、义务,也不能由法人享有和承担。法人可以享有名称权、荣誉权、名誉权等人格权。

第二,权利能力的开始与终止的时间不同。自然人的民事权利能力始于出生而终于死亡,以自然人的生命体的存续为其存在条件,在其出生之前和死亡之后享有准人格。法人的民事权利能力则始于法人成立,终于法人消灭,不存在出生之前和死亡之后的准人格。

第三,权利能力的限制不同。限制自然人的权利能力,系基于法律之规定,而限制法人的权利能力,则基于法律及命令。法人的权利能力只限制在法律或者行政命令的范围之内,并且受到设立人的意志的约束,设立人在设立法人时确立的目的范围直接决定了法人的权利能力范围。因法律法规规定不同,各种法人享有的能力也不相同。

延伸阅读

《民法典》

第59条:法人的民事权利能力和民事行为能力,从法人成立时产生,到法人终止时消灭。

二、法人的民事行为能力

法人的民事行为能力，是指法人作为民事主体，以自己的行为享受民事权利并承担民事义务的资格。法人具有独立的意思即团体意思，其意思由法人的意思表示机关向第三人表示，法定代表人作为法人机关成员，其职务行为就是法人的行为。

法人的民事行为能力的特点有以下几个方面。

第一，法人的民事行为能力与其民事权利能力取得和消灭的时间相一致。法人的民事行为能力始于法人成立，终于法人消灭，与其民事权利能力的取得和消灭是一致的，在法人存续期间始终存在。

第二，法人的民事行为能力与民事权利能力的范围相一致。法人能够以自己的行为取得权利和承担义务的范围，不能超出它们的民事权利能力所限定的范围。例如，咨询公司不具有从事大规模商业活动的民事权利能力，它也就不具有这样的民事行为能力。

第三，法人的意志取决于团体的意志。法人的意志是团体意志，是一种意志的综合，而不是个人意志的简单总和。法人通过团体意志，对外进行民事法律行为，实现法人目的，而自然人总是以自己的意志实现自己的目的。

案例

2017 年 7 月，某灯具厂等 5 家企业发起成立某灯具有限公司(以下简称灯具公司)，并依法登记。按照公司章程和登记核准的经营范围是：生产销售特种灯泡，广告、装潢、舞台艺术灯。同年 8 月，灯具公司得知某物资公司有一批三合板滞销，同时又得知某纤维板厂急需三合板。于是，灯具公司于 8 月 20 日与纤维板厂签订了一份买卖三合板的购销合同。合同约定：灯具公司供给纤维板厂三合板 2 万张，单价 45 元；交货时间为预付定金到位后 30 日内；付款方式为汇票结算，纤维板厂预付定金 30 万元，交货之后付余款。合同还对交货方式和地点作了相应的约定。

8 月 23 日，灯具公司通知纤维板厂无货并退还其预付的 30 万元定金。纤维板厂拒绝接受灯具公司退还的 30 万元汇票，坚持要求灯具公司交货。同年 9 月，纤维板厂向法院提起诉讼，要求灯具公司承担违约责任，赔偿损失。灯具公司以其无权经营纤维板、双方的合同应当无效为由，认为不应承担违约责任。

问题：法院是否会支持原告的诉讼请求？

案例分析

法人的权利能力受其章程和目的的限制。设立人在设立法人时确立的目的范围直接决定了法人的能力范围，同时法人的权利能力也应当在其章程等文件中加以确定。

我国《公司法》第 12 条允许公司通过修改公司章程，改变经营范围，但公司的经营范围属于法律、行政法规规定须经批准的项目的，应当依法经过批准。一般认为，企业法人的民事权利能力和民事行为能力取决于经营范围。但是在司法实践中，逐渐放松了对超过经营范围的行为无效的限制，凡是当事人在民事活动中的约定不违反国家的法律、法规，不损害国家和社会公共利益的，对当事人均具有约束力。

本案中，灯具公司销售三合板的行为虽然超出其经营范围，但三合板不是限制流通物，也不是专营专卖物资，因此应当认定灯具公司与纤维板厂签订的三合板购销合同是有效的，灯具公司应该承担违约责任。

第五节 法人的成立

一、法人成立的概念

法人成立，是指符合法人条件的社会组织须由法定的设立程序取得法人资格。《民法典》第58条第1款规定："法人应当依法成立。"所谓法人依法成立包括三个方面：一是欲成立为法人的社会组织必须是合法的社会组织，其目的和宗旨要符合国家和社会公共利益的要求，是法律允许设立的社会组织；二是依法具备法人成立的条件；三是依法完成法人设立程序。

二、法人成立的条件

法人成立应具备的条件，是指欲取得法人资格的社会组织应当满足的法律要求。《民法典》第58条第2款规定："法人应当有自己的名称、组织机构、住所、财产或者经费。法人成立的具体条件和程序，依照法律、行政法规的规定。"本条以列举的方式概括规定了法人当具备的必要条件。

1. 有自己的名称、组织机构和住所

名称是将一个社会组织特定化，进而取得法律人格的标志，是将该组织与其他法人以及同自己的成员相区分的标志。想要取得法人资格的社会组织还须有一定的组织机构。组织机构是组织的有机构成，例如必须有自己的机关和业务机构等，才能开展其业务，实现其宗旨目的。想要成为法人的社会组织还要有自己的场所，即有开展业务的固定地方，这是其将以法人名义进行活动的空间依托。法人的住所是法人主要办事机构，是其从事活动以及对外联系的可确定的地点。法人的住所的法律意义与自然人住所的法律意义相当，法人住所是对法人进行管理、确定法人登记管辖和诉讼管辖的依据，是决定法人债权受领、履行债务的地点依据，是法人对外联系的文书送达地点，也是以法人为一方当事人的涉外民事关系法律适用选择的依据。

法人的名称、组织机构、住所应符合法律、行政法规的规定。例如《公司法》对公司名称、组织机构、住所的规定；《人民政府组织法》对政府机关法人名称、机构、住所的规定：《慈善法》对慈善组织基金会法人社会团体法人、社会服务机构法人的名称、机构、住所的规定。

2. 有自己的财产或者经费

有自己的财产或者经费的社会组织才可以成为法人。必要的财产和经费是社会组织取得法人资格的物质基础，是社会组织能以法人资格进行民事活动，独立享有民事权利、承担民事义务的物质基础，也是其独立承担民事责任的信用保障。所谓必要的财产或者经费是指与其所欲从事的营业或事业的性质和规模相适应的财产或者经费。

具体的财产或者经费条件应符合法律、行政法规的规定。例如，依我国《公司法》第26条规定："有限责任公司的注册资本为在公司登记机关登记的全体股东认缴的出资额。法律行政法规以及国务院决定对有限责任公司注册资本实缴、注册资本最低限额另有规定的，从其规定。"

3. 法人成立的具体条件和程序，依照法律、行政法规的规定

以上是法人设立的一般条件，具体到某些特定法人的设立，则要符合法律规定的特定设立条件。例如，我国《公司法》第76条规定，设立股份有限公司，应当具备下列条件：(1)发起人符合法定人数；(2)有符合公司章程规定的全体发行人认购的股本额或者募集的实收股本总额；(3)股份发行、筹办事项符合法律规定；(4)发起人制定公司章程，采用募集方式设立的经创立大会通过；(5)有公司名称，建立符合股份有限公司要求的组织机构；(6)有公司住所。

三、我国法律法规中关于法人设立程序的规定

《民法典》第58条第3款规定："设立法人，法律、政法规规定须经有关机批准的，依照其规定。"

1. 营利性法人设立原则

依据我国《公司法》的规定，在我国，有限责任公司的设立以准则主义为一般原则，以许可设立主义为例外。

例如《公司法》第6条规定："设立公司，应当依法向公司登记机关申请设立登记。符合本法规定的设立条件的，由公司登记机关分别登记为有限责任公司或者股份有限公司。不符合本法规定的设立条件的，不得登记为有限责任公司或者股份有限公司。法律、行政法规规定设立公司必须报经批准的，应当在公司登记前依法办理批准手续。对于非公司企业法人的设立，依《企业法人登记管理条例》第15条的规定，登记前首先须经主管部门或审批机关的审批。"

可见我国采取的是行政许可设立主义。

2. 机关法人的设立原则

机关法人依据《宪法》或《政府组织法》的法律规定设立，无须登记即可成立并具有法人资格，采取的是特许主义的设立原则。

3. 事业单位法人的设立原则

有的事业单位法人依国家有关法律或行政命令设立，无须登记即可取得法人资格，

在设立原则上属于特许主义;有的事业单位法人的设立,需经行政主管部门审查同意,并依《事业单位登记管理暂行条例》办理登记手续,方可成立并取得法人资格,在设立原则上则属于行政许可主义。

4. 社会团体法人的设立原则

凡是依照国家法律和行政命令设立的社会团体,属特许主义;凡是需要经过行政主管部门审查同意然后经社团登记机关登记成立的社会团体,则属于许可主义。国务院发布的《社会团体登记管理条例》第 9 条规定:"申请成立社会团体,应当经其业务主管单位审查同意",社会团体既有经依法登记成立的,也有不需要办理登记的。

5. 基金会法人的设立原则

依据国务院发布的《基金会管理条例》,这申请设立基金会应提交业务主管单位同意设立的文件,这属于行政许可主义。

6. 社会服务机构的设立原则

依据法律法规规定需要经审批设立的,应经过审批;没有规定经过审批的,经登记设立。例如《慈善法》第 8 条、第 10 条规定,慈善组织可以采取基金会社会团体、社会服务机构等组织形式,设立慈善组织应当向县级以上人民政府民政部门申请登记。

《民办教育促进法》规定,举办实施学历教育、学前教育、自学考试助学及其他文化教育的民办学校,由县级以上人民政府教育行政部门按照国家规定的权限审批;举办实施以职业技能为主的职业资格、职业技能培训的民办学校,由县级以上人民政府人力资源社会保障行政部门按照国家规定的权限审批,并抄送同级教育行政部门备案。

四、法人资格的取得

符合法人的设立条件,完成法人的设立程序,该社会组织即可取得法人资格,即依法具有民事权利能力和民事行为能力。各类法人因设立程序采取的原则不同,其资格的取得也不同。依特许主义设立的,其设立行为完成时即可取得法人资格,无须办理法人登记。机关法人,不需要办理登记的事业单位法人、社会团体法人,都依特许主义设立,从设立时起即取得法人资格。采许可主义设立原则的法人,从完成登记时起取得法人资格。依法需要办理登记的事业单位法人和社会团体法人,从经核准登记,领取法人证书之日起取得法人资格。企业法人经准则主义程序或行政许可主义程序设立,均须办理法人登记,从其领取营业执照之日起取得法人资格。

延伸阅读

法人的设立与法人的成立是两个既相联系又相区别的概念。没有法人的设立便没有法人的成立,凡法人成立必须经法人设立。它们是法人产生过程中的两个阶段,二者的区别主要体现在以下几方面。

1. 两者的性质不同。法人的设立是一种准备行为,它属于法人产生的"准备阶段",

因而这种准备行为既有法律性质上的，也有非法律性质上的；而法人的成立则不同，它属于法人产生的“形成阶段”，其行为性质均属于法律意义上的行为。

2. 两者的要件不同。法人的设立一般要有合法的设立人，需要满足设立基础和设立行为本身合法等要件；而法人的成立一般应具备依法成立、有必要的财产或经费以及有自己的名称、组织机构和场所等要件。因此，法人的设立并不当然导致法人的成立，当设立无效时，法人就不能成立。

3. 两者的效力不同。法人在设立阶段，仍不具有法人资格，其行为是非法人组织的行为，所发生的债权债务，由设立后的法人享有和承担；如果法人不能成立，则由设立人承担设立行为产生的债务。法人成立后即享有民事主体资格，法人设立过程中所发生的债权和债务，由法人享有和承担。

案例

2013 年 7 月 2 日，徐某军与胡某签订了琴墨书院紫琅路店（以下简称琴墨书院紫琅路店）装饰装修工程合同书，合同签订后，徐某军组织人员在琴墨书院进行了施工并交付使用。琴墨书院于 2014 年 1 月 28 日经南通市崇川区民政局核准登记为民办非企业法人单位。琴墨书院董事会成员有孟某兵等 6 人，孟某兵为法定代表人。孟某兵同时还是南通博森企业管理有限公司的法定代表人。徐某军同时还为琴墨书院桃坞路店进行了装修。

2013 年 7 月 5 日至 2014 年 1 月 15 日，孟某兵通过其个人账户向徐某军个人账户转账支付 12 笔共 646693 元。经某确认，其中 2013 年 7 月 5 日的 17500 元、2013 年 8 月 1 日的 5 万元、2013 年 8 月 8 日的 37500 元、2013 年 9 月 3 日的 105000 元，共计 21 万元为琴墨书院紫琅路店工程的付款。2013 年 9 月 3 日的 25000 元、2013 年 9 月 30 日的 125000 元、2013 年 10 月 23 日的 15 万元，共计 30 万元为琴墨书院桃坞路店工程的付款。

2013 年 7 月 14 日的 2 万元、2013 年 8 月 19 日的 20790 元、2013 年 9 月 27 日的 42611 元、2013 年 12 月 11 日的 27402 元，共计 110803 元为合同外增项部分付款，对于 2014 年 1 月 15 日的 25890 元，徐某军同意作为琴墨书院桃坞路店装修工程的付款。

问题：琴墨书院的主体资格如何界定？

案例分析

发起人以设立中的法人名义对外签订合同，法人成立后，合同相对人请求法人承担合同责任的，人民法院应予支持。虽然胡某与徐某军签订装修合同的时间在琴墨书院成立之前，但从合同履行来看，胡某作为董事以设立中的琴墨书院名义对外签订的装修合同，孟某兵作为琴墨书院的法定代表人支付装修款，均系为琴墨书院设立而进行的必要准备和支出。对于设立过程中发生的费用和债务，理应由成立后的琴墨书院承担。

第六节　法人的机关

一、法人的机关

自然人作为民事主体是通过自己的大脑形成意思，然后通过语言加以表达，最后通过行动加以实现。法人既然作为与自然人并列的一类独立的民事主体，也必须能够形成、表达并实现自己的意思。法人形成意思、表达意思并实现意思的机构就是法人机关。

法人机关，是指存在于法人组织体内部的，担当法人行为和责任的机构。《民法典》第61条关于法人的代表人的规定，第80条至第82条关于营利法人的权力机构、执行机构和监督机构的规定，第91条、第93条关于理事会的规定等，都是关于法人的机关的规定。

二、法人机关的分类

法人机关可以分为三类：一是意思形成机关即权力机关；二是意思表示机关即执行机关；三是法人的监督机关。

权力机关，也称意思机关或决策机关，是形成法人的意志，对法人的生产经营或业务管理即法人业务中的重大问题作出决定的机关，是产生并领导和监督法人其他机关的机关。如股份有限公司中的股东大会、有限责任公司中的股东会等。

法人执行机关也称管理机关，是法人权力机关的执行机关，是法人意志的执行和实现机关，行使法律法规或章程规定的权力，执行权力机关的决议，负责实现业已形成的法人意志，组织、指挥法人内部各部分之间协调运转，由其主要负责人代表法人对外进行民事活动。其主要负责人就是法人的法定代表人，是法人的代表机关。如股份有限公司中的董事会和董事长。

对于营利法人、非营利法人的机构，我国《民法典》分别作出了如下规定：

(1)营利法人应当设立的是权力机构与执行机构。其中，权力机构行使修改法人章程，选举或者更换执行机构、监督机构成员，以及法人章程规定的其他职权。执行机构行使召集权力机构召开会议，决定法人的经费计划和投资方案，决定法人内部管理机构的设置，及法人章程规定的其他职权；执行机构为董事会或者执行董事的，董事长、执行董事或者经理按照法人章程的规定担任法定代表人；未设董事会或者执行董事的，法人章程规定的主要负责人为其执行机构和法定代表人。监督机构并不是必须设立的，如果营利法人设监事会或者监事等监督机构的，监督机构依法行使检查法人财务，监督执行机构成员、高级管理人员执行法人职务的行为，以及法人章程规定的其他职权。

(2)非营利法人按照不同的类型分别设立不同的机构。

事业单位法人设理事会的,除法律另有规定外,理事会为其决策机构。事业单位法人的法定代表人依照法律、行政法规或者法人章程的规定产生。社会团体法人应当设立会员大会或者会员代表大会等权力机构以及设立理事会等执行机构;捐助法人应当设理事会,民主管理组织等决策机构,并设执行机构理事长等负责人按照法人章程的规定担任法定代表人,捐助法人应当设监事会等监督机构。

(3)特别法人的机构。

《民法典》没有对特别法人的机构设置予以专门规定,因为特别法人的机构设置往往由相应的法律加以规定。例如,各类机关法人有相应的组织法加以规定,而对于居民委员会、村民委员会的法人机构,也有《城市居民委员会组织法》和《村民委员会组织法》作出规定。

三、法人的法定代表人

(一)法人的法定代表人的概念

"法定代表人"最早出现在 1982 年的《民事诉讼法(试行)》中,后由《民法通则》沿用。《民法通则》第 38 条规定,法人的法定代表人是指依照法律或法人的组织章程的规定,代表法人行使职权的负责人。《民法典》也对法人的法定代表人作出了界定,第 61 条第 1 款规定,所谓法人的法定代表人是指依照法律或法人章程的规定,代表法人从事民事活动的负责人。

(二)法人的法定代表人的特征

1. 法定代表人是由法律或者法人章程所确定的自然人

"法定代表人"一词非常容易使人误解法定代表人是依法产生,实际上哪些人是法定代表人并非都是由法律规定的,也包括由法人章程所确定的人。

一方面,法律上直接规定了法定代表人的情形,例如,依据《地方各级人民代表大会和地方各级人民政府组织法》第 62 条的规定,地方各级人民政府分别实行省长、自治区主席市长、州长县长区长、乡长镇长负责制,省长、自治区主席、市长、州长,县长、区长、乡长镇长分别主持地方各级人民政府的工作。因此,省长、自治区主席市长、州长、县长、区长乡长,镇长就分别是省政府、自治区政府、市政府、县政府和乡政府等机关法人的负责人,即法定代表人。

另一方面,法人章程确定法定代表人的情形也很常见,属于意定的而非法定的,例如《公司法》第 13 条第 1 句就明确规定:"公司法定代表人依照公司章程的规定,由董事长执行董事或者经理担任,并依法登记。"

2. 不同类型的法人的法定代表人

不同类型的法人,其法定代表人的具体名称各不相同,例如依据《公司法》的规定,有限责任公司与股份有限公司的董事长、执行董事或经理都可以被选任为法定代表人。

依据《全民所有制工业企业法》的规定，厂长是企业的法定代表人；事业单位法人与社会团体法人的法定代表人可能称为“理事长”“校长”“院长”“所长”“主任”等。至于机关法人的法定代表人则可能称为“处长”“局长”“厅长”“院长”“部长”“主席”等，而对于社会团体法人、捐助法人等非营利法人来说，其法定代表人可能称为“理事长”或“会长”，依据《公司法》《社会团体登记管理条例》等法律、法规规章的规定，法定代表人应当记载于章程并进行登记。

3. 法人的法定代表人是有权代表法人从事民事活动的人

法定代表人根据法律和章程的规定，有权代表法人对外行为，法定代表人是法人的组成部分，法定代表人的行为就是法人的行为。因此，不仅是法定代表人以法人名义从事的民事活动如签订合同等，其法律效果由法人承受，而且法定代表人因执行职务造成他人的损害也要由法人来承担民事责任。

延伸阅读

《民法典》

第 89 条：事业单位法人设理事会的，除法律另有规定外，理事会为其决策机构。事业单位法人的法定代表人依照法律、行政法规或者法人章程的规定产生。

第 91 条：设立社会团体法人应当依法制定法人章程。

民事诉讼法与民法中“法定代表人”的区别

1. 民事诉讼法中的法定代表人不以被代表的组织具有法人资格为前提，不具备法人资格的组织（如合伙、企业分支机构）参加诉讼亦可有自己的“法定代表人”（《民事诉讼法》第 49 条，《民事诉讼法意见》第 38 条、第 40 条），而民法（包括商法）中所谓的“法定代表人”必须是法人的法定代表人。

2. 前者的权限是代表当事人参加诉讼或者代表当事人委托代理人，与法定代理人的权限没有区别，后者不仅代表本人表示意思和实施无须表示意思的行为（“事实行为”），而且，其职权范围之内的不法行为亦由本人负其责任。

3. 前者为法律强行规范的产物，后者可以来自企业章程，也可以来自法律强行规范。就术语选用而言，程序法和实体法以同一“法定代表人”指称性质迥然不同的事物似未尽妥帖。

四、法人的分支机构

法人的分支机构是根据法人的意志所设立的法人的组成部分，由于法人的分支机构是根据法人的章程或决议的授权而从事法人的部分经营业务，因此分支机构只是隶属于法人的机构，原则上不属于独立的民事权利主体。法人的分支机构可以设在法人的住所地，也可以设在法人的住所地以外的地方。

《民法典》第 74 条规定，法人可以依法设立分支机构，法律、行政法规规定分支机构应当登记的，依照其规定。分支机构以自己的名义从事民事活动产生的民事责任由法人承担；实践中，也可以先以该分支机构管理的财产承担，不足以承担的，由法人承担。

实践中，营利法人设立分支机构的情形最为常见，所谓营利法人的分支机构是指，由企业法人或公司法人依法设立的，能够以自己名义直接对外从事经营活动的，不具有法人资格，其民事责任由其隶属的企业法人或公司承担的经济组织。例如，企业法人或公司的分厂、分公司、营业部、分理处等机构。

营利法人的分支机构不同于其职能部门，后者是指营利法人的内部机构，如销售科（部）、设备科（部）等部门。分支机构与职能部门虽然都是企业法人设立的下属单位，但两者存在明显的区别：依据《企业法人登记管理条例》等法律法规的规定，企业法人的分支机构必须履行法定的核准登记程序，进行营业登记，拥有一定的财产与经费，并有自己的名称、组织机构与场所，例如××分厂、××分公司等。企业法人的职能部门不是直接依照法律法规设立的，而是根据企业法人的内部规章制度建立的，其并不单独领取营业执照，没有自己的名称。

第七节　法人的住所

一、法人的住所

法人的住所，是指法人主要办事机构所在地，也是法人开展生产、经营活动的处所。法律要求法人必须有自己的住所，这对法人自身的活动，及有关管理机关进行监督管理、确定诉讼管辖等都是必要的。

法人的组织机构通常固定在一个场所，但也有法人设有数个分支机构，各分支机构场所不一，这些不同的地方均属法人的场所。法人的场所与法人的住所并不是同一概念。一个法人只能有一个住所。但当法人有多个办事机构时，则须以其主要办事机构所在地为住所地，也即，场所的范围要远远宽于住所的范围。

二、法人以其主要办事机构所在地为住所

住所是法律上极为重要的概念，《民法典》第63条规定："法人以其主要办事机构所在地为住所。依法需要办理法人登记的，应当将主要办事机构所在地登记为住所。"

确定法人住所的基本规则是：法人以其主要办事机构所在地为住所；公司以其主要办事机构所在地为住所。如果法人仅有一个办事机构，则无所谓主要次要之分，该办事机构的所在地就是法人的住所。如果法人有两个以上的办事机构，应当区分主要办事机构，该主要办事机构之外的办事机构为次要办事机构，而主要办事机构的所在地就是该法人住所。在无法确定主要办事机构所在地时，以法人或者其他组织的注册地或者登记

地为住所地。

三、法人住所的意义

法人作为民事主体，法律赋予其人格，明确法人的住所，在法律上具有重要的意义。

（一）法人住所是法人从事民事活动的必要条件

法人从事各项民事活动，必然要与外界发生各种各样的联系，法人住所是法人传送信件、收受款项、联系业务、开展生产经营活动的场所。法人如果没有固定住所，其民事活动无法正常进行。

（二）法人住所是法人独立承担民事责任的前提条件

法人如无固定住所，在发生民事纠纷时，不利于及时联系，客观上阻碍了纠纷的解决。

（三）法人住所是确定登记注册机关，对其进行管理的依据

法人如无固定住所，就无法确定登记注册机关，也无法对其进行登记管理。

（四）法人住所是确定诉讼管辖的依据

《民事诉讼法》第 21 条规定："对法人或者其他组织提起的民事诉讼，由被告住所地人民法院管辖。"由此可见，法人住所是确定诉讼管辖的依据。如果法人无固定住所，就无法确定管辖法院，不利于纠纷的及时解决。

第八节　法人的消灭

一、法人消灭的概念和原因

法人的消灭，亦即法人终止，是指法人的民事主体资格的依法消灭，不再具有民事权利能力和民事行为能力的一种状态。依据《民法典》第 68 条的规定：导致法人终止的原因主要有以下几种情形。

（一）法人的解散

法人的解散是指法人作为社会组织的解体，作为依法成立的社会组织，在其存续期间出现了法律规定的解散事由，即应当解散。《民法典》第 69 条规定："有下列情形之一的，法人解散：(1)法人章程规定的存续期届满或者法人章程规定的其他解散事由出现；(2)法人的权力机构决议解散；(3)因法人合并或者分立需要解散；(4)法人依法被吊销营业执照、登记证书，被责令关闭或者被撤销；(5)法律规定的其他情形。"根据法律规定，法人的解散事由包括两大类：一是自行解散；二是强制解散。

1. 法人的自行解散

法人的自行解散指法人按照自己意志决定的解散，是法人意思自治的结果。《民法典》第 69 条所列的前 3 项都是法人自行解散的事由。

2. 法人的强制解散

法人实施违法行为，国家机关对其作出吊销营业执照、登记证书，责令关闭或者撤销处理决定的，或者由人民法院依法判决解散的为法人的强制解散。《民法典》第 69 条所列的第(4)项解散事由属于法人的行政强制解散事由，这是国家对法人依法管理的法律手段，体现了国家对社会经济秩序和公共利益的维护。

法人之所以会被吊销营业执照、登记证书，责令关闭或者撤销处理决定，往往是因为其从事了违法犯罪行为，依法应当进行行政处罚。行政机关对法人作出上述处理决定，必须依据法律或者行政法规规定的条件和程序进行。例如《公司法》第 211 条、《慈善法》第 98 条、《海洋环境保护法》第 81 条的规定。

《民法典》第 69 条第(5)项规定的"法律规定的其他情形"，是除第(1)项至第(4)项明确列举以外的法律规定的其他情形，例如《公司法》第 182 条规定的公司僵局情况下，股东依法请求人民法院解散公司的情形等。

延伸阅读

《公司法》

第 211 条：公司成立后无正当理由超过 6 个月未开业的，或者开业后自行停业连续 6 个月以上的，可以由公司登记机关吊销营业执照。

《慈善法》

第 98 条：慈善组织有下列情形之一的，由民政部门责令限期改正；逾期不改正的，吊销登记证书并予以公告：

(1) 未按照慈善宗旨开展活动的；

(2) 私分、挪用、截留或者侵占慈善财产的；

(3) 接受附加违反法律法规或者违背社会公德条件的捐赠，或者对受益人附加违反法律法规或者违背社会公德的条件的。

《海洋环境保护法》

第 81 条：违反本法第 45 条的规定，新建严重污染海洋环境的工业生产建设项目的，按照管理权限，由县级以上人民政府责令关闭。

(二) 法人被宣告破产

法人被宣告破产，是指法人不能清偿到期债务，并且资产不足以清偿全部债务或者明显缺乏偿债能力，申请人民法院宣告该法人破产，并组织破产清算。法人被宣告破产，不能继续从事经营活动，就应当解散。《民法典》第 73 条规定："法人被告破产的，依法进行破产清算并完成法人注销登记时,法人终止。”

(三)法律规定的其他原因

法律规定的其他原因是指除解散破产以外,可能出现的由法律规定的能够引起法人终止的情形。

二、法人消灭的程序

依《民法典》第 68 条的规定,有法律规定的法人终止情形之一,并依法完成清算、注销登记的法人才能终止。法人终止,法律、行政法规规定须经有关机关批准的,依照其规定。因此,法人终止应完成下列程序。

(一)清算

1. 清算义务人、清算人

清算是指由清算人对行将终止的法人的财产清理计算,了结其事务的活动。《民法典》第 70 条第 1 款规定:“法人解散的,除合并或者分立的情形外,清算义务人应当及时组成清算组进行清算。”

清算义务人是出现法人解散事由时负有启动清算程序义务的人,其职责内容是及时组成清算组进行清算。清算组即清算人,是指负责终止法人清算事务的组织或个人,也就是对法人财产实际进行清理计算的人。《民法典》第 70 条第 2 款规定“法人的董事、理事等执行机构或者决策机构的成员为清算义务人,法律、行政法规另有规定的,依照其规定。”

依照本款规定,法人解散的,原则上法人的董事、理事等执行机构的成员为清算义务人。其例外情形是指法律、行政法规另有规定的,例如法人被撤销的,则由其主管机关指定有关人员组成清算组织;企业法人因破产而终止的,由人民法院依破产程序组织有关机关和有关人员成立清算组织进行清算。如果清算义务人自己实际清算的,就会发生清算义务人与清算人的竞合。例如,《公司法》第 183 条规定,股份有限公司的清算组由董事或者股东大会确定的人员组成,这里的董事就既是清算义务人,也是清算人。法人解散,都要先进入清算程序,同时停止清算范围外的活动。

2. 清算义务人未及时履行清算义务的法律责任和清算强制启动

《民法典》第 70 条第 3 款规定:“清算义务人未及时履行清算义务,造成损害的,应当承担民事责任;主管机关或者利害关系人可以申请人民法院指定有关人员组成清算组进行清算。”本款规定了请算义务人未及时履行清算义务的法律责任以及救济途径,也就是强制清算。所谓清算义务人未及时履行算义务,是指在解散情形出现后的合理时间内,清算义务人没有启动清算或者没有完成清算,例如不组成清算组或者清算组不履行职责。清算义务人未及时清算给债权人造成损害的,应当承担民事责任。

这里的承担民事责任就是承担损害赔偿责任，是清算义务人对清算利害关系人应当承担的责任，其构成要件依照侵权责任的构成要件确定，包括清算义务人不及时清算的行为，损害后果，不及时清算行为与损害后果之间具有因果关系，清算义务人的主观过错。强制清算程序就是由法人的主管机关或者利害关系人申请，人民法院指定有关人员组成清算组进行清算，例如，慈善组织法人解散时，清算义务人未及时清算的，民政部门作为主管机关可以申请人民法院指定清算组进行清算。作为启动主体的利害关系人是与解散的法人有利益关系的人，例如解散法人的债权人、股东等。

3. 法人的清算程序和清算组职权

《民法典》第 71 条规定："法人的清算程序和清算组职权，依照有关法律的规定；没有规定的，参照适用公司法律的有关规定。"可见，原则上清算程序和清算组的职权由法律规定，没有法律规定的，参照公司法执行。《公司法》第十章关于公司解散清算作出了详细的规定，为其他各类法人解散清算的参照适用提供了依据。

例如，《公司法》第 184 条关于清算组职权的规定和第 185 条关于债权申报程序的规定。清算组的职权包括：(1)清理公司财产、分别编制资产负债表和财产清单；(2)通知、公告债权人；(3)处理与清算有关的公司未了结的业务；(4)清缴所欠税款以及清算过程中产生的税款；(5)清理债权、债务；(6)处理公司清偿债务后的剩余财产；(7)代表公司参与民事诉讼活动等。我国《慈善法》《事业单位登记管理暂行条例》《社会团体登记管理条例》《基金会管理条例》《宗教事务条例》《民办非企业单位登记管理暂行条例》等分别对有关法人的清算进行规定，但都没有详细的清算程序和清算组职权的明确规定，当发生法人终止清算问题时可以参照公司法的规定进行。

4. 清算中法人的地位及其财产处理

《民法典》第 72 条第 1 款规定："清算期间法人存续，但是不得从事与清算无关的活动。"可见，清算中的法人仍然具有法人资格，但其民事活动的范围受到极大限制，其只能从事与清算有关的民事活动，不得从事其他与清算无关的民事活动，其与清算有关的民事活动由清算组代表其以法人名义进行。

《民法典》第 72 条第 2 款规定："法人清算后的剩余财产，根据法人章程的规定或者法人权力机构的决议处理，法律另有规定的，依照其规定。"法人清算后的剩余财产是指清算完毕，清偿完法人所欠债务、税款和清算费用以后的剩余财产。清算后的剩余财产，一般依据被解散法人的章程的约定或者法人权力机关的决议处理，其处理一般是向法人成员分配剩余财产，但是法律另有规定的依照其规定。

例如，《民法典》第 95 条规定：为公益目的成立的非营利法人终止时，不得向出资人、设立人或者会员分配剩余财产，剩余财产应当按照法人章程的规定或者权力机构的决议用于公益目的；无法按照法人章程的规定或者权力机构的决议处理的，由主管机关主持转给宗旨相同或者相近的法人，并向社会公告。

(二)注销登记

《民法典》第 72 条第 3 款规定:“清算结束并完成法人注销登记时,法人终止。依法不需要办理法人登记的,清算结束时,法人终止。”第 73 条规定:“法人被宣告破产的,依法进行破产清算并完成法人注销登记时,法人终止。”需要办理法人注销登记就是在其成立时需要依法办理设立登记才能成立的法人,在其终止时也需办理注销登记,其法人资格才能终止。在法人设立时不需要办理设立登记就能依法成立的法人,在其终止时也不需要办理注销登记,清算结束时,法人资格终止。

(三)批准

依《民法典》第 68 条第 2 款的规定:“法人终止,法律、行政法规规定须经有关机关批准的,依照其规定。”可见,经有关机关批准并非所有法人终止的必经程序。只有法律、行政法规规定须经有关机关批准的,才是这些法人终止所必需的程序。例如,《商业银行法》第 69 条第 1 款规定:“商业银行因分立合并或者出现公司程规定的解散事由需要解散的,应当向国务院银行业监督管理机构提出申请,并附解散的理由和支付存款的本金和利息等债务清偿计划,经国务院银行业监督管理机构批准后解散。”

案例

2007 年 6 月 28 日,上海存亮贸易有限公司(以下简称存亮公司)与常州拓恒机械设备有限公司(以下简称拓恒公司)建立钢材买卖合同关系。有亮公司履行了 7095006.6 元的供货义务,拓但公司已付货款 5699778 元,尚欠货款 1395228.6 元。另,房某、蒋某和王某为拓恒公司的股东,所占股份分别为 40%、30%、30%。

拓恒公司因未进行年检,2008 年 12 月 25 日被工商部门吊销营业执照,至今股东未组织清算。现拓恒公司无办公经营地,账册及财产均下落不明。拓恒公司在其他案件中因无财产可供执行被中止执行。原告存亮公司请求判令拓恒公司偿还存亮公司货款 1395228.6 元及违约金,房某、蒋某和王某对拓恒公司的债务承担连带清偿责任。

被告蒋某、王某辩称:(1)两人从未参与过拓恒公司的经营管理;(2)拓恒公司实际由大股东房某控制,两人无法对其进行清算;(3)拓恒公司由于经营不善,在被吊销管业执照前已背负了大量债务,资不抵债,并非由于蒋某、王某怠于履行清算义务而导致拓恒公司财产灭失;(4)蒋某、王某也曾委托律师对拓恒公司进行清算,但由于拓恒公司财物多次被债权人哄抢,导致无法清算,因此,蒋某、王某不存在于履行清算义务的情况。故请求驳回存亮公司对蒋某、王某的诉讼请求。

问题:算义务人房某、蒋某和王某是否应承担怠于履行清算义务的责任?

案例分析

房某、蒋某和王某作为拓恒公司的股东,应在拓恒公司被吊销营业执照后及时组织清算。因房某、蒋某和王某怠于履行清算义务,导致拓恒公司的主要财产、账册等均已灭失，无法进行清算。房某蒋某和王某怠于履行清算义务的行为，违反了《公司法》及其司法解释的相关规定，应当对拓恒公间的债务承担连带清偿责任。拓恒公司作为有限责任公司，其全体股东在法律上应一体成为公司的清算义务人。

《公司法》及其相关司法解释并未规定蒋某、王某所辩称的例外条款，因此无论蒋某、王某在拓恒公司中所占的股份为多少，是否实际参与了公司的经营管理，两人在拓恒公司被吊销营业执照后，都有义务在法定期限内依法对拓恒公司进行清算。

第九节　非法人组织

一、非法人组织的概念及其范围

在各国民事立法和民法理论上，对法人以外的组织的称谓不同，其所指的范围也各不相同。例如《德国民法典》第 54 条规定，无权利能力的社团，应适用关于合伙的规定。《瑞士民法典》第 62 条规定，无法人人格或尚未取得法人人格的社团视为合伙。我国台湾地区“民法”理论上则有无权利能力的社团和非法人团体的称谓。在其“民事诉讼法”第 40 条规定了非法人团体的概念，在学理解释上认为非法人团体的范围，除无权利能力的社团外，尚包括合伙、台湾地区神明会等。

我国原《民法通则》中在公民（自然人）一章规定了个人合伙、农村承包经营户、个体工商户；在法人一章规定了联营，但并未使用无权利能力社团或者非法人团体的概念。我国原《合同法》和《民事诉讼法》则采用了“其他组织”的概念来概括法人以外的参与民事活动的组织。学者将“其他组织”也称为非法人团体、无权利能力社团、其他非法人组织等。

《民法典》总则编第四章提出了“非法人组织”这一概念并且单设一章，对非法人组织作出专门规定，这说明《民法典》总则编已经改变了原《民法通则》对民事主体两分法的传统做法，采用了三分法立场，即民事主体包括自然人、法人和非法人组织。这是我国民事主体制度的一个重大变化。

二、我国《民法典》规定的非法人组织

（一）非法人组织的概念与特征

尽管对于非法人组织的概念，在学理上有多种不同的定义，但是《民法典》总则编第 102 条第 1 款对非法人组织的概念做了准确的界定：非法人组织是不具有法人资格但是能够依法以自己的名义从事民事活动的组织。非法人组织具有以下几个鲜明的法律特征。

第一，非法人组织是不同于法人的社会组织。非法人组织不是临时的松散的机构，

而是设有自己的代表人或者管理人,有自己的名称、组织机构和组织规则,具有稳定性的社会组织。非法人组织应当是人合性组织,而非资合性组织。非法人组织须设置代表人或者管理人,由代表人和管理人代表非法人组织实施法律行为。非法人组织尽管也是稳定的社会组织,但在上述几方面与法人是不同的。

第二,非法人组织有自己独立的名义。非法人组织须有自己独立的名义,应当有自己的名称,并且以自己的独立名义进行民事活动。这是非法人组织区别于自然人以及依据合同成立的个人合伙的显著标志。尽管个人合伙也是一种社会组织,但其不能以自己的名义独立地对外进行民事活动,而是只能以合伙人的名义进行。非法人组织以自己的名义独立地对外进行民事活动,就表明它既区别于自然人,也区别于个人合伙。

第三,非法人组织有自己特定的民事活动目的。非法人组织作为一种稳定的社会组织,与法人一样须有自己的成立目的,如是进行经营活动,还是发展教育、科学、宗教以及慈善事业。在这一点上,非法人组织与法人基本相同。

第四,非法人组织是独立的民事主体。《民法典》总则编规定非法人组织,是强调它的独立民事主体地位。凡是符合《民法典》总则编第 102 条第 1 款规定的非法人组织的条件的,就是独立的民事主体,具有独立的民法地位,能够以自己的名义独立地实施民事法律行为,参与民事活动,实现设立的目的。

(二)非法人组织的种类

《民法典》第 102 条第 2 款规定:"非法人组织包括个人独资企业、合伙企业、不具有法人资格的专业服务机构等。"这是对典型性非法人组织的列举,其他非法人组织只要符合《民法典》关于非法人组织规定的也可以被认为是非法人组织。例如,非法人乡镇集体所有制企业、非法人外资企业等。

1. 个人独资企业

个人独资企业是指依法设立的,由一个自然人投资,财产为投资个人所有,投资人以个人财产对企业债务承担无限责任的经营实体。

个人独资企业具有如下特征:(1)出资人为一个自然人。(2)企业财产为投资人个人所有。(3)企业事务由投资人自行管理或者由其委托的聘用的人按照其授权进行管理。(4)企业债务由投资人以其个人财产承担无限责任;如果投资人在企业设立登记时明确以其家庭共有财产作为个人出资的,应当依法以家庭共有财产对企业负无限责任。

从上述个人独资企业的特征可以看出,它是自然人主体经登记从事商业行为的一种组织形式,或者说是自然人以企业组织形式从事商业行为的一种资格。这种企业组织本身并不具有独立的民事主体资格。虽然个人独资企业可以有自己的名称,有设立时申报的财产,经核准登记须有营业执照,但这只是自然人商行为资格取得的条件,并不表明其民事主体资格的取得。我国原《民法通则》关于个体商户的规定在实质上同个人独资企业是类似的。个体工商户是指在法律允许的范围内,依法经核准登记,从事工商经营活动的自然人或家庭。个人进行工商经营的,由个人承担财产责任。

家庭进行工商业经营的,是以家庭成员的共有人关系进行的工商经营,以家庭财产承担责任。虽然以个人名义经营,但以家庭财产进行投资或者其收益主要归家庭成员享用的,以家庭财产承担财产责任。《民法典》虽然规定个人独资企业由一个自然人投资,但也同时规定,个人独资企业投资人在申请设立登记时明确以其家庭共有财产作为个人出资的,应当依法以家庭共有财产对企业债务承担无限责任。但在诉讼程序上,个体工商户与个人独资企业不同,个体工商户不具有独立的诉讼主体资格,起字号的工商户,在民事诉讼中应以营业执照登记的业主为诉讼当事人。个人独资企业在诉讼中具有诉讼资格。《民事诉讼法》第48条规定的其他组织中并不包括个体工商户。

延伸阅读

《个人独资企业法》

第2条:本法所称个人独资企业,是指依照本法在中国境内设立,由一个自然人投资,财产为投资人个人所有,投资人以其个人财产对企业债务承担无限责任的经营实体。

《民事诉讼法》

第48条:公民、法人和其他组织可以作为民事诉讼的当事人。法人由其法定代表人进行诉讼。其他组织由其主要负责人进行诉讼。

2. 合伙企业

合伙企业是指依照《合伙企业法》设立的,由两个以上的合伙人订立合伙协议,依协议约定共同出资、合伙经营、共享收益、共担风险,并对合伙企业债务承担无限连带责任的营利性组织。合伙企业有普通合伙企业和有限合伙企业。

普通合伙企业是指由普通合伙人组成,合伙人对合伙企业债务承担无限连带责任的合伙企业。在普通合伙企业中还有特殊的普通合伙企业。特殊的普通合伙企业是指以专业知识和专门技能为客户提供有偿服务的机构。依照《合伙企业法》第2条规定,有限合伙企业是指由普通合伙人和有限合伙人组成,普通合伙人对合伙企业债务承担无限连带责任,有限合伙人以其认缴的出资额为限对合伙企业债务承担责任的合伙企业。

延伸阅读

《合伙企业法》

第2条:本法所称合伙企业,是指自然人、法人和其他组织依照本法在中国境内设立的普通合伙企业和有限合伙企业。

普通合伙企业由普通合伙人组成,合伙人对合伙企业债务承担无限连带责任。本法对普通合伙人承担责任的形式有特别规定的,从其规定。

第55条:以专业知识和专门技能为客户提供有偿服务的专业服务机构,可以设立为特殊的普通合伙企业。

特殊的普通合伙企业是指合伙人依照本法第 57 条的规定承担责任的普通合伙企业。特殊的普通合伙企业适用本节规定;本节未作规定的,适用本章第一节至第五节的规定。

3. 不具有法人资格的专业服务机构

这是指以专业知识和技能为基础,专业知识领域内为服务对象提供特定专业服务的机构。例如,以法律专业知识和技能为他人提供法律专业服务的合伙制律师事务所、以财务会计专业知识为他人提供财务会计专业服务的合伙制会计师事务所、税务师事务所等。

例如,依据《涉税专业服务监管办法(试行)》第 4 条规定:"涉税专业服务机构是指税务师事务所和从事涉税专业服务的会计师事务所、律师事务所、代理记账机构、税务代理公司、财税类咨询公司等机构。"这些机构中不具有法人资格的合伙制事务所就属于非法人组织专业服务机构。

延伸阅读

《律师法》

第 15 条:律师事务所可以是合伙律师事务所,也可以是个人律师事务所。合伙律师事务所可以采取普通合伙或者特殊的普通合伙形式设立。

《注册会计师法》

第 23 条:会计师事务所可以由注册会计师合伙设立。合伙设立的会计师事务所的债务,由合伙人按照出资比例或者协议的约定,以各自的财产承担责任。合伙人对会计师事务所的债务承担连带责任。

(三)非法人组织的设立

《民法典》第 103 条规定:"非法人组织应当依照法律的规定登记。设立非法人组织,法律、行政法规规定须经有关机关批准的,依照其规定。"

1. 非法人组织依法经登记设立

非法人组织具有组织体特征,但又不如法人组织完整,其财产、人格与其设立人、出资人不完全独立,如果不经过登记难以体现出其组织体特征,经登记成立是完备其组织体特征的必要手段。个人独资企业、合伙企业本身就是商事主体,专业服务机构也多为商事主体,登记设立是国家对商事企业管理的需要。经商事登记后要求办理行政登记的还必须办理行政登记,例如《涉税专业服务监管办法(试行)》第 7 条第 3 款规定:"税务师事务所办理事登记后,应当向省税务机关办理行政登记。省税务机关准予行政登记的,颁发《税务师事务所行政登记证书》,并将相关资料报送国家税务总局,抄送省税务师行业协会。不予行政登记的,书面通知申请人,说明不予行政登记的理由。"该条第 5 款规定:"从事涉税专业服务的会计师事务所和律师事务所依法取得会计师事务所执业证书或律师事务所执业许可证，视同行政登记。”

2. 非法人组织依法应经有关机关批准成立的，须经批准成立

非法人组织经登记设立是原则，但法律、行政法规规定须经有关机关批准才能成立的应当经过批准。例如，《律师法》第 18 条规定：“设立律师事务所，应当向设区的市级或者直辖市的区人民政府司法行政部门提出申请，受理申请的部门应当自受理之日起 20 日内予以审查……”《注册会计师法》第 25 条也规定：“设立会计师事务所，由省自治区、直辖市人民政府财政部门批准……”

（四）非法人组织的债务承担

《民法典》第 104 条规定：“非法人组织的财产不足以清偿债务的，其出资人或者设立人承担无限责任。法律另有规定的，依照其规定。”由此可见，非法人组织在民事活动中产生的债务应当先以非法人组织的财产承担。非法人组织的财产就是由其出资人出资，并在从事民事活动过程中经营收入、积累、举债形成的全部财产。在其财产不足清偿时，其出资人、设立人承担无限责任。出资人、设立人承担的责任是补充性清偿责任。所谓无限责任，就是不限于出资人、设立人设立非法人组织时出资给非法人组织的财产，而是以其全部财产就非法人组织的全部债务负清偿责任。

非法人组织的出资人、设立人之所以承担无限责任，是因为非法人组织不具有完整独立的民事权利能力和行为能力，虽然名义上可以从事民事活动，但其支配的财产并不完全为其独立所有，作为其财产责任的信用基础不独立，因此，应当由其出资人、设立人以其全部资产承担无限责任。所谓法律另有规定的，依照其规定，是指法律对出资人、设立人承担补充性的无限责任有另外规定，依照其规定。

例如，《合伙企业法》第 2 条规定，有限合伙人承担有限责任。第 57 条针对特殊普通合伙规定：“一个合伙人或者数个合伙人在执业活动中因故意或者重大过失造成合伙企业债务的，应当承担无限责任或者无限连带责任，其他合伙人以其在合伙企业中的财产份额为限承担责任。合伙人在执业活动中非因故意或者重大过失造成的合伙企业债务以及合伙企业的其他债务，由全体合伙人承担无限连带责任。”

（五）非法人组织的代表人

《民法典》第 105 条规定：“非法人组织可以确定一人或者数人代表该组织从事民事活动。”非法人组织的代表人就是对外代表法人从事民事活动的自然人。既可以是一个人，也可以是数人。其代表非法人组织为民事活动的行为就是非法人组织的行为。

（六）非法人组织的解散

非法人组织是组织体主体，其依法设立，也会因法定原因解散，解散是非法人组织终止的原因。依据《民法典》第 106 条规定，有下列情形之一的，非法人组织解散。

1. 章程规定的存续期间届满或者章程规定的其他解散事由出现

章程是非法人组织的设立人以设立协议为基础制定的关于非法人组织的宗旨、活动范围、机构、管理、终止等事项的书面文件，是非法人组织成为组织的基本文件，具有法律拘束力。章程规定了非法人组织的存续期间或者解散事由的，当期间届满或者章程规定事由出现时，非法人组织就应当解散，这是按照出资人、设立人事先明确的解散意愿。

2. 出资人或者设立人决定解散

出资人、设立人在非法人组织的存续期间，因其设立非法人组织的民事目的已经实现或者因客观情况的变化，非法人组织没有存在必要的，可以决定解散。

3. 法律规定的其他情形

依据非法人组织的不同，在其他相关法律中规定了非法人组织的解散事由的，如果出现法定的解散事由，非法人组织解散。这也包括依法被强制解散。

（七）非法人组织的解散清算

《民法典》第 107 条规定："非法人组织解散的，应当依法进行清算。"解散是非法人组织终止的原因，并不当然地终止非法人组织。只有进行清算，并注销登记才能终止非法人组织的主体资格。清算的意义就在于了结其业务，清理债权债务，计算剩余财产并作出分配。非法人组织的清算依据其章程和其设立所依据的法律的有关规定进行，没有相关法律规定的，可以参照关于法人终止清算的规定进行。清算完毕，依法办理注销登记的，非法人组织终止。

（八）非法人组织的法律适用

《民法典》第 108 条规定："非法人组织除适用本章规定外，参照适用本编第三章第一节的有关规定。"即其他未规定的问题，可以参照适用关于法人的一般规定。参照适用的基础就在于非法人组织虽然不是法人，但也是组织体，所以法人在许多方面的规定对其具有可适用性。由于其不是法人，所以只是参照适用，而不是必须适用。参照适用中一定要依据基本法理，结合具体情况，作出正确的解释和适用。

思考题

1. 简述法人的本质。
2. 如何理解法人的民事权利能力？
3. 法人机关由哪些机构构成？
4. 什么是清算？清算的方式有哪些？
5. 什么是非法人组织？它有哪些特征？

第五章　民事权利客体

【学习目标】

1. 了解民事权利的客体及种类。
2. 了解物的分类，其分类的标准以及各类物的概念及其法律意义。
3. 了解民事权利客体的范围。
4. 了解物的概念和特征。

【引导案例】

甲、乙是邻居，甲、乙两家的围墙相隔只有 4 厘米，甲在半年前建起了一栋三间三层的楼房。后乙经当地相关部门审批，也在自家的宅基地上修建楼房，但由于两家楼房地基相隔太近，乙在打造地基时造成甲的房屋地基出现裂缝，房屋出现了开裂、下沉。甲请求乙承担损害赔偿责任，而乙则主张，其建造房屋已经得到了相关部门的批准，不应当赔偿甲的损失。

【简要评析】

在该案中，乙虽然是在自己的宅基地上建造房屋，但其权利行使不得造成他人权益的损害，否则可能构成权利滥用。在该案中，由于甲、乙的宅基地相隔较近，乙虽然在自己的宅基地上建造房屋，但不顾甲的房屋的安全而打造地基，造成甲房屋出现裂缝、下沉，构成权利的滥用，应当对甲的损害承担赔偿责任。

第一节　民事权利客体概述

一、民事权利客体的概念

民事权利的客体，是民事权利主体享有的民事权利和承担的民事义务所共同指向的对象。在民事权利中，权利对应于义务构成民事权利的内容。权利是权利主体依法得主张的利益；义务是义务主体为实现权利主体的利益而必须付出的利益。在某个特定民事权利中，作为这种对应利益的承载者就是客体。权利义务都针对客体发生。因此可以说，客体是权利义务共同指向的对象。作为权利义务共同指向的对象，相对于权利义务的享有和承担者即主体而言就是客体。权利义务共同指向的对象即主体在具体民事权利中要实现的利益的体现或承载。

民事主体的具体民事权利的目的或目标，无非是保有某种利益、获取某种利益，承载这种利益的客体就被称作“标的”。因此，客体与标的应是同义语，是对同一现象的不同称谓，客体是相对于主体而言的；标的是相对于主体民事权利的目标或目的而言的，或者是相对于民事权利义务关系的指向性而言的。

延伸阅读

客体在民事法律关系构成中具有重要的意义。民事法律关系客体的类别范围及其各类客体的特点和法律意义，是民法关于客体制度的基本理论，《民法典》分则体系的各类权利也是以客体的不同类别为依据之一划分的。物权以物为客体，债权以行为为客体，人格权以人格要素和利益为客体，婚姻家庭中的自然人身份权益以自然人在婚姻家庭中的身份为客体。

民事主体在进行民事活动时，民事司法人员在民事审判实践中都要在民法关于民事法律关系客体理论的指导下，遵守和依法适用关于各类客体的法律规定，明确民事法律行为的目的，分清民事法律关系的性质，以正确进行民事活动和处理民事案件。

二、民事权利客体的范围

民事社会生活的丰富多样性，体现在人们的利益需求的多样性上，能够承载和体现利益的客观存在也是多样性的。归纳起来主要是指物、人的行为、智力成果、人格或身份、权利、有价证券等一切体现物质利益或非物质利益的客观存在。

1. 物

物在民法上是指人身以外，能够满足人们的社会需要而又为人力所能控制或支配的物质存在。物权法律关系的客体就是物。《民法典》第 114 条规定：“民事主体依法享有物权。物权是权利人依法对特定的物享有直接支配和排他的权利，包括所有权、用益物权和担保物权。”

2. 行为

行为作为客体是指体现财产给付利益的作为或不作为。债的法律关系的客体就是一定的给付行为，例如，完成工作交付工作成果的行为、提供劳务的行为。《民法典》第 118 条规定：“民事主体依法享有债权。债权是因合同、侵权行为、无因管理、不当得利以及法律的其他规定，权利人请求特定义务人为或者不为一定行为的权利。”

3. 智力成果

智力成果是指人的创造性智力劳动所取得的文学艺术和科学作品、发明、实用新型、外观设计、商标等成果的统称。智力成果是知识产权法律关系的客体。

4. 人格要素或身份

人格要素是指民事主体作为人所必备的和固有的要素。

例如生命、身体、健康、肖像、姓名、名誉、荣誉、隐私。人格权就是针对人格要素而享有利益的权利。身份，是指民事主体在特定的家庭或团体等稳定的社会关系中具有的一定地位。例如，夫妻之间的配偶身份、亲属之间的父母和子女身份。身份权是针对身份而享有利益的权利。人身权法律关系的客体就是人格要素或身份。在这里要注意，人是法律关系的主体，人的法律人格即为主体资格，但作为主体资格承载者的客观的人格要素则是可以作为人身权的客体的。

对人格要素产生的利益的法律保护则是人格权，人格权就是法律保护的权利人基于自身的人格要素产生的利益。人格与主体的人身不可分离，所以，人格权是主体对于自身享有的权利，人是主体，不可作为客体，但事实的人格要素是人身权的客体，基于人格要素产生的利益就是人格权的内容。

5. 自然人的个人信息

《民法典》第 111 条规定："自然人的个人信息受法律保护。任何组织或者个人需要获取他人的个人信息的，应当依法取得并确保信息安全，不得非法收集、适用、加工传输他人的个人信息，不得非法买卖、提供或者公开他人个人信息。"《民法典》第 1034 条规定："自然人的个人信息受法律保护。个人信息是以电子或者其他方式记录的能够单独或者与其他信息结合识别特定自然人的各种信息，包括自然人的姓名、出生日期、身份证件号码、生物识别信息、住址、电话号码、电子邮箱、健康信息、行踪信息等。个人信息中的私密信息，适用有关隐私权的规定；没有规定的，适用有关个人信息保护的规定。"

6. 权利

在一个特定民事权利中，权利是民事权利的内容，客体是权利指向的对象，二者是有区别的民事权利的不同要素。但在民事权利的普遍联系中考察，主体在一个特定民事权利中享有的权利，则可以依法成为另一特定民事权利的客体。例如，甲对于乙享有的债权，依法可以为丙设定质权从而成为丙之质权的客体。《民法典》第 115 条规定："……法律规定权利作为物权客体的，依照其规定。"

7. 有价证券

有价证券是指设定并证明持券人有权取得一定财产的书面凭证。有价证券本身就是权利凭证，是权利的载体，是有价值的财产。它不同于书证。有价证券可以成为物权的客体，也可以成为债权的客体。

8. 数据、网络虚拟财产

数据是在互联网和大数据时代，经过系统或有序安排，可以通过电子或者其他手段单独加以访问的作品、数据或者其他材料的数据库信息。网络虚拟财产，是指存在于网络虚拟空间中的电子邮箱、虚拟货币、游戏账号、戏货币等虚拟财产。《民法典》第 127 条规定："法律对数据、网络虚拟财产的保护有规定的，依照其规定。"

第二节 作为民事权利客体的物

一、物的概念和特征

在民法上，物是民事法律关系的客体之一，是指人身以外，能够满足人们的社会需要，能为人力所支配或控制的物质的实体存在。它具有以下特征。

1. 物存在于人身以外

人也是自然界中的物质存在，但人在民事法律社会中，被赋予法律人格，居于主体地位，而且每个人的人格独立和平等，因而任何人都不能再成为权利的客体。自然界中只能是除人以外的其他存在才可以成为民事法律关系的客体。人身不是民法上的物，这是就人的身体整体而言的，也是从人的主体性出发的，一旦人的身体的器官的一部分脱离人的身体，或人因死亡而消灭了其主体资格时，身体器官的一部分或尸体则可以作为具有特殊意义的物而成为特定民事法律关系的客体。例如，自然人对其血液或身体器官的捐献；自然人对其亲属尸体的悼念和保护。

2. 物能够满足人的一定的需要

民法上的物，对人具有有用性，能够满足人的一定需要。如果某一物质存在不能满足人的需要，则不构成民法上的物。人们可以针对物而发生民事法律关系就在于物对人的有用性，物可以实现人的民事生活目的。具有经济价值和用途的物可以满足人的物质生活需要；具有精神价值的物可以满足人的文化生活或精神生活需要。物对人的有用性是从整体意义上而言的，只要对人具有有用性就可以成为民法上的物。

3. 物能够为人力所控制或支配

物作为民事法律关系的客体，能够实现主体的权利要求，满足人的利益。所以，在客观上只有能够为人力所能控制和支配的物才能成为民事法律关系的客体。人力不可控制和支配的物，则不能成为民事法律关系的客体。人对物的控制和支配是人对自然界的认识和改造能力的体现。人不断地认识和控制自然界的物，并在此基础上创造出对人有用的物，民法上物的范围是随着生产力的发展和科学技术的进步不断扩大的。

4. 民法上的物一般为有体物

有体物，是指具有一定空间，具有一定形体，能为人的五官所触及的物。随着科学技术的发展，人力可控制和支配的光、电、热、汽等能源，虽无形体，但也是民法上的物。

延伸阅读

物是最普遍、最重要的客体，物可以决定法律关系的效力，物也可以决定法律关系的性质、产生的程序以及诉讼管辖和法律适用。

二、物的法律意义

物在民法中是民事法律关系客体的一种,或者说是构成客体的组成部分。在物权民事法律关系中直接以物为客体,客体与客体物或标的物是一致的。在债权法律关系中,以债务人的给付行为为客体,而物又往往是给付的内容,例如,物的交付给付、返还物给付、加工成果物的给付。在这里,物是作为客体的给付行为的标的物。在民事财产法律关系中,物是最普遍的客体要素。在一个具体民事财产关系中,物的确定直接关系当事人民事生活目的的实现。当事人发生民事财产法律关系就是以对物的支配利用、物的创造和流转为内容的。

离开了物,当事人之间就不可能发生物质的民事财产关系。法律对民事财产关系的调整就是以满足人们对物的需要为目的,这是最为基础的人本目的。同时,物作为社会的财富和社会的资源及生态要素,法律对它的关系的调整要从人的整体利益和长远利益出发,实现各种要素物的公平、合理的配置,从而在不同主体间作出不同的法律规定。

例如,我国法律规定土地不能为私人所有,只能由国家和集体所有;禁止流通物不能成为自由交易的标的物,不能成为私人所有权的客体。因此,主体间民事法律关系的发生首先在客体物上要符合法律的规定。另外,物的不同特性也往往决定着具体民事法律关系的性质、产生的程序以及诉讼管辖和法律适用,从而具有重要的法律意义。

例如,可消耗物可以发生借贷法律关系,不可消耗物才可以发生借用或租赁法律关系;动产所有权的转移,一般以交付占有转移,而不动产所有权的转移则须经登记程序;不动产纠纷由不动产所在地法院管辖;在涉外继承案件中,不动产适用不动产所在地法律,动产则适用被继承人死亡时住所地法律。因此,物在确定有关民事法律关系的效力、性质、履行、纠纷管辖、法律适用等方面都具有重要意义。

第三节　物的分类

一、动产与不动产

依据物的自然属性决定的其在空间上能否移动以及移动后是否损害其经济价值,可以将物分为动产和不动产。《民法典》第 115 条规定,物包括动产和不动产。

1. 动产

动产是指依物的自然属性能够在空间上移动且不损害其价值或用途的物。

2. 不动产

不动产是指依物之自然属性在空间上不可移动或移动后损害其经济价值的物。主要指土地及土地上的定着物,还有一类特殊的准不动产。

(1)土地。

土地是指人们能够利用的地球表面及其一定范围的上下空间。

(2)地上定着物。

地上定着物是指永久性地依附固定于土地上,不易移动其位置,依交易惯例非属于土地的构成部分而具独立价值的物。主要指房屋、其他建筑物、林木等。可见,地上定着物成为不动产须具备以下两个条件:

一是依附固定于土地的永久性和牢固性,即长期地、继续地和牢固地依附固定于土地,不易移动;而不是临时地非牢固地附着于土地,可以移动的建筑,如临时工棚、活动房。

二是与土地的独立性,它依附于土地但在交易习惯上并非土地的组成部分,而有独立的经济价值和用途,不是附属于土地成为土地组成部分的物,如水井、沟渠。

(3)准不动产。

准不动产,是指依其自然属性本属于动产,但因其价值远大于一般动产,因而民法上将其视为不动产,在交易上准用不动产规则的物,如船舶、航空器。

3. 区分动产与不动产的法律意义

法律上区分动产与不动产的意义,在于对二者采取不同的立法政策和建立不同的调整规则。

(1)采取的立法政策取向不同。

不动产不仅价值巨大,而且是不可再生的稀缺资源,它是人们安身立命的必要物质条件,也是人类生产活动的基本要素,不仅关系到个人利益,而且关系到社会的公共利益。例如,在我国对土地不动产只能实行国家所有权或集体所有权。个人不能取得对土地的所有权。

(2)物权变动的要件不同。

在我国,土地所有权的变动一般只发生集体土地所有权向国家土地所有权的变动,其变动采取特殊的土地征收方式,须经过严格的行政审批程序和登记程序。国有土地使用权的出让、转让、抵押等都要采用书面形式并经过登记程序。房屋所有权的买卖也要采用书面形式,并须经登记机关办理过户登记。而动产一般可以在不同主体之间自由转让,而且以动产的实际交付为要件。《民法典》第208条规定:“不动产物权的设立、变更、转让和消灭,应当依照法律规定登记。动产物权的设立和转让,应当依照法律规定交付。”

(3)物权设定的类型不同。

不动产上可以设地上权、地役权、典权、土地承包经营权、宅基地使用权等用益物权,也可以设定抵押权,但不可设定质权和留置权;动产上一般设质权、留置权,也可以设定抵押权。

(4)诉讼管辖及法律适用不同。

对不动产的各类案件由不动产所在地法院管辖,适用不动产所在地法;对涉及动产的案件一般实行属人原则，由动产权利人所在地法院管辖。

二、流通物与限制流通物、禁止流通物

根据法律对物的流通范围是否限制可将物分为流通物、限制流通物和禁止流通物。

1. 流通物

流通物是指法律允许民事主体之间自由流转的物。除了限制流转的物和禁止流通的物以外的物都是流通物。

2. 限制流通物

限制流通物是指法律对其流转范围给予限制的物。在我国，限制流通物有以下几种：

(1) 土地、森林、山岭、草原、荒地、滩涂、水面等自然资源。非专属于国家所有，但其所有权的转让受到限制。一般民事主体可以依法取得使用权，但不能取得其所有权。

(2) 军用武器、弹药、毒品、麻醉药品等。对这类物品的生产、流通、使用和管理，得依法律特许，不得自由流转。

(3) 黄金及其制品。只能由国家规定的专营单位经营。

(4) 文物。自然人可以持有法律允许其持有的文物，但其转让时，必须卖给国家指定的文物收购单位，不得私自交易或走私出口。

3. 禁止流通物

禁止流通物是法律禁止其自由流转的物，主要包括：

(1) 专属于国家所有的财产。

专属于国家所有的矿藏、水流等财产，禁止买卖出租、抵押或以其他方式非法转让。但民事主体可以依法取得对专属于国家所有的财产的使用权。

(2) 法律禁止流通的物品，如黄色淫秽物品、走私物品。

区分流通物、限制流通物和禁止流通物的法律意义在于：法律对不同的物，根据其对社会经济生活和国家及公共安全方面的不同作用，采取不同的法律政策。对限制流通物和禁止流通物，民事主体只能依据法律的规定对其流转和依法利用；对流通物则可以依法自由流转。如果民事主体违反国家法律、法规对物的限制和禁止流转的规定而发生物的流转关系的，则其民事行为无效，行为人还要受到法律的追究。

三、特定物与种类物

根据物是否具有不可替代的特定性将物分为特定物与种类物。

特定物是指因物固有的特定性或因权利人的选定而具有特定性，不能以他物替代的物。例如，一幅独一无二的古字画、当事人从同一规格型号的一批电脑中选定的一台电脑、位于某指定位置的一幢房屋。

种类物是指具有同一品种、规格、质量、价格等共同特征而可以相互替代的物。如同一标号的水泥,同一品牌、规格的电脑。

特定物与种类物的区分不是绝对的,当种类物中某一个具体物经权利人意志选定而具有特定性时,即成为特定物。

区分特定物与种类物的法律意义在于:在物权法律关系中,只能以特定物为客体,而债的法律关系中既可以种类物为标的物,也可以特定物为标的物。换句话说,物权只能针对特定物发生,而债权既可以针对种类物发生,也可以针对特定物发生。在债的关系中以特定物为标的物的,在交付前特定物意外灭失的,免除债务人的交付义务;而以种类物为标的物的,债务人准备履行债务的标的物在交付前意外灭失的,债务人的交付义务并不免除,债务人应以同种类物品继续履行交付义务。

四、可分物与不可分物

从物的经济性质以及价值和用途考虑,依据是否可以对物进行分割,可以将物分为可分物和不可分物。凡依物的性质,可以分割或者实物分割并不损害其价值和应有用途的物为可分物;凡是依物的性质不可分割或者经实物分割损害其经济价值和用途的物为不可分物。例如,一吨水泥即为可分割的物;一头牛、一台电脑就是不可分割的物。

区分可分物与不可分物的法律意义在于:当财产共有关系变为单独所有时,若共有财产为可分物,则可在原共有人之间进行实物分割;若共有财产为不可分物,则不得在共有人之间进行实物分割,而只能根据情况分别采取作价补偿或变价分割的方法分配共有利益。《民法典》第 304 条第 1 款规定:“共有人可以协商确定分割方式。达不成协议,共有的不动产或者动产可以分割且不会因分割减损价值的,应当对实物予以分割;难以分割或者因分割会减损价值的,应当对折价或者拍卖、变卖取得的价款予以分割。”

五、消耗物与非消耗物

根据物能否重复使用可将物分为消耗物和非消耗物。消耗物,是指物一经使用即归于消灭或改变其原有形态和性质的物。非消耗物是指可以重复使用多次而不灭失或改变其形态和性质的物。例如,生活消费品、燃料等物品都是消耗物,房屋、汽车、机器等是非消耗物。

区分消耗物与非消耗物的法律意义在于:消耗物只能成为转移标的物所有权合同的标的物,如借贷合同、买卖合同,而不能成为转移标的物使用权合同的标的物。非消耗物则可以成为转移标的物使用权合同的标的物,也可以成为转移标的物所有权合同的标的物。在借用和借贷关系的区分中,前者标的物为非消耗物,后者的标的物为消耗物。

六、单一物、合成物与集合物

依据物的构成个数，将物分为单一物、合成物和集合物。单一物是指形态上自成物体的一个物。合成物，也称结合物，是指数个单一物结合而成一体的物。例如房屋是由门窗、砖瓦、木料等物合成为一体的独立物。集合物是指由多数的单一物或合成物集合而成的，各个物仍保持其独立性的物的总体。例如，一个企业财产的整体、一个图书馆的全部藏书。

区分单一物、合成物和集合物的法律意义在于：单一物、合成物作为一个物而成立所有权，在构成物的组成部分上不成立独立的所有权；集合物一般不以其整体作为权利客体，而只就构成其的各个单一物和结合物作为权利客体。但在某些情况下，法律也将集合物以其整体作为物看待。例如，破产企业财产处理中，以破产企业的全部财产即破产财团作为一个整体财产看待。在财团抵押中财团也是作为一个整体财产即集合物而为抵押标的的。在交易中也可以将集合物视为一个物整体转让。

七、主物和从物

依据必须相互配合发挥效用的两个以上的物的主从关系，可将物区分为主物和从物。主物是指在必须相互配合才能发挥效用的两个以上的物当中起主要作用的物；从物是指在两个以上必须相互配合才能发挥效用的物中，处于从属地位，辅助和配合主物发挥效用的物。例如，自行车和车锁，自行车为主物，车锁为从物。

要注意的是从物与主物都是独立物，不能将主物的组成部分视为从物，例如，锁与钥匙，各自都不具有独立性，不能将钥匙视为锁的从物。同时主物和从物应当属于同一人所有，因为这时区分主从物才有法律意义。例如，自己的自行车和自己的车锁构成主从关系，如果借别人的车锁用在自己的自行车上，则锁与自行车便不构成主从关系。

区分主物与从物的法律意义在于：当事人没有特别约定的情况下，对主物的处分效力及于从物。例如，转让主物所有权及于从物所有权的转让；以主物设定抵押权，抵押权也及于从物。《民法典》第320条规定："主物转让的，从物随主物转让，但是当事人另有约定的除外。"

八、原物与孳息

原物是指相对于孳息而言原已存在的物，孳息相对于原物而言是基于原物产生的收益。孳息分为天然孳息和法定孳息。天然孳息是指依自然规律从原物产出或取出的收益，例如，果树产出的果子、羊产出的羊毛、从矿山开采的矿石。法定孳息是指因法律关系而从原物上取得的收益，如租金、利息收益。孳息产生于原物，但独立于原物。

天然孳息在与原物未分离时属于原物的构成部分，属于原物所有人。天然孳息与原物分离时就要确定孳息的归属。区分原物和孳息的法律意义在于正确确定孳息的权利归属。孳息应当由有收取权的人取得。在一般情况下，收取权人是原物所有人，孳息的所有权即归属于原物所有权人，但法律另有规定或当事人有特别约定的依据特别规定或约定，如对原物的使用权人、承租人、采矿权人等可依据法律规定或约定取得孳息的所有权。

法定孳息由依法律关系确定的收取权人收取。《民法典》第 321 条规定："天然孳息，由所有权人取得；既有所有权人又有用益物权人的，由用益物权人取得。当事人另有约定的，按照其约定。法定孳息，当事人有约定的，按照约定取得；没有约定或者约定不明确的，按照交易习惯取得。"

思考题

1. 什么是民事权利的客体？主要有哪些种类？
2. 物主要有哪些分类？其分类的标准以及各类物的概念及其法律意义是什么？
3. 简要分析民事权利客体的范围。
4. 简要分析物的概念和特征。

第六章 法律行为

【学习目标】

1. 了解法律行为的概念、特征、分类。
2. 了解法律行为的本质。
3. 了解法律行为的构成、成立。
4. 了解法律行为的效力状态。
5. 了解意思表示的构成、形式、类型。
6. 了解意思表示的解释与效力。

【引导案例】

甲、乙相约于国庆长假期间去外地旅游，甲提出将搭乙的顺风车。临行前一天，乙致电甲，因家庭原因不能如约出行，但甲已经购置了相关的旅游用品，并且因此放弃了去他地旅游的机会。因此，甲主张其与乙之间就搭顺风车一事已经成立合同关系，并请求乙承担违约责任；而乙则主张双方并未成立合同关系，双方为此发生争议。

【简要评析】

合同是指民事主体通过意思表示设立、变更、终止民事法律关系的行为，在性质上属于民事法律行为。合同的成立以当事人有成立合同关系的意图，并且有受其意思表示拘束的意思为条件。在该案中，乙虽然与甲约定，在国庆长假期间载甲去外地旅游，但乙并没有与甲成立合同关系的意图且未完成意思表示，乙的行为在性质上属于情谊行为（即不产生法律效果的行为），甲、乙之间并不成立合同关系。因此，乙的行为不是民事法律行为。

第一节 法律行为概述

一、法律行为的概念

法律行为是法律事实的一种，民事法律行为是民事主体通过意思表示作出的，旨在产生、变更和终止民事法律关系的法律行为。法律行为一词最早由德国学者提出，《德国民法典》对此作出解释："法律行为是指私人的、旨在引起某种法律效果的意思表示。"我国的民法学者也继承了此观点并对法律行为进行阐述。如梅仲协将法律行为表述为：

“法律行为者,私人之意思表示,依法之规定,可以达到所希望之法律效果也。”

王伯琦将法律行为表述为:“法律行为者,以意思表示为要素之法律事实也。”史尚宽将法律行为表述为:“法律行为者,以意思表示为要素,法律因意思表示而使发生法律上效力之私法上法律要件也。”由此可以看出,法律行为本质在于当事人的意思表示。作为民法的重要调整手段,民事法律行为制度通过赋予民事主体自由意思表示的法律效力,使民事主体由自己的意志安排自己的行为,从而实现了民法意思自治的原则,也因此民事法律行为是民法的核心制度之一。

我国《民法通则》第 54 条规定:“民事法律行为是公民或者法人设立、变更、终止民事权利和民事义务的合法行为。”《民法典》第 133 条规定:“民事法律行为是民事主体通过意思表示设立、变更、终止民事法律关系的行为。”通过对比可以发现《民法典》的规定较之《民法通则》有两处变化。

1. 取消了合法性的表述

因为民事法律行为即便非法也并非当然无效,在许多情况下,比如民事主体实施欺诈等非法行为,如果受害人未提出撤销该行为的请求,那么该行为继续有效。

2. 增加了意思表示的概念

强调民事主体要通过意思表示实施民事法律行为,揭示了民事法律行为的本质特征。

二、法律行为的特征

经过对民事法律行为的概念分析,并且依据《民法典》第 133 条的表述可知,民事法律行为具有如下特征。

(一)民事法律行为是民事主体作出的行为法律事实,属于表意行为

一方面,必须是民事主体实施的行为,非民事主体实施的行为,如法院的判决具有法律效力但不属于民事法律行为。表意行为是指以当事人的意思表示为构成要件的行为,简单说就是当事人表示自己意思的行为,意思是表示的基础和前提,表示是意思的外在表现形式,只有将意思表达于外部让人知晓才具有法律意义。

另一方面,民事法律行为旨在产生一定的法律效果,即使民事法律关系的设立、变更、终止。所谓设立民事法律关系,是当事人通过民事法律行为旨在形成某种法律关系,从而享有民事权利、承担民事义务。所谓变更民事法律关系,是指当事人通过民事法律行为改变原有的民事法律权利义务,使之内容发生变化。变更的前提是在原有法律关系存续的基础上,当事人的法律行为仅改变其内容,若使原有法律关系灭失而产生新的法律关系,则不属于变更。所谓终止民事法律关系,是指当事人通过民事法律行为使原有的法律关系消灭。

（二）旨在产生当事人预期的法律效果的行为

民事法律行为能够产生当事人预期的法律效果，其主要包含以下三个方面的含义。

1. 民事法律行为作为引起法律关系变动的原因，不仅导致民事法律关系的产生，而且可以成为民事法律关系变更和终止的原因

民事法律行为在性质上属于民事法律事实，其可能导致民事法律关系的产生、变更或者消灭。无论当事人从事民事法律行为旨在达到何种目的，只要当事人实施的民事法律行为依法成立并生效，就会对当事人产生法律效力，当事人也必须依照法律行为的规定享有权利和履行义务。

2. 民事法律行为并不是可以产生任何法律上的效果，而仅仅是可以产生私法上的效果

所谓私法上之效果，即导致法律关系的产生、变更、消灭。

3. 民事法律行为不仅能产生私法上的效果，而且能够产生当事人所预期的法律效果

简言之，民事法律行为即旨在引起法律效果的行为，该法律效果在当事人的预期之内。

总之，依据《民法典》第 133 条的规定，民事法律行为是民事主体实施的，以意思表示为要素，且能够产生当事人预期效果的行为。民事法律行为制度体现了私法自治的基本精神，即在一般情况下，只要当事人的意思表示符合法定的条件，就可以实现当事人的目的，依法发生当事人所期望的法律效果。

这也是民事法律行为与事实行为的重要区别。民事法律行为是私法自治的工具，私法自治原则强调私人相互间的法律关系应取决于个人的自由意思，从而给民事主体提供了一种受法律保护的自由，使民事主体获得自主决定的可能性。民事法律行为制度充分体现了民法精神或私法精神，承认个人有独立的人格，承认有个人之法的主体，承认个人生活中有一部分是不可干预的，即使国家，在法律规定之外也不得随意干预私人生活。

第二节 法律行为的分类

一、单方法律行为、双方法律行为、多方法律行为、决议法律行为

《民法典》第 134 条规定："民事法律行为可以基于双方或者多方的意思表示一致成立，也可以基于单方的意思表示成立。法人、非法人组织依照法律或者章程规定的议事方式和表决程序作出决议的，该决议行为成立。"据此，民事法律行为可以分为单方法律行为、双方法律行为、共同法律行为、决议法律行为。

（一）单方法律行为

所谓单方法律行为，又称一方行为，是指根据一方的意思表示就能够成立的行为，换

言之，是指某个人依据其意志而从事的能够发生法律效果的行为。单方法律行为大体上可以分为两种：一是因行使个人权利而实施的单方行为，而该行为仅仅发生个人的权利变动，如无主物先占、抛弃所有权和其他物权等。二是该行为涉及他人权利的发生、变更或消灭等，如授予代理权、授予处分权、立遗嘱和抛弃继承、委托代理的撤销，以及行使解除合同权、选择权、择定权等。

（二）双方法律行为

所谓双方法律行为是指双方当事人意思表示一致才能成立的法律行为。双方法律行为的典型形式是合同。合同是平等主体的自然人、法人及其他组织之间设立、变更、终止民事权利义务关系的协议，也就是说，合同是一种发生民法上效果的合意。合同的成立必须要有两个以上的当事人，各方当事人须互相作出意思表示。这就是说，当事人各自从追求自身利益的目的出发而作出意思表示，双方的意思表示是交互的，才能成立合同。

（三）共同法律行为

所谓共同法律行为，又称为多方法律行为，是指有两个以上当事人共同意思表示或者共同相互意思表示一致才能成立的民事法律行为。多方法律行为基于多个当事人的共同意思表示一致成立，例如，两个以上的合伙人订立合伙合同的行为，即为多方共同意思表示一致的民事法律行为。这种基于共同意思一致产生的民事法律行为亦称共同民事法律行为或协定行为。例如，《民法典》第 967 条规定："合伙合同是两个以上合伙人为了共同的事业目的，订立的共享利益、共担风险的协议。"

《合伙企业法》第 19 条规定："合伙协议经全体合伙人签名、盖章后生效。合伙人按照合伙协议享有权利，履行义务。修改或者补充合伙协议，应当经全体合伙人一致同意；但是，合伙协议另有约定的除外。合伙协议未约定或者约定不明确的事项，由合伙人协商决定；协商不成的，依照本法和其他有关法律、行政法规的规定处理。"

（四）决议民事法律行为

所谓决议民事法律行为，是指法人、非法人组织依照法律规定或者章程规定的议事方式和表决程序作出决议而成立的民事法律行为。例如，《基金会管理条例》第 21 条规定，理事会会议须有 2/3 以上理事出席方能召开，理事会决议须经出席理事过半数通过方为有效，重要事项的决议须有出席理事的 2/3 以上通过方为有效。

这一分类的意义在于判断民事法律行为成立时要根据民事法律行为所需各方当事人意思表示的不同，加以确定。单方民事法律行为仅需一方当事人意思表示即可成立；双方民事法律行为需要双方当事人意思表示一致才可以成立；共同民事法律行为需要多方当事人意思表示一致才可以成立；决议民事法律行为需要履行特定的程序才能成立。

二、诺成性法律行为、实践性法律行为

依据民事法律行为构成要素的不同，即在意思表示之外是否需要实际给付行为，可以将其分为诺成性民事法律行为和实践性民事法律行为。

(一) 诺成性法律行为

所谓诺成性法律行为，是指当事人一方的意思表示一旦经对方同意即能产生法律效果的法律行为，即“一诺即成”的行为。此种法律行为的特点在于当事人双方意思表示一致，法律行为即告成立。

(二) 实践性法律行为

所谓实践法律行为，又称要物法律行为，是指除当事人双方意思表示一致以外，尚需交付标的物才能成立的法律行为。在这种行为中，仅凭双方当事人的意思表示一致，不能产生一定的权利义务关系，还必须有一方实际交付标的物的行为，才能产生法律效果。例如，《民法典》第 890 条规定的“保管合同自保管物交付时生效。”再如，《民法典》第 679 条规定：“自然人之间的借款合同，自贷款人提供借款时生效。”在合同法领域，由于绝大多数合同都从双方形成合意时成立，因而诺成合同是合同的一般形式；而实践合同则必须要有法律的特别规定或当事人的特别约定。

诺成法律行为与实践法律行为的区别，并不仅在于一方是否应交付标的物。就大量的诺成法律行为来说，一方当事人根据合同约定也负有交付标的物的义务，买卖合同中的出卖人，有向买受人交付标的物的义务。诺成法律行为与实践法律行为的主要区别在于，二者的成立与生效时间是不同的。诺成法律行为自双方当事人意思表示一致(即达成合意)时起即告成立；而对实践法律行为而言，在当事人达成合意之后，还必须由当事人交付标的物，该法律行为才能成立。诺成法律行为与实践法律行为的确定，通常应根据法律的规定、当事人的约定及交易习惯而定。

例如根据传统民法，买卖、租赁、雇佣、承揽、委托等属于诺成法律行为，而借用、保管、运送等属于实践法律行为。然而，此种分类并非绝对不变。在我国民法典合同编中，诺成合同是一般的合同，在法律没有特别规定的情况下，合同一般都为诺成法律行为。

三、有偿法律行为、无偿法律行为

以民事法律行为一方当事人从对方当事人处取得利益有无对价为标准，可以将民事法律行为分为有偿民事法律行为和无偿民事法律行为。

(一) 有偿民事法律行为

有偿民事法律行为，是指一方当事人从对方当事人处取得某种利益，须向对方当事人支付对价的民事法律行为，如买卖、租赁、承揽。

（二）无偿民事法律行为

无偿民事法律行为，是指一方当事人从对方当事人处取得利益无须给付相应对价的民事法律行为，如赠与、使用借贷、无偿保管。《民法典》第657条规定：“赠与合同是赠与人将自己的财产无偿给予受赠人，受赠人表示接受赠与的合同。”

这一区分的意义在于依据民事法律行为的是有偿还是无偿，以确定财产法律关系的性质，平衡当事人的权利义务以及责任。依据法律规定，有些民事法律行为只能是有偿的，如买卖 、租赁、互易；有些民事法律行为只能是无偿的，如赠与、借用；有些民事法律行为则依当事人的意思选择可以是无偿的，也可以是有偿的，如委托、保管；如果当事人没有约定或者约定不明，也不能依照法律规定的原则加以确定的，推定为无偿。如果当事人在民事法律行为性质上是有偿还是无偿存在误解的则构成重大误解而可以成为可撤销的民事法律行为。

买卖是典型的有偿民事法律行为，对其他有偿行为，应准用关于买卖合同之规定。在有偿法律关系中，双方当事人的权利义务分配要公平，不得显失公平，否则可能成为可撤销的民事法律行为。在有偿民事法律行为引起的法律关系中，义务人的责任要比无偿民事法律行为引起的法律关系中义务人的责任更重。

四、要式法律行为、不要式法律行为

根据民事法律行为的成立或生效是否必须具备法律或行政法规要求的特定形式，可将民事法律行为分为要式民事法律行为和不要式民事法律行为。《民法典》第135条规定：“民事法律行为可以采用书面形式、口头形式或者其他形式；法律、行政法规规定或者当事人约定采用特定形式的，应当采用特定形式。”

（一）要式民事法律行为

要式民事法律行为，是指民事法律行为的成立或生效必须具备法律或行政法规所要求的或当事人特别要求的特定形式，即民事法律行为的意思表示须依特定方式表示，或者在意思表示之外须履行一定的程序。例如，转移不动产所有权的民事法律行为必须经过登记；代书遗嘱须有两个无利害关系人在场见证，由其中一人代书，并由在场见证人在代书遗嘱上签字。

（二）不要式民事法律行为

不要式民事法律行为，是指法律或行政法规不要求采用特定形式，依当事人自由选择的形式。民法以当事人意思自治原则为主，在民事法律行为形式上要尊重当事人的选择，以不要式民事法律行为为原则，以要式民事法律行为为例外。

区别要式和不要式民事法律行为的意义在于当事人在民事法律行为方式选择上的自由度不同。对于法律或行政法规规定采用特定形式的民事法律行为，当事人应采用法律或行政法规规定的形式。当事人未采用法定方式所为的民事法律行为依法律规定可导致民事法律行为的不成立或者无效。例如,我国《民法典》第 1138 条规定:“遗嘱人在危急情况下,可以立口头遗嘱。口头遗嘱应当有两个以上见证人在场见证。危急情况消除后,遗嘱人能够以书面或者录音录像形式立遗嘱的,所立的口头遗嘱无效。”

五、主法律行为、从法律行为

根据法律行为相互间的主从关系,法律行为可以分为主法律行为与从法律行为。

(一)主法律行为

所谓主法律行为,是指不需要其他法律行为的存在即可独立存在的法律行为。例如,对于保证合同来说,设立主债务的合同就是主法律行为。所谓从法律行为,是以其他法律行为的存在为存在前提的法律行为。例如,保证合同相对于主债务合同而言即为从法律行为。

(二)从法律行为

从法律行为又被称为“附属法律行为”,主要特点在于其附属性,即它必须以主法律行为的存在为前提。具体表现在:

第一,发生上的依附性。从法律行为是以主法律行为的存在为前提的,只有在主法律行为有效成立以后,才能成立从法律行为。

第二,效力上的从属性。主法律行为不能成立,从法律行为就不能有效成立;主法律行为被宣告无效或被撤销,从法律行为也将失去效力。

第三,转让上的从属性。主法律行为转让,从法律行为也不能单独存在,从法律行为的权利必须依附于主法律行为而转让。

第四,消灭上的从属性。从法律行为除了具有自己的消灭原因外,它一般都是为了加强主法律行为的效力而存在的,所以,主法律行为消灭,从法律行为亦应当随之消灭。

法律、法规有特别规定时,从法律行为的效力附随于主法律行为的效力的规则也并不适用。例如,对于设定有抵押权的债权而言,此种抵押权并不因主债权罹于诉讼时效而罹于时效,并成为不可强制执行的抵押权。

六、独立法律行为、辅助法律行为

依据民事法律行为是否以独立的实质内容存在,可以将民事法律行为分为独立民事法律行为和辅助民事法律行为。

独立民事法律行为是指具有独立的实质内容的民事法律行为。

辅助民事法律行为是指辅助独立的民事法律行为生效而本身并无独立的实质内容的民事法律行为。

需要辅助民事法律行为的辅助才能完成其效力的独立民事法律行为称要辅助民事法律行为或待补民事法律行为。待补民事法律行为经辅助民事法律行为的辅助完成其效力的则为补全行为。例如,限制民事行为能力人以其意思表示所为的超出其行为能力范围的民事法律行为是具有独立实质内容的民事法律行为,但他须以其法定代理人的意思表示予以追认才能生效,法定代理人以其意思表示所为的追认行为就是没有独立实质内容而仅仅辅助限制民事行为能力人所为的超出其行为能力范围的民事法律行为生效的辅助民事法律行为。

我国《民法典》第 19 条、第 22 条是关于法定代理人对限制民事行为能力人实施的超越行为能力范围的民事法律行为的同意或追认。第 171 条关于本人对无权代理人实施的民事法律行为的追认等规定都是辅助民事法律行为对独立民事法律行为的辅助情形。

这一分类的意义在于明确辅助民事法律行为是辅助独立民事法律行为效力的条件,其本身并无实质内容,待补的独立民事法律行为本身虽有实质内容,但在辅助民事法律行为补足其效力之前不能生效。

七、有因法律行为、无因法律行为

根据民事法律行为成立或生效是否以给付原因的存在或无瑕疵为要件和标准,民事法律行为可分为有因民事法律行为和无因民事法律行为。在这里,原因即民事法律行为的目的。

(一)有因民事法律行为

有因民事法律行为,也称要因民事法律行为,是指以财产给付为标的的民事法律行为的成立和有效须以原因的存在或无瑕疵为要件的民事法律行为。例如,买卖民事法律行为的成立和有效须以买方取得标的物所有权和卖方取得价款为原因,因而其相互为对待给付。如果无买方支付价款之原因,则无买卖民事法律行为的成立。

(二)无因民事法律行为

无因民事法律行为是指以财产给付或处分为标的的民事法律行为的成立和有效,不以原因行为的存在和无瑕疵为要件的民事法律行为。原因欠缺、无效并不影响民事法律行为的成立和效力。票据行为就是典型的无因行为。另外,德国民法上的物权行为也是无因行为。无因民事法律行为的意义在于对交易安全的维护。

这一分类的意义在于明确民事法律行为的原因对不同民事法律行为的效力的影响。对于要因民事法律行为,如果原因不存在、无效,则其行为也不成立或无效。对于不要因行为,原因不存在或无效,其行为并不因此而无效。

八、财产法律行为、身份法律行为

以民事法律行为意思表示的效果内容是财产性内容还是身份性内容为标准,民事法律行为可分为财产民事法律行为和身份民事法律行为。

(一) 财产民事法律行为

财产民事法律行为,是指当事人意思表示的效果内容为财产利益的民事法律行为,如债权民事法律行为、物权民事法律行为。

(二) 身份民事法律行为

身份民事法律行为,是指当事人意思表示的效果内容为发生身份关系变动的民事法律行为,如结婚行为、收养行为、非婚生子女认领行为、离婚行为。

这一分类的意义在于明确不同民事法律行为的法律效果的不同性质,即对于当事人不同利益的满足,财产民事法律行为在于实现当事人的财产利益,因而适用民法之财产法规范;身份民事法律行为则在于实现当事人的人身利益,以使其取得或丧失一定的身份,因而适用民法之身份法规范。

九、财产处分法律行为、财产负担法律行为

依据财产民事法律行为的效果是直接发生财产权变动还是为当事人设定财产负担,将财产民事法律行为分为财产处分民事法律行为和财产负担民事法律行为。

(一) 财产处分民事法律行为

财产处分民事法律行为,是指能够直接发生财产权变动效果的民事法律行为。例如,物权民事法律行为,即直接引起物权变动的民事法律行为,如所有权的抛弃、动产买卖中的交付行为、不动产转让中的过户登记行为。还有放弃债权、转让债权的行为也是财产处分行为。例如,《民法典》第 209 条关于不动产物权设立、变更、转让和消灭经登记生效的登记行为,第 224 条关于动产物权的设立和转让自交付时生效的交付行为,都是处分行为。

(二) 财产负担民事法律行为

财产负担民事法律行为,是指发生债务负担效果的财产民事法律行为,即债权民事法律行为,它一经成立即为一方当事人设定债权,对方当事人负担债务,债权人借助于债务人的履行债务的行为,才能实现其财产利益。

财产处分行为和财产负相行为可以各自独立存在。也可以相继发生,在相继联系中,负担行为即债权行为是处分行为的原因行为,处分行为是负担行为的履行行为。

这一分类的意义在于,负担民事法律行为与处分民事法律行为的法律效果不同,财产负担行为仅对一方当事人产生财产义务负担,而使对方当事人取得债权,权利人只能请求负担义务的人履行义务以实现其利益,不能直接实现其利益。而财产处分行为则直接使物权发生得丧变动,使权利人直接取得物权,实现其利益。因而在行为效力方面有

不同的法律规定:处分民事法律行为只能对特定物处分,而且行为人须有处分权。而负担行为则不以标的物属特定物为限,也不以行为人有处分权为必要。同时财产处分行为须经过公示始生效力,而负担行为无须公示。

十、生前法律行为、死因法律行为

根据民事法律行为是否以行为人死亡为生效要件,可将民事法律行为分为生前民事法律行为和死因民事法律行为。

(一)生前民事法律行为

生前民事法律行为,是指在行为人生前就发生法律效果的民事法律行为。民事法律行为绝大部分属于生前民事法律行为。

(二)死因民事法律行为

死因民事法律行为,是指以行为人死亡为生效要件的民事法律行为,即于行为人死后生效的民事法律行为,如遗嘱民事法律行为。《民法典》第 1121 条和第 1123 条规定的遗嘱、遗赠扶养协议中的遗赠都是以被继承死亡为生效要件的法律行为。

这一分类的意义在于,死因民事法律行为只有在行为人死亡后才能发生效力,因此,法律对其规定较为严格,以免行为人死亡后利害关系人发生争执。例如,《民法典》第六编继承对遗嘱的形式变更就有严格的规定。

第三节　法律行为的要件

一、民事法律行为的构成要件

民事法律行为的构成是指民事法律行为由哪些要素组成。民事法律行为的成立,是指民事法律行为现实地具备了法律规定的构成要素而产生或客观地存在。民事法律行为以意思表示为构成要素,因而一般也以意思表示要素的具备而成立,但对于特殊情况下的民事法律行为,则除了意思表示以外尚需其他要素的具备才能成立。

民事法律行为的构成,是指民事法律行为由哪些要素组成。研究民事法律行为的构成要素是确定民事法律行为是否存在及其与其他民法上的行为相区别的依据。从本质上讲,民事法律行为是由意思表示为构成要素的。任何一个民事法律行为都必须具备意思表示要素。这是民事法律行为与事实行为、侵权行为等民法上行为相区别的标志。

民事法律行为以意思表示为构成要素,因而在一般情况下民事法律行为也以意思表示要素的具备而成立。依通说观点,在特殊情况下某些民事法律行为的成立除了意思表示要素外,还需要其他要素的具备。例如,要物民事法律行为除意思表示外,还要求标的物的交付；要式民事法律行为除意思表示外，还需要具备一定的形式。一个特定民事法律行为有其特定的构成要素，其构成要素的客观具备的事实存在就是民事法律行为的成立。

二、民事法律行为的成立要件

民事法律行为的成立，是指民事法律行为现实地具备了法律规定的构成要素而产生或者说客观地存在。民事法律行为一般以意思表示要素的具备为成立的要件，一个民事法律行为是否具备了意思表示要素，应从以下几个方面判定：

第一，行为人已经通过一定方式作出了意思表示，意思表示的行为已客观地存在。

第二，行为人表示出来的意思是发生民事法律效果的意思，即法效意思。例如买卖、赠与财产、遗嘱处分财产等。如果行为人表示的意思不具有引起民事法律后果的意义，则无从成立民事法律行为。

第三，意思表示的内容是以明确发生、变更、终止民事法律关系的内容。例如，发生买卖关系的意思表示的内容必须明确买卖标的物的名称、数量和价金，否则便不构成买卖民事法律行为的意思表示。

第四，双方或多方民事法律行为必须与当事人意思表示一致；决议民事法律行为意思表示须符合法律规定的或章程规定的议事方式和表决程序，并作出了决议。例如，合同民事法律行为中一方当事人的要约意思表示的内容与对方当事人承诺意思表示的内容一致，合同民事法律行为才能成立。否则，一方当事人作出要约意思表示，而对方当事人又提出新的要约，合同民事法律行为就仍处于协商过程中，尚未成立。

三、民事法律行为的生效要件

由于民事法律行为一旦生效，即发生行为人所意欲发生的法律效果，所以，法律要设立一定的标准对民事法律行为的合法性进行考察，这些标准即民事法律行为的生效要件。已经成立的民事法律行为，必须具备一定的生效要件，才能产生法律拘束力。

（一）行为人具有相应的民事行为能力

行为人具有相应的民事行为能力的要件，在学理上又被称为有行为能力原则或主体合格原则。任何民事法律行为都以当事人的意思表示为基础，并且以产生一定的法律效果为目的，所以，行为人必须具备正确理解自己的行为性质和后果、独立地表达自己的意思的能力，也就是说，必须具备与从事某项民事法律行为相应的民事行为能力。

我国《民法典》将自然人分为三类，即完全民事行为能力人、限制民事行为能力人和无民事行为能力人。除法律有特别规定外，完全民事行为能力人可以独立实施所有民事法律行为。由于限制民事行为能力人具有一定的判断和理解能力，因而，其可以独立实施一定的民事法律行为，但与完全民事行为能力人相比，其民事行为能力又是受到限制的。限制民事行为能力人只能独立从事两种类型的民事法律行为：一是纯获利益的民事法律行为，即仅仅获得法律上的利益，而不会负担法律义务或减损其既有民事权利；二是与其年龄、智力、精神健康状况相适应的民事法律行为。

无民事行为能力人不具有独立作出意思表示的能力，因此，其不能独立实施民事法律行为，我国《民法典》第 144 条规定："无民事行为能力人实施的民事法律行为无效。"无民事行为能力人只能通过其法定代理人代理其实施民事法律行为。值得探讨的是，无民事行为能力人是否不能独立实施任何民事法律行为？例如，其能否独立实施纯获利益的民事法律行为，我国《民法典》没有对此作出规定。本书认为，其应当可以接受奖励、赠与、报酬，他人不得以行为人无民事行为能力为由，主张以上行为无效。

（二）意思表示真实

意思表示是指行为人将其设立、变更、终止民事权利、义务的内在意思表示于外部的行为。所谓意思表示真实，是指表意人的表示行为应当真实地反映其内心的效果意思。

在大多数情况下，行为人表示于外部的意思同其内心真实意思是一致的。但有时行为人作出的意思表示与其真实意思不相符合，此种情况称为"非真实的意思表示""意思缺乏"或"意思表示不真实"。行为人的意思表示不真实包括两个方面。

1. 行为人的意思表示不自由

行为人因受到欺诈、胁迫等外在原因导致其处于意志不自由的状态，因此其表达的意思不符合其真实意思。这种情况属于典型的意思表示不真实的情况。针对此种情况，我国《民法典》明确规定，欺诈、胁迫、重大误解、显失公平等行为将导致民事行为无效或者被撤销。

2. 行为人的意思表示不真实

这是指行为人的外部表达的意思不符合其内心的真实意思。例如，甲为了逃避强制执行，与乙通谋，以赠与为名，将其房产移转给乙。在此情况下，甲、乙之间的赠与行为构成通谋的虚伪表示，应当无效。但是，如果乙将此房产转让给善意第三人丙，则甲、乙不得以其赠与行为无效对抗丙，丙可以依据善意取得制度取得该房产的所有权。

（三）不违反法律、行政法规的强制性规定和公序良俗

1. 不违反法律、行政法规的强制性规定

民事法律行为不得违反法律、法规的强制性规定，否则可能导致民事法律行为被确认为无效。依据《民法典》第 143 条的规定，民事法律行为不得违反法律、行政法规的强制性规定，对该规定可以从两方面进行理解。

一方面，不得违反法律、行政法规的规定。此处是指全国人大及其常委会制定的法律以及国务院制定的行政法规。违反其他规范性文件，并不当然导致民事法律行为无效。另一方面，不违反法律、行政法规的强制性规定。法律规范可以分为任意性规范和强行性规范。所谓强行性规范，是指这些规定必须由当事人遵守，不得通过其协议加以

改变。所谓任意性规范,是指当事人可以通过协议加以改变的规定。只有违反法律、行政法规的强制性规定时,民事法律行为才无效,民事法律行为违反法律、行政法规的任意性规定,并不当然导致该民事法律行为无效。

2. 不违反公序良俗

民事法律行为不仅应符合法律规定,而且在内容上不得违背公序良俗。公序良俗包括公共秩序和善良风俗,其主要是指社会公共利益和社会公共道德。社会公共利益体现了全体社会成员的最高利益,公序良俗主要是以法律促进道德的调整。这一原则最早起源于罗马法,并为大陆法系国家的立法所借鉴。我国《民法典》第 153 条第 2 款规定:“违背公序良俗的民事法律行为无效。”据此,公序良俗也是评价民事法律行为效力的重要标准。

我国《民法典》将不违背公序良俗作为民事法律行为的生效要件,极大地弥补了法律规定的不足。因为法律的规定毕竟是有限的,不能通过法律、行政法规的强制性规定涵盖所有的社会公共利益和公共道德,因此,有必要在法律、行政法规的强制性规定之外,通过公序良俗对民事法律行为的效力进行必要的控制。

四、民事法律行为的成立与生效

在绝大多数情况下,民事法律行为一旦依法成立,便会产生效力,因此,《民法典》第 136 条规定:“民事法律行为自成立时生效。”但在某些情况下,法律行为成立并不一定产生一定的法律效力,要产生法律效力,还必须要符合法定的生效要件。因此,有必要区分法律行为的成立与生效,两者的区别主要表现在以下几方面。

第一,性质不同。民事法律行为的成立只涉及当事人个人意思的问题,其基于自主、自愿实施了一定的行为;而民事法律行为的生效则意味着法律采取一定标准对当事人的意思表示作出评价或干预。

第二,处于不同的阶段。一般情况下,民事法律行为的成立是当事人作出了单方意思表示或者就意思表示达成合意,而民事法律行为生效则是指民事法律行为对当事人产生实质法律拘束力。从法律评价标准来看,民事法律行为的生效实际上是在其成立的基础上所作的价值判断,因此,民事法律行为生效的时间可能要晚于其成立的时间。例如,对需要政府审批的合同而言,其成立后需要经过政府审批才能生效。当然,一般情况下,只要民事法律行为的内容和形式合法,民事法律行为成立后即生效。

第三,构成要件不同。民事法律行为的成立要件包括当事人、当事人作出意思表示、当事人就意思表示达成合意。而依据《民法典》第 143 条的规定,民事法律行为的生效则需要具备下列条件:一是行为人具有相应的民事行为能力;二是意思表示真实;三是不违反法律、行政法规的强制性规定,不违背公序良俗。

第四,国家干预的程度不同。民事法律行为的成立是当事人作出意思表示或就意思表示达成合意。因此,它主要表现了当事人的意思,至于民事法律行为的内容是否存在欺诈、胁迫和其他违法的因素,则不是民事法律行为的成立制度而是民事法律行为生效制度调整的范围。民事法律行为的生效是指国家对已经成立的法律行为予以认可,如果当事人的合意符合国家的意志,将被赋予法律拘束力。如果当事人的合意违背了国家意志,不仅不能产生法律约束力,而且将要承担民事法律行为被撤销或者被宣告无效的责任。

第五,产生的法律后果不同。如果民事法律行为被宣告不成立,那么有过失的一方当事人则应根据缔约过失责任制度,赔偿另一方所遭受的损失,如果当事人已经作出履行,则应当各自向对方返还其已接受的履行。因民事法律行为成立主要涉及当事人的合意问题,所以民事法律行为不成立只产生民事责任而不产生其他法律责任。但对于无效法律行为而言,因为它在性质上违反了国家意志,所以不仅要产生民事责任(如缔约过失责任、返还不当得利责任),而且将可能引起行政责任甚至刑事责任。

第四节 意思表示

一、意思表示的概念和特征

民事法律行为是通过意思表示作出的行为,没有意思表示就没有法律行为,意思表示与法律行为关系密切。意思表示中的"意思"是指设立、变更、终止民事法律关系的内心意图。所谓"表示",是指将此种内心意图表示于外部的行为。意思表示具有如下特征。

第一,意思表示的表意人具有使法律关系发生变动的意图,该意图不违反法律的强制性规定和公序良俗,因而发生当事人所预期的效力。从这个意义上说,意思表示是实现意思自治的工具,行为人可以依据自己的主观意志与外界发生法律关系,从而塑造与自身有关的私法秩序,形成民法特殊的调整方法。

第二,意思表示是一个意思由内到外的表示过程。单纯的停留在内心的主观意思是没有法律意义的,该意思必须表示在外,能够为人所知晓。这就是说,意思表示必须要有外在的表示行为。意思表示就其本质而言是一种表示行为。当然,该表达出来的意思如何解释:是应符合表意人的内心真意,还是应根据相对人理解的内容来确定,属于意思表示的解释问题。

第三,依据意思表示是否符合相应的生效要件,法律赋予其不同的效力。符合法定生效要件的意思表示可以发生当事人预期的法律效果,不符合法定生效要件的意思表示发生的法律效果可能与当事人的内心意思不尽一致。

民事法律行为制度旨在规范当事人意思如何形成、按照社会一般标准如何判断及具备何种效果等问题。民事法律行为是以意思表示为核心的行为,只要当事人的意思不违反强行法的规定,就可以发生当事人期望实现的目的。由此赋予了当事人广泛的行为自由,充分体现民法的意思自治。

二、意思表示的构成要素

按照传统民法理论的观点,意思表示的构成要素可以概括为如下五种:行为意思、表示意思、目的意思、效果意思、表示行为。

1. 行为意思

所谓行为意思,是指行为人自觉地从事某项行为的意思。例如在路边招呼出租车,行为人的招呼行为所具有的自觉性,表明其具有行为意思。但某人被麻醉而失去知觉,他人将其手指按指纹在文书上,其行为是被人用强力所致,在此情形下不具有行为意思。

2. 表示意思

所谓表示意思,是指为意思表示之人认识到其行为具有某种法律上的意义。例如,打电话表示订货,对其行为的法律意义具有认知,可认为具有表示意思。表示意思虽然不需要行为人明确知道其行为可引起某一特定的法律效果,但行为人必须知道其行为可能产生一定的法律上的效果,否则即不具备表示意思。例如,行为人在拍卖场所不知道交易规则,向友人举手示意,则因为不具有表示意思因而不构成竞买行为。

3. 目的意思

所谓目的意思,又称为基础意思、交易意思和民事法律行为意思,是表明民事法律行为具体内容的意思要素,它是意思表示据以成立的基础。目的意思的内容依其法律性质可分为三类:

一是要素,它构成某种意思表示或民事法律行为所必须具备的目的意思内容,如买卖合同中关于标的物、数量的内容。

二是常素,它是指行为人从事某种意思表示或民事法律行为通常应含有的意思要素,如承揽合同中承揽物与原材料风险负担的内容。

三是偶素,它是依民事法律行为性质并非必须具有,仅依行为人特殊意志而确定的意思要素,如买卖合同中占有改定的约定。

不具备目的意思,或者目的意思不完整,或者目的意思本身有矛盾的表示行为,可能导致意思表示或民事法律行为无法成立,此种表示行为即使含有法效意思,实际上也无法履行。

4. 效果意思

所谓效果意思,又称为法效意思、效力意思,是指意思表示人欲使其表示内容引起法律上效力的内在意思要素,是当事人所追求的使其意思表示发生法律拘束力的意图。在英美法中,效果意思又称为设立法律关系的意图。合同法中所称的缔约目的或订立合同的目的,其中也包含了效果意思。它是行为人追求设立、变更、终止民事法律关系的意图，反映了民事法律行为不同于其他行为如事实行为的特征。在此需要对效果意思与动机进行区分，动机是指不具有效果意思的主观意思。

5. 表示行为

所谓表示行为，是指表意人将效果意思表现于外部之行为，或者说，表示行为是指行为人将其内在意思以一定方式表现于外部，并足以为外界所客观理解的行为要素。表意人在将一定的内在主观意思表示于外部时，其可以采取不同的行为方式。这些方式主要包括明示方式和默示方式两种类型。所谓明示的表示行为，是指行为人将内在意思明确地表达于外部；默示的表示行为是指行为人没有作出明确的表示，但是可以根据法律规定进行推知。如果一方当事人向对方当事人提出订约的要求，对方未用语言或者文字明确表示意见，但其行为表明已接受的，可以认定为默示的表示行为。意思表示只有在特殊情况下才可以以默示方式完成。单纯的缄默，除法律有明确规定或者当事人事先有明确约定的情况外，一般无法成为意思表示的表示行为。

此外，以实施一定的行为，而非以言语形式作出的表示，如点头、举手、起立、拍板等，其是否为表示行为，则必须依据交易习惯或社会一般观念予以确定。

三、意思表示的形式

（一）意思表示可以以明示或者默示方式作出

《民法典》第140条规定："行为人可以明示或者默示作出意思表示。"该条对意思表示的形式作出了规定，依据该条规定，意思表示可以以明示的方式作出，也可以以默示的方式作出，具体而言，包括如下两种。

1. 以明示的方式作出意思表示

所谓以明示的方式作出意思表示，是指行为人将内在意思明确地表达于外部。明示形式是以作为的方式使相对人能够了解意思表示的内容，表意人可以通过口头或者书面表达的方式进行意思表示，尽管表达的方式存在差异，但表意人都明确向对方当事人作出了意思表示。

2. 以默示的方式作出意思表示

默示的表示行为是指行为人没有作出明确的表示，但是可以根据法律规定进行推知。如点头、举手、起立、拍板等，都可以依据交易习惯视为默示的意思表示。而且，如果一方当事人向对方当事人提出订约的要求，对方未用语言或者文字明确表示意见，但其行为表明已接受的，可以认定为默示。

（二）单纯的沉默原则上不得作为意思表示的方式

所谓沉默，是指未作出任何意思表示或不行为。从两大法系的规定来看，基本上都认为，单纯的沉默或不行动本身不构成意思表示。沉默与默示形式的意思表示不同，在默示的意思表示情形下，表意人仍然作出了一定的表意行为，只不过未以口头或者书面形式明确表达意思表示的内容。而在沉默的情形下，当事人并未作出意思表示。但这并不意味着沉默在任何情况下都不能作为意思表示的形式，依据《民法典》第140条第2款的规定，在如下三种情形下，沉默可以视为意思表示。

第一，法律的特别规定。在法律有特别规定的情形下，沉默也可以产生意思表示的效果。例如，《民法典》第1124条规定："继承开始后，继承人放弃继承的，应当在遗产处理前，以书面形式作出放弃继承的表示；没有表示的，视为接受继承。"

第二，当事人的特别约定。例如，当事人双方事先约定，如果一方更改了相关合同条款，对方沉默的，视为同意更改，在此情形下，如果一方当事人更改了合同的条款，对方沉默的，即视为其同意了该更改。

第三，当事人之间存在交易习惯。交易习惯是一个宽泛的概念，但在解释"沉默"的含义时，不能运用一般的交易习惯，而只能采用当事人之间的特定交易习惯。如果按照当事人之间特定的交易习惯，沉默可以产生意思表示的效力，则沉默也可以视为意思表示。

四、意思表示的类型

（一）有相对人的意思表示和无相对人的意思表示

有相对人的意思表示是指表意人向相对人进行意思表示行为，以期相对人受领的意思表示，这是意思表示的通常类型。例如，与相对人订立合同的要约与承诺、债务免除、合同变更的提议。

无相对人的意思表示是指表意人不以相对人为表示对象，无须相对人受领的意思表示。例如，立遗嘱行为的意思表示、抛弃动产所有权的意思表示。

区分有相对人的意思表示与无相对人的意思表示的意义在于以下几方面。

第一，有相对人的意思表示只有相对人知道意思表示内容时生效或者到达相对人时才能有拘束力，而且仅对相对人有效；无相对人的意思表示，一旦作出即发生成立上的拘束力。《民法典》第137条规定："以对话方式作出的意思表示，相对人知道其内容时生效。以非对话方式作出的意思表示，到达相对人时生效。以非对话方式作出的采用数据电文形式的意思表示，相对人指定特定系统接收数据电文的，该数据电文进入该特定系统时生效；未指定特定系统的，相对人知道或者应当知道该数据电文进入其系统时生效。当事人对采用数据电文形式的意思表示的生效时间另有约定的，按照其约定。"《民法典》第138条规定："无相对人的意思表示，表示完成时生效。法律另有规定的，依照其规定。"

第二，对意思表示的解释不同。《民法典》第142条区分有无相对人对意思表示的解释规定了不同的解释方法。

(二)对特定相对人的意思表示和对非特定相对人的意思表示

根据相对人是否特定,可以将有相对人的意思表示区分为对特定相对人的意思表示和对非特定,可以相对人的意思表示。

对特定相对人的意思表示是指表意人以特定人为相对人,并向其为意思表示,以期受领的意思表示类型。例如,甲向乙发出要约,乙则为特定相对人。

对非特定相对人的意思表示,是指表意人不以特定人为相对人,而以不特定的多数人为相对人进行的意思表示。例如,拍卖之喊价、悬赏广告、商店商品的陈列出售。

区分这类意思表示的意义在于:对特定相对人的意思表示到达特定相对人时有拘束力,并且仅对特定相对人有效;无特定相对人的意思表示一旦作出即有拘束力,而且对不特定的任一个相对人都有效力。

(三)对话的意思表示和非对话的意思表示

根据意思表示的发出与意思表示的受领是否同步,可以将有相对人的意思表示区分为对话的意思表示和非对话的意思表示。

对话的意思表示,是指表意人与相对人直接以口头当面交谈或电话通话方式所进行的意思表示,意思表示的发出与到达相对人是同步进行的。

非对话的意思表示,是指表意人通过信函、电报、电传、电子邮件或传话人转达等方式进行的意思表示。在这种表示方式中意思表示的发出与意思表示的受领有一定的时间间隔,不是直接同步的。

区分对话的意思表示和非对话的意思表示的意义在于,在有相对人的意思表示中以对话方式为意思表示的,意思表示一旦作出即到达对方,并立即生效,而且除非有答复期限,相对人应当立即答复;而非以对话方式所为的意思表示,作出后并不立即到达对方,到达对方有时间上的间隔,只有意思表示到达相对人时才能生效,而且在没有规定答复期限的情况下,并不要求相对人立即答复,只要相对人在合理的期限内答复即为有效答复。《民法典》第 137 条对对话意思表示和非对话意思表示作了明确规定。

五、意思表示的撤回与撤销

所谓意思表示的撤回,就是指意思表示在发出以后,在尚未到达意思表示的受领人之前,表意人将其意思表示撤回。《民法典》第 141 条规定:“行为人可以撤回意思表示。撤回意思表示的通知应当在意思表示到达相对人前或者与意思表示同时到达相对人。”只要撤回的通知先于意思表示到达或者与意思表示同时到达,该撤回就是有效的。

依据《民法典》第 137 条的规定,非对话方式的意思表示必须到达相对人时才能生效,因此,在其生效之前表意人发出撤回表示,且撤回表示在原意思表示生效之前到达或同时到达的,原意思表示当然不能生效。行为人要撤回意思表示,必须其撤回意思表示的通知先于意思表示到达相对人,或者与意思表示同时到达相对人。

如果行为人撤回意思表示的通知晚于意思表示到达相对人,则不产生撤回意思表示的效力。由此可见,意思表示的撤回主要适用于非以数据电文方式作出的意思表示,因为对于以数据电文形式作出的意思表示而言,其瞬间到达相对人,行为人撤回意思表示的通知很难先于意思表示到达相对人或者与意思表示同时到达相对人。

所谓意思表示的撤销,是指意思表示在发出并生效以后,表意人又撤销其意思表示。大陆法系国家的民法一般不允许对已经生效的意思表示进行撤销,以免损害相对人的信赖利益。在此需要区分意思表示的撤回与撤销,意思表示的撤回是使意思表示不发生效力,而意思表示的撤销则是使已经生效的意思表示失去效力。我国《民法典》仅规定了意思表示的撤回,而没有规定意思表示的撤销。

六、意思表示的解释

意思表示的解释,是指在意思表示不清楚或者不明确而发生争议的情况下,由人民法院或者仲裁机构对意思表示进行的解释,解释的目的就是明确意思表示的含义。意思表示是构成民事法律行为的核心要素。

意思表示的解释具有以下特征:一是解释的对象是当事人已经作出了表示的意思,具有外在的表现形式;二是解释的主体是人民法院或者仲裁机构,其所作的是有权解释;三是意思表示的解释是遵从法律规定的方法的解释,不是任意的主观解释。

我国《民法典》第 142 条对意思表示的解释根据是否存在相对人而采用了不同的方法,对于有相对人的意思表示采用表示主义,对于无相对人的意思表示采用意思主义。具体如下:

(一)有相对人的意思表示的解释

《民法典》第 142 条 1 款规定:“有相对人的意思表示的解释,应当按照所使用的词句,结合相关条款、行为的性质和目的、习惯以及诚信原则,确定意思表示的含义。”其中的“所使用的词句”是指文义解释;“结合相关条款”是指体系解释;“行为的性质和目的”是指目的解释;“习惯”是指习惯解释;“诚信原则”是指诚信解释。

表明对有相对人的意思表示的解释,首先应当采用文义解释的方法,按照意思表示使用的词句的含义,站在客观的中立的社会一般人立场上所理解的意思,分析意思表示的真实意思;对特定的专业问题则以特定行业专业人的理解解释词句含义表达的真实意思,平衡表意人与相对人的理解分歧。而单纯从词句的文义解释也会存在分歧或者得出不合理的解释,因此还应结合相关条款进行体系性解释,以相关条款的确定含义推导出争议意思表示的真实含义;结合行为性质和目的,对争议意思表示作出合乎目的的解释;依据当事人所熟悉的民事生活交易习惯对争议的意思表示作出合乎习惯的合理解释;遵循诚信这一“帝王原则”,以善良诚信的人的理解作出合理的解释。

（二）无相对人的意思表示的解释

《民法典》第 142 条第 2 款规定："无相对人的意思表示的解释，不能完全拘泥于所使用的词句，而应当结合相关条款、行为的性质和目的、习惯以及诚信原则，确定行为人的真实意思。"可见，对无相对人的意思表示的解释就强调不能完全拘泥于词句，淡化了文义解释，但这并不是不考虑词句，而是对词句含义要结合体系解释、目的解释、习惯解释及诚信解释确定行为人的真实意思。无相对人的意思表示主要是单方法律行为，如对遗嘱的解释。

（三）意思表示解释的规则

1. 对用语应当按照通常的理解进行解释

所谓对用语应当按照通常的理解进行解释，是指在当事人就意思表示的用语发生争议以后，对于有关的用语本身，应按照一个合理人的标准来进行解释。《民法典》第 142 条第 1 款规定："有相对人的意思表示的解释，应当按照所使用的词句，结合相关条款、行为的性质和目的、习惯以及诚信原则，确定意思表示的含义。"该条实际上也就是要求对用语按照通常的理解进行解释。对用语应当按照通常的理解进行解释应当是意思表示解释的首要方法。

2. 整体解释

所谓整体解释，又称为体系解释，是指将表达当事人意思的各项合同条款、信件、文件等作为一个完整的整体，根据各方面的相互关联性、争议的条款与当事人真实意思表示的关系、在意思表示中所处的位置等各方面因素，来确定所争议的意思表示的含义。

整体解释规则具体表现在如下几个方面：首先，整体解释要求意思表示解释不能局限于意思表示的字面含义，也不应当仅仅考虑某个意思表示的资料，更不能将意思表示的只言片语作为当事人的真实意图，而应当综合考虑各种意思表示的资料。其次，从整个意思表示的全部内容上理解、分析和说明当事人争议的有关意思表示的内容和含义。例如，合同中如果数个条款相互冲突，应当将这些条款综合在一起，根据合同的性质、订约目的等来考虑当事人的意图，尤其是当事人在合同中所使用的语言文字必须联系起来考察，不能孤立地探究每一句话或者每一个词的意思。

3. 目的解释

所谓目的解释，是指在对意思表示进行解释时，应当根据当事人从事该民事行为所追求的目的，对有争议的意思表示进行解释。《民法典》第 142 条要求从行为的性质和目的进行解释，这实际上也确立了目的解释规则。按照私法自治原则，民事主体可以在法律规定的范围内，为追求其目的而表达其意思，并通过双方的协议，产生、变更、终止民事法律关系。当事人从事民事行为都要追求一定的目的，意思表示本身也不过是当事人实现其目的的手段。因此，在解释意思表示时，应当充分考虑当事人从事该民事行为的目的。

按照目的解释规则，如果有关的文本中所使用的文字的含义与当事人所明确表达的目的相违背，而当事人双方对该条文又发生了争议，在此情况下，不必完全拘泥于文字，可以按照当事人的目的进行解释。例如，订立合同时，订约的双方都具有订约目的。当然，当事人双方可能具有不同的意思表示目的，一方订约的目的和另一方订约的目的可能不同，但是从意思表示的内容和订约过程能够确定一方在作出意思表示时，应当意识到另一方所具有的订约目的的，则应当按照该目的来解释意思表示。

4. 习惯解释

所谓习惯解释，是指在对意思表示的含义发生争议以后，应当根据当事人所知悉或实践的生活和交易习惯来对意思表示进行解释。《民法典》第 142 条规定了意思表示的解释应当考虑习惯，这就确立了习惯解释的规则。习惯包括生活习惯和交易习惯两大类，一般来说，在合同中主要采用交易习惯对有争议的合同条款进行解释，不过，运用交易习惯填补合同漏洞，对各种交易习惯的存在以及内容应当由当事人双方举证证明，在当事人未举证证明交易习惯的情况下，法官也可以根据自己对交易习惯的理解选择某种习惯来填补意思表示的漏洞。

除了合同编 · 典型合同分编所调整的合同之外，对于一些身份法上的合同以及一些单方法律行为，也可以根据习惯进行解释。但这种习惯主要是生活习惯。例如，在遗赠扶养协议中，对“生老病死”一词发生争议，应当按照当地的生活习惯进行解释。

5. 依据诚实信用原则解释

所谓依据诚实信用原则进行解释，是指在意思表示发生争议以后，应当根据诚实信用原则来填补有关意思表示的漏洞，对有争议的意思表示进行解释。诚实信用原则作为意思表示解释规则的产生是意思表示解释社会化的一种表现，它实际上是要求法官将自己作为一个诚实守信的当事人来判断、理解意思表示的内容和条款的含义。

这就将商业道德和公共道德运用到了意思表示的解释之中，并对意思自治施加了必要的限制。诚实信用原则在解释意思表示方面的作用，常常使该原则被称为“解释法”。《民法典》第 142 条规定了意思表示的解释应当按照诚信原则进行，因此，依据诚实信用原则解释也是意思表示解释的重要方法。

在解释意思表示方面，诚信原则的功能表现在两个方面：一是解释有争议的意思表示。法官在依据诚信原则解释意思表示时，需要平衡当事人双方的利益，公平合理地确定意思表示的内容。例如，对于无偿合同应按对债务人义务较轻的含义解释，对有偿合同则应按对双方都较为公平的含义解释。二是填补意思表示的漏洞。在此情形下，法官要考虑一个合理的、诚实守信的人在面对此情形时应如何作出履行，或者说应当如何作出意思表示，以此来填补意思表示的漏洞。诚信原则的解释方法更多地适用于合同漏洞的填补。

七、意思表示的效力

意思表示的效力是指意思表示一旦由表意人作出,在法律上对表意人产生拘束力和相对人的可受领力,即表意人非符合法律规定不得擅自撤回或变更其意思表示。比如,要约人一旦发出要约,其撤回要约的意思非先于要约意思到达或与要约意思同时到达受约人不生撤回效力。意思表示有相对人的,一旦到达相对人就生效;意思表示无相对人的,则意思表示一经作出就生效。意思表示的效力是由法律规定的或者由当事人依据法律规定以其意思决定的。例如,法律规定要约到达受要约人时生效,要约人应受要约约束,但法律同时允许要约人可以以其意思规定要约的答复期限,有答复期限的要约仅在答复期限内有效。

意思表示的效力与民事法律行为的效力是密切联系而又有区别的。有效的意思表示是民事法律行为有效的条件之一。意思表示的效力只是就意思表示作出后对表意人的拘束力和相对人的受领力而言的,民事法律行为的效力是指依法产生当事人意思表示所追求的法律效果,构成民事法律行为的意思表示有效,并符合民事法律行为的其他有效和生效条件的,民事法律行为才能产生法律效力——发生当事人预期的法律效果。

第五节　意思与表示不一致

意思表示的正常有效状态应是意思与其表示的一致。这样的意思表示即为健全的意思表示。如果意思与其表示不一致,例如,在虚假表示、伪装表示、掩藏表示、错误表示、意思表示不自由等情况下发生的意思与表示不一致,则是不健全的意思表示或者有瑕疵的意思表示,其效力如何确定,则是需要研究的问题。关于这一问题在学理上有三种学说,即意思主义、表示主义和折中主义。依意思主义,在意思与表示行为不一致时应以意思为准,表示行为则不生效力。

依表示主义,在表示与意思不一致的情况下,应以表示行为为有效。依折中主义,当意思与表示不一致时,应依具体情况或以意思有效为原则,以表示有效为例外;或者以表示有效为原则。以意思有效为例外。由于意思主义虽然追求表意人的内在意思符合表意人的利益,但不利于维护相对人利益和交易安全;表示主义虽有利于保护相对人利益和交易安全,但不利于保护表意人利益;而折中主义则全面考虑了各方利益的平衡关系,兼顾了表意人与相对人及交易安全利益,因而多为各国立法采用。

一、故意的不一致

(一)通谋虚假意思表示及其效力

依据《民法典》第146条第1款规定,通谋虚假民事法律行为是指行为人与相对人以虚假的意思表示实施的民事法律行为。也就是以意思表示不一致的通谋的虚假意思表示而构成的虚假民事法律行为,属于民事法律行为效力瑕疵的一种类型。

第一,它发生于有相对人的意思表示场合。无相对人的意思表示不发生通谋虚假的问题。

第二,它是以虚假意思表示实施的。所谓虚假意思表示是指意思与表示的不一致,表示的意思不是真实意思,而是虚假的。其表示的意思可以是纯粹虚假的,也可以是用以掩盖真实意思的虚假意思表示。

第三,虚假意思表示是行为人与相对人通谋作出的。所谓通谋作出是指行为人与相对人都知道自己所表示的意思并非真实,通谋作出与真意不一致的意思表示。双方当事人都欠缺内心的效果意思(非真意),表意人所表达的非真意的意思表示为对方所“明知”,心领神会,相互故意为非真意的表示,例如,行为人提出虚假要约,相对方虚假承诺。

这表明我国《民法典》第 146 条第 1 款所规定的虚假行为是行为人与相对人通谋的行为,不同于单方行为人的真意保留;同时也是故意虚假,主观是故意的,不同于过失的表达错误。虚假意思表示是指行为人与相对人都知道自己和对方所表达的意思并非真意,通谋作出与真意不一致的表示。表达的意思不真实,欠缺效果意思,都不希望真正发生法律上的效果。这种民事法律行为可以是财产行为,也可以是身份法律行为。例如,订立买卖合同,但并不打算买卖,甲方不交付标的物,乙方也不付款。没有买卖的效果意思,买卖意思是假的。

对于通谋的虚假法律行为,《民法典》第 146 条明确规定其无效。因为其没有效果意思,不能发生行为人所预期的法律效果。

(二)隐藏的意思表示的效力

隐藏的意思表示,是指被表意人所为的虚伪意思表示所掩盖的意思表示。隐藏的意思表示与虚假的意思表示不一致,一真一假。掩盖真实意思表示的虚伪意思表示无效,被掩盖的真实意思表示即隐藏的意思表示,应具有意思表示的效力,但若其本身违法时,则因违法而无效。例如,甲将其电视机赠与了乙,但为避免他人对其有意见,声称是卖给乙的。在这里买卖是掩盖真实意思的虚伪的意思表示,应属无效,但赠与意思表示是隐藏的意思表示,依法律规定应是有效的。《民法典》第 146 条第 2 款规定:“以虚假的意思表示隐藏的民事法律行为的效力,依照有关法律规定处理。”

二、无意不一致

(一)错误的意思表示及其效力

错误的意思表示,是指表意人基于对所欲发生的法律关系要素、性质的错误认识或由于表示行为错误而进行的与其真实意思相悖的意思表示。错误意思表示是表意人在表示意思时处于错误认识而为意思表示，从而发生意思与表示的不一致，并非表意人故意的不一致，要是表意人知道错误的话就不会为这样的意思表示。错误的意思表示包括以下几种情况。

第一，对法律关系的要素的错误，如对对方当事人的错误，对标的物的错误，对权利义务的错误，对权利义务性质的错误。例如，将租赁误为借贷，将连带责任误为一般责任，对权利义务的履行期限、地点和方式的错误等。

第二，表示错误，即表意人对所要表示的意思并没有错误，但表示行为发生错误，如书写错误或者语言表达错误。

对于错误的意思表示，表意人可以依法律规定予以撤销，但在表意人撤销以前，其意思表示仍然有效。我国《民法典》第 147 条规定的重大误解的民事法律行为中的意思表示就是错误的意思表示。

（二）误传导致的意思表示不一致

误传，是指由于传达人或者传达机构错误传达表意人的意思表示，导致表意人的意思与表示不一致。传达人的错误与表意人自己错误所造成的后果是一样的，因此，其法律效力同于错误，表意人可以依法撤销误传的意思表示，并对相对人负责。我国《民法典》未规定误传，但在学理解释上，误传被看作重大误解的一种。

第六节　意思表示不自由

一、受欺诈的意思表示

意思表示的不自由，是指由于欺诈、胁迫、乘人之危等使表意人不自由而为的意思表示。

受欺诈的意思表示，是指表意人在相对方当事人故意编造虚假情况或隐瞒真实情况使其陷入错误认识而为的违背其真实意思的意思表示。《民法典》第 148 条规定的欺诈民事法律行为其意思表示就是一方以欺诈手段，使对方在违背真实意思的情况下作出的意思表示。

受第三人欺诈的意思表示，是指第三人实施欺诈行为，使一方在违背真实意思的情况下实施的民事法律行为的意思表示，对方知道或者应当知道该欺诈行为的。《民法典》第 149 条规定了受第三人欺诈的民事法律行为。

二、受胁迫的意思表示

受胁迫的意思表示是指表意人在受到他人威胁和强迫的情况下而作出的违背其真实意思的意思表示。《民法典》第 150 条规定："一方或者第三人以胁迫手段，使对方在违背真实意思的情况下实施的民事法律行为，受胁迫方有权请求人民法院或者仲裁机构予以撤销。”

三、受危难的意思表示

受危难或者判断能力缺乏的意思表示，是指表意人处于生活急迫需要或危难境地，相对人趁机迫使其或者利用其缺乏判断能力作出违背真实意思而接受对其非常不利的苛刻条件的显失公平的意思表示。《民法典》第 151 条规定的显失公平的民事法律行为，其受害一方当事人的意思表示就是在危难之中或者缺乏判断能力时作出的显失公平的意思表示。

在上述三种情况下，表意人的意思表示都是在不自由或不真正自由的情况下作出的，是与其真实意思不一致、相违背的，因此，表意人可以依法撤销其意思表示的效力，但在其未撤销以前，其意思表示仍然有效。

第七节 条件、期限

一、附条件的民事法律行为

（一）附条件民事法律行为的概念和意义

所谓附条件的民事法律行为，是指当事人在民事法律行为中特别规定一定的条件，以条件的成就与否来决定民事法律行为效力的发生或消灭的民事法律行为。《民法典》第 158 条规定：“民事法律行为可以附条件，但是按照其性质不得附条件的除外。附生效条件的民事法律行为，自条件成就时生效。附解除条件的民事法律行为，自条件成就时失效。”

附条件的民事法律行为适用的范围是极为广泛的，它可适用于各种类型的民事法律行为。原则上，除了法律法规禁止和限制的行为之外，都可以设定附条件的民事法律行为。民事法律行为依其性质不得附条件的，主要包括以下两种情形。

一是就婚姻、收养、离婚、认领等身份行为而言，在性质上是不得附条件的，如果允许对此类行为附条件，可能有违公序良俗。

二是一些民事法律行为在性质上要求即时、确定地发生效力，不得使其效力处于不确定状态，此类行为也不得附条件，例如，抵销、解除、追认、撤销等行为。附条件的民事法律行为一旦成立，就产生了一种形式上的拘束力，任何一方当事人都不得反悔。

（二）附条件民事法律行为中条件的特点

作为民事法律行为所附条件，必须具备以下要件：

(1)须是行为当时尚未实现的事实,已经实现的事实不能作为条件。

(2)须是有发生可能的事实。根本无发生可能的事实,不能作为条件。

(3)事实的发生须不确定。有发生可能的事实,即事实是否发生是当事人难以肯定的,可能发生,也可能不发生,必定发生的事实不能作为条件。

(4)条件须合法。

(5)须以当事人意思表示选定的事实的发生与否作为条件,法律规定的事项不能成为条件。

(三)条件的分类

1. 依条件成就对民事法律行为效力的影响功能不同,可分为延缓条件和解除条件

延缓条件,也称停止条件、生效条件,是指具有延缓民事法律行为效力发生功能的条件。民事法律行为因附延缓条件,在其成立后,所附条件成就前其效力处于停止状态,只有当所附条件成就时,民事法律行为的效力才发生。该种条件是民事法律行为的生效条件。例如,甲乙约定如果甲的儿子今年考上大学,甲就将其收藏的字画卖给乙,以供儿子读书。这里甲的儿子考取大学就是一延缓条件,它起到延缓甲乙之间买卖合同效力发生的作用,或者说它使甲乙之间的字画买卖合同成立后,其效力处于停止状态,待甲的儿子考取大学的事实实现即条件成就时,才生效。

解除条件,也称终止条件、失效条件,是指具有消灭民事法律行为效力功能的条件。民事法律行为,虽然在其成立时,因符合有效条件而生效,但因其所附条件为解除条件,当所附条件成就时,民事法律行为的效力就消灭(或者说解除、终止、失效)。这种条件对民事法律行为的既存效力发挥着使其消灭或者失效的作用,是民事法律行为的失效条件。

2. 依条件内容是以客观事实的发生还是不发生为成就的标准,可将条件分为积极条件和消极条件

积极条件,是指以将来事实的发生为成就的条件。例如,甲的儿子考取大学就是积极条件。消极条件,是指以将来事实的不发生为成就的条件。例如,甲乙约定,甲向乙交付电脑一台,乙试用一周不发生故障,买卖合同生效,试用一周不发生故障就是消极条件。

(四)条件的成就与不成就

条件的成就,是指当事人意思表示选定的事实状态的实现,即作为条件的事实的现实发生或不发生。在积极条件以条件事实的发生为成就;在消极条件,则以条件事实的不发生为成就。那么与此相对应,条件事实的不实现,则为条件的不成就。在积极条件,以条件事实的不发生为不成就;在消极条件,则以条件事实的发生为不成就。

条件的成就与不成就,应以客观规律决定,当事人不得恶意促成或阻碍。依民法原理,因条件成就而受不利益的当事人,以不正当行为恶意阻止条件成就的,视为条件已成就。因条件成就而受利益的当事人,以不正当手段恶意促成条件成就的,视为条件不成就。《民法典》第 159 条规定:“附条件的民事法律行为,当事人为自己的利益不正当地阻止条件成就的,视为条件已经成就;不正当地促成条件成就的,视为条件不成就。”

(五)附条件民事法律行为的效力

附延缓条件的民事法律行为在所附条件成就前,已经成立,其符合民事法律行为有效条件的即具有法律效力,处于有效状态,在当事人之间引起了相应的民事法律关系,当事人对意思表示内容所确定的民事权利义务有期待权,任何一方当事人不得擅自解除其成立,不得恶意促成或阻碍条件的成就。但当事人意思表示内容所确定的民事权利义务的现实效力因受所附延缓条件的限制尚未实际发生,当事人还不能现实地主张权利的实现,义务人也无须现实地履行义务。因此,该法律行为处于成立、有效但未生效的状态。当所附条件成就时,即发生当事人意思表示内容所确定的民事权利义务的实现效力,即生效,当事人对其权利的期待权就转化为具体民事权利的取得;所附条件不成就的,其期待权归于消灭。

附解除条件的民事法律行为,在所附条件成就前,意思表示内容所确定的民事权利义务的实现效力就已经发生,在有关当事人之间就已经发生了现实的民事权利义务。因此,该民事法律行为自成立时已经有效、生效。当所附条件成就时,民事法律行为的效力终止。当所附条件不成就时,行为内容所确立的民事权利义务继续有效。

二、附期限的民事法律行为

(一)附期限的民事法律行为的概念

所谓附期限的民事法律行为,是指当事人在民事法律行为中设定一定的期限,并将期限的到来作为民事法律行为效力发生或消灭根据的民事法律行为。例如,当事人双方在合同中约定自 2015 年 10 月 1 日起,甲方将租赁乙方的房屋,为期 2 年。此类民事法律行为便属于附期限的民事法律行为。《民法典》第 160 条规定:“民事法律行为可以附期限,但是按照其性质不得附期限的除外。附生效期限的民事法律行为,自期限届至时生效。附终止期限的民事法律行为,自期限届满时失效。”

民事法律行为中所附的期限与民事法律行为中所附的条件一样,都是对民事法律行为效力的特别限制,都能够直接限制民事法律行为效力的发生或消失。但两者是有区别的,主要表现:作为条件的事实是否发生是不确定的,而期限的到来却具有必然性。

条件的成就与不成就是当事人所不可预知的,条件可能成就,也可能不成就,因此,条件是不确定的事实。而期限的到来是必然发生的,能够为当事人所预知的,所以期限是确定的事实。当事人在从事民事法律行为时,对于确定的事实只需在民事法律行为中附期限,而不必附条件。期限以一定时间的到来或期间的经过对民事法律行为的效力起限制作用，因此只有尚未到来且必然到来的时间和期间才能作为附期限的民事法律行为中的期限。

期限具有如下特点：第一，期限是民事法律行为的一种附款。它与民事法律行为的其他内容一起共同构成了附期限的民事法律行为。期限原则上应当由民事法律行为的当事人自由约定。第二，期限是限制民事法律行为效力的附款。如果民事法律行为约定了生效期限和终止期限，则民事法律行为的效力在时间上受到限制。有的期限直接决定着民事法律行为效力的发生，有的决定民事法律行为效力的消灭。第三，期限是以将来确定事实的到来为内容的附款。因为期限是必然到来的，所以期限到来时，民事法律行为必然生效或终止。

（二）民事法律行为所附期限的分类

1. 生效期限与终止期限

生效期限又称为延缓期限或始期，是指决定民事法律行为的效力发生的期限。附生效期限的民事法律行为，在期限到来以前，民事法律行为已经成立，但其效力仍然处于停止状态，待期限到来时，效力才发生。这就是《民法典》第 160 条所规定的“自期限届至时生效”。例如，合同中规定，“本合同自某年某月某日生效”，该期限即为始期，至该期限到来后，当事人才能实际享有权利和承担义务。

终止期限也称为解除期限或终期，是指决定民事法律行为的效力消灭的期限。附终止期限的民事法律行为，在期限到来以前，民事法律行为继续有效，而在期限到来时，民事法律行为效力消灭。这就是我国《民法典》第 160 条所称的“自期限届满时失效”。例如，当事人在合同中约定，“本合同至某年某月某日终止”，该期限即为终止期限。

2. 确定期限与不确定期限

所谓不确定期限，是指作为期限内容的事实到来时期不完全确定；所谓确定期限，是指作为期限内容的事实能够准确地确定到来。例如，双方约定甲方自 10 月 1 日起租赁乙方的房屋，这种期限就属于确定期限。而双方约定某人死亡之日即为将房屋出售给他方之日。由于人必有一死，但在订约时对某人死亡的时间不可能确定，所以这种期限属于不确定期限。

（三）附期限民事法律行为的效力

期限约定的效力，在于使民事法律行为的效力在时间上受到限制。所以，附生效期限的民事法律行为，当期限到来时，民事法律行为发生效力；附终止期限的民事法律行为，当期限到来时，民事法律行为丧失效力。在期限到来之前，当事人虽然未实际取得一定的权利或者使一定的权利回复，但存在取得权利或回复权利的可能性，因此与附条件的民事法律行为一样，当事人享有期待权，这种权利也应受到法律保护。如果期待权受到侵害，受害人享有请求损害赔偿的权利。

第八节 法律行为的解释

一、法律行为的解释

法律行为的解释在本质上是探究与确定法律行为的含义。制定法如何规范抽象的解释规则,是解释规则的构造问题,它也是一项立法技术。

(一)解释的对象与目标

解释应以确定解释对象为前提。解释对象是构成表示的具体行为或者具体表达。如:打电话、书面材料、点头以及可推定的默示行为。这些都构成解释的文本。

解释工作就是对解释对象含义的探明,这存在两种情形:一是解释对象本身含义尚未明确时须予以探明;二是在解释对象之外仍须进一步确定法律行为的含义,以补足法律行为。

前一种情形的解释是以存在一个具体解释对象为前提的,我们可以称之为一般解释;后一种情形由于缺乏具体解释对象,此时构成意思表示或法律行为的漏洞,而非狭义的对象含义不明确问题。因此,广义的意思表示解释还须包括此种在无解释对象情形下对当事人意思的探明,这就是后文所说的补充解释,即对法律行为漏洞予以补充的解释类型。

针对解释的对象,首先应确定解释的目标,不同的利益状况决定着不同的解释目标。这一利益状况主要取决于两个因素,一是真实意思;二是有无受领人。在法律行为中,如果当事人有真实意思,且该真实意思的存在不损害他人,该意思都首先应当得到尊重。据此,我国现行法中很多"真实意思"的用语,都需要通过法解释作出各种限制。

关于受领人因素,是从意思表示时社会交往的安全保护角度考虑的。因为不存在受领人时,通常只涉及表意人自身利益或首先是表意人自身利益,比如设立遗嘱。此时,探究出表意人的真实意思并对其予以保护,是解释所应追求的目标。反之,在有受领人的情形下,就须更多考虑对受领人的保护,因为受领人此时处于被动的意思通知状态,他只能按照表意人运送意思时的表达方式来予以理解。在此之外的表意人内心意思无法被受领人获知。因此,表意人应对其选择的意思表示的表达方式或传达方式承担风险。

(二)解释的类型

法律行为解释从解释对象与解释目标开始。解释对象是解释的起点,这一起点要么经过解释本身就能够显示出某种意思表示的含义来,要么该起点对所待确定的当事人之间所需要的规则毫无作用。前者被称之为一般解释,指直接针对解释对象以探明当事人的意思。后者称之为补充解释，指通过对有漏洞的法律行为的补充，以使该法律行为得以完善、漏洞得以补充的解释。

1. 一般解释

基于意思表示有无受领人以及是否属于对社会公众作出的意思表示，一般解释可以再分为三类：自然解释、规范解释和社会公众解释。

(1)自然解释。

自然解释是指从表意人角度，按其内心真实意思对意思表示所做的解释，即要确定当事人的内心真实意思。这类解释的目标旨在保护表意人利益，其主要适用场合是遗嘱等无须受领的意思表示。对遗嘱来说，没有必要通过解释来保护其利益的受领人。因此，在有疑义时，表意人的内心意思具有决定性的意义。

(2)规范解释。

规范解释是指从受领人角度，根据客观的表示价值对意思表示所做的解释。其解释目标在于保护受领人，保护受领人的善意信赖。此时，对信赖保护优先于对法律后果意思所体现的利益保护。这是由对风险的利益衡量所决定的：表意人在意思发布时应承担受领人能够理解的风险。当然，受领人也应承担尽到必要注意以正确理解表意人意思的风险。

(3)社会公众解释。

社会公众解释是一类比较特殊的解释类型，它横跨一般自然解释与规范解释之间，与二者均有部分重合。这类意思表示在本质上是对社会公众所作出的无须受领的意思表示，在解释目标上与单纯的无须受领的意思表示显然不同，因为它也要考虑到类似于受领人的客观理解问题。但是，它与单纯的须受领的意思表示也不一样，因为，一是此时的确无须受领，二是解释的目标不一定是某一单个受领人的理解标准，而应是一般社会公众的理解标准。此外，这类解释与自然解释、规范解释共同的地方是，从解释对象上看，它又属于一般解释。

2. 补充解释

当事人自己通过法律行为为自己制定的规则，存在漏洞是在所难免的，为此就需要对其加以补救。补充解释，属于广义法律行为解释，因为此时的解释实际上已经超出当事人意思表示中“表示”所能涵盖的任何意思范围。因此，补充解释本质上属于当事人意思的创设，是当事人意思的假定。

补充解释应具备下列条件：(1)意思表示存在或者合同成立；(2)意思表示存在漏洞，即通过一般解释仍不能得出明确含义。因此，意思表示或者合同的存在，首先意味着不可对法律行为必备要素的效果意思作出补充；其次，对双方法律行为来说，意思表示必须一致。

第九节　法律行为的效力

一、民事法律行为有效

(一)民事法律行为的(有效)生效

民事法律行为的(有效)生效状态,是指民事法律行为成立后符合法律规定的民事法律行为的有效条件,对其效力的发生没有法律规定的或当事人意思选定的因素的限制,或者限制因素已不存在,从而引起了当事人意思表示所预期的民事法律效果的发生。

我国《民法典》第136条规定:"民事法律行为自成立时生效,但是法律另有规定或者当事人另有约定的除外。行为人非依法律规定或者未经对方同意,不得擅自变更或者解除民事法律行为。"《民法典》第502条规定:"依法成立的合同,自成立时生效,但是法律另有规定或者当事人另有约定的除外。依照法律、行政法规的规定,合同应当办理批准等手续的,依照其规定。未办理批准等手续影响合同生效的,不影响合同中履行报批等义务条款以及相关条款的效力。应当办理申请批准等手续的当事人未履行义务的,对方可以请求其承担违反该义务的责任。依照法律、行政法规的规定,合同的变更、转让、解除等情形应当办理批准等手续的,适用前款规定。"

因此,所谓没有法律规定的限制其生效的因素或限制因素已不存在,是指没有法律、行政法规规定的必须办理批准登记等手续才能生效的情况,或者虽然法律、行政法规规定办理批准、登记等手续才生效的,但已经依照规定办理了批准、登记等手续。所谓没有当事人选定的限制其生效的因素,是指当事人没有以其意思表示为民事法律行为附加生效条件或生效期限;所谓这种限制因素已不存在,是指当事人虽然为民事法律行为的生效附加条件或期限,但所附生效条件已经成就,或所附生效期限已届至。

(二)民事法律行为的(有效)未生效

民事法律行为(有效)未生效,是指已经成立的民事法律行为,符合民事法律行为的有效条件,但因尚未具备法律规定或当事人选定的生效条件,尚未实际引起当事人意思表示所欲求的民事法律效果的状态。

例如,已经成立的民事法律行为,符合法律规定的民事法律行为的有效条件,但依法规定尚需办理批准、登记手续后才能生效,在未办理批准、登记手续之前则处于未生效状态。但这同民事法律行为的无效是不同的,无效民事法律行为因不符合民事法律行为的有效条件而永远不会生效;而未生效民事法律行为符合民事法律行为的有效条件,当其具备生效要件时就会生效。一个无效的民事法律行为是不会因被批准、登记而生效的,即使经过批准、登记也是无效的。

二、民事法律行为无效

（一）行为人不具有相应的民事行为能力，其所实施的民事法律行为无效

依我国《民法典》第 144 条的规定，无民事行为能力人实施的民事法律行为无效。《民法典》第 1143 条第 1 款规定："无民事行为能力人或者限制民事行为能力人所立的遗嘱无效。"

（二）意思表示不真实的民事法律行为无效

意思表示真实是民事法律行为的有效条件，但意思表示不真实，并非民事法律行为无效的必然原因。行为人一方故意进行不真实意思表示，如真意保留，为维护相对人利益，法律在一定条件下会强令其生效。对于当事人因受欺诈、胁迫、乘人之危等原因而为的意思表示不真实的民事法律行为，一般也在当事人恢复意志自由后，赋予当事人可撤销的权利，听任受害一方当事人决定，并不必然令其无效。只有在意思表示不真实并且法律明确规定其无效的情况下该民事法律行为才可以被确定无效。关于意思表示不真实并且法律明确规定其无效的情形，主要有以下两种。

1. 虚假民事法律行为

《民法典》第 146 条规定："行为人与相对人以虚假的意思表示实施的民事法律行为无效。以虚假的意思表示隐藏的民事法律行为的效力，依照有关法律规定处理"

由此可见，我国《民法典》规定的虚假民事法律行为是行为人与相对人通谋以虚假意思表示所为的民事法律行为，包括了伪装的民事法律行为。伪装的民事法律行为，是指行为人与相对人通谋以虚假意思表示掩盖另一真实民事法律行为的民事法律行为。虚假民事法律行为无真实的效果意思，应认定其无效。

2. 我国《民法典》第 1143 条第 2 款、第 3 款、第 4 款规定："遗嘱必须表示遗嘱人的真实意思，受欺诈、胁迫所立的遗嘱无效。伪造的遗嘱无效。遗嘱被篡改的，篡改的内容无效"

这是因为遗嘱系行为人死后生效的民事法律行为，受胁迫、欺骗所立遗嘱或者伪造的遗嘱、被篡改的遗嘱都违背立遗嘱人的真实意思，在其死后如果听任其生效，行为人已不可能以其意思表示撤销，从而严重损害行为人利益，因此法律规定直接令其无效。

（三）违反法律、行政法规的强制性规定，违背公序良俗的民事法律行为无效

《民法典》第 153 条规定："违反法律、行政法规的强制性规定的民事法律行为无效。但是，该强制性规定不导致该民事法律行为无效的除外。违背公序良俗的民事法律行为无效。"这类民事法律行为主要包括以下两种情况。

1. 违反法律、行政法规强行性规定的民事法律行为无效

违反法律、行政法规强行性规定是指违反了由全国人民代表大会及其常务委员会颁

布的法律或由国务院制定的行政法规中禁止当事人行为的规定或强制当事人必须行为的规定,该强制性规定内容是导致民事法律行为无效的规定。只要民事法律行为内容在客观上构成对效力性强行性规定的违反,就会导致民事法律行为的无效。至于当事人主观上对违法是否明知、故意或过失,均在所不问。

2. 违背公序良俗的民事法律行为无效

《民法典》第 153 条第 2 款规定违背公序良俗的民事法律行为无效。公序良俗是指社会公共秩序和善良风俗习惯,因此,违背公序良俗包括损害社会公共利益和违背善良风俗。违背公序良俗的民事法律行为是指民事法律行为的标的,即当事人欲实现的民事生活目的客观上损害社会公共利益和秩序或违背善良风俗。

(四)行为人与相对人恶意串通,损害他人合法权益的民事法律行为无效

行为人与相对人恶意串通,损害他人合法权益的民事法律行为,是指行为人双方恶意串通实施的损害他人合法权益的民事法律行为。《民法典》第 154 条规定这类民事法律行为无效。认定这类行为的构成应符合下列条件:第一,民事法律行为的后果损害了他人合法权益;第二,行为人有牟取不正当利益,损害他人合法权益的恶意,以损害他人获得私利;第三,行为人双方实施了恶意串通、相互勾结的行为,在串通的基础上实施了民事法律行为。

三、民事法律行为效力待定

(一)效力待定的民事法律行为的概念和特征

所谓效力待定的民事法律行为,是指法律行为成立之后,是否能发生效力尚不能确定,有待于其他行为或事实使之确定的民事法律行为。效力待定的民事法律行为具有如下特点。

第一,效力待定的民事法律行为已经成立,但行为人因缺乏处分权或缺乏行为能力而效力并不齐备。效力待定的民事法律行为本身表明了民事法律行为的成立和生效是有区别的。对一般法律行为来说,只要当事人的合意符合法定的实质要件和形式要件,就当然有效成立。但是对效力待定的民事法律行为而言,民事法律行为成立以后,并不当然发生拘束力。

第二,一方面,此类民事法律行为因当事人意思表示一致已经宣告成立,如果在此类民事法律行为中存在意思表示不真实的情况,如欺诈、胁迫等,那么就可能转化为一个可撤销的民事法律行为。另一方面,此类民事法律行为虽然已经成立,但因为主体缺乏缔约能力和处分能力,所以不完全符合民事法律行为的有效条件,其效力是不齐备的。

第三,效力待定的民事法律行为的效力既非完全无效,也非完全有效,而是处于一种效力不确定的中间状态。其原因在于:一方面,效力待定的民事法律行为在被追认之前,

对当事人也并非当然无效，只是处于一种不确定的状态，否则就难以与无效的法律行为相区别。另一方面，在被追认之前它并非完全有效，也不同于可撤销的民事法律行为，因为可撤销的民事法律行为在未被撤销之前是完全有效的。

第四，效力待定的民事法律行为是否已经发生效力尚不能确定，有待于其他行为或事件使之确定。效力待定的民事法律行为本身是一种效力不齐备的民事法律行为，但它并没有违反强行法的规定和公序良俗，因而法律对这种法律行为并不实行国家干预，强行使其无效，而是把选择民事法律行为是否有效的权利赋予当事人和真正权利人，在这一点上，也充分体现了民事法律行为自由和私法自治的精神，并贯彻了鼓励交易的原则。

（二）效力待定的民事法律行为的类型

1. 限制民事行为能力人从事的依法不能独立实施的民事法律行为

《民法典》第 145 条第 1 款规定，限制民事行为能力人实施的其他民事法律行为经法定代理人同意或者追认后“有效”。据此可见，《民法典》将此类行为规定为效力待定的民事法律行为，必须要经限制民事行为能力人的法定代理人同意或者追认后才能生效。

2. 无代理权人因无权代理而从事的民事法律行为

《民法典》第 171 条第 1 款规定：“行为人没有代理权、超越代理权或者代理权终止后，仍然实施代理行为，未经被代理人追认的，对被代理人不发生效力。”因此，无权代理行为也是效力待定的民事法律行为。只有经过被代理人的追认，该民事行为才能生效。

（三）效力待定的民事法律行为效力的确定

1. 法定代理人、被代理人行使追认权

《民法典》第 145 条第 1 款和第 171 条第 1 款规定，效力待定的民事法律行为必须经过追认才能生效。所谓追认，是指权利人对无缔约能力人、无代理权人与他人从事的有关民事法律行为的事后承认，是一种单方意思表示，无须相对人的同意即可发生法律效力。追认权归属于真正的权利人，权利人的追认与否决定着效力待定的民事法律行为的效力。在权利人尚未追认以前，效力待定的民事法律行为虽然已经实施，但并没有实际生效。

《民法典》第 145 条第 2 款规定：“相对人可以催告法定代理人自收到通知之日起 30 日内予以追认。法定代理人未作表示的，视为拒绝追认。”第 171 条第 2 款规定：“相对人可以催告被代理人自收到通知之日起 30 日内予以追认。被代理人未作表示的，视为拒绝追认。”依据上述规定，一是赋予相对人催告权，二是明确了追认期限，三是明确了期限届满的效力。依据上述规定，法定代理人或者被代理人未作表示时，视为拒绝追认。

依据《民法典》第 503 条规定：“无权代理人以被代理人的名义订立合同，被代理人已经开始履行合同义务或者接受相对人履行的，视为对合同的追认。”依据该条规定，在狭义无权代理的情形下，被代理人享有追认权，可以采取两种方式作出，即明示追认和默示追认。明示追认是指明确向相对人表示其愿意以被代理人的身份同相对人订立合同。

默示追认,即被代理人以一定行为的方式进行追认。

默示的追认体现为两种方式。一是被代理人履行合同义务。虽然被代理人没有明确作出追认,但如果被代理人已经开始履行合同,这一行为足以表明其愿意接受合同的约束。二是接受相对人的履行。如果被代理人已经接受了相对人的履行行为,同样配以构成默示的追认。这主要是因为,被代理人接受履行的行为已经向相对人传达其愿意接受合同对自己发生效力的意思。

2. 善意相对人行使撤销权

对效力待定的民事法律行为而言,如果善意相对人行使撤销权,则可以使该民事法律行为归于无效。在效力待定的民事法律行为中,与限制民事行为能力人、无权代理人从事民事法律行为的另一方当事人,如果在从事民事法律行为时出于善意,即对对方无相应民事行为能力、代理权的事实处于不知或不应知的状态,那么其在民事法律行为成立以后,依法享有撤销该民事法律行为的权利。一旦其行使撤销权,该民事法律行为归于无效。

《民法典》第 145 条第 2 款规定:“民事法律行为被追认前,善意相对人有撤销的权利。撤销应当以通知的方式作出。”第 171 条第 2 款规定:“行为人实施的行为被追认前,善意相对人有撤销的权利。撤销应当以通知的方式作出。”上述规定完善了善意相对人的撤销权制度。

一是赋予善意相对人撤销民事法律行为的权利。如果与限制民事行为能力人、无权代理人进行交易的相对人对对方无相应民事行为能力或者代理权的情况不知情,则为保护交易安全,应当允许其撤销民事法律行为。

二是明确了相对人行使撤销权的时间。依据上述规定,相对人行使撤销权的时间应在民事法律行为被追认前,如果民事法律行为已经被追认,则属于有效的民事法律行为,相对人不得再主张撤销。

三是规定了相对人行使撤销权的方式。相对人撤销权的行使以通知的方式作出,而不需要以诉讼的方式作出,通知可以是书面形式,也可以是口头形式。

四、民事法律行为可撤销

(一)可撤销的民事法律行为的概念

所谓可撤销的民事法律行为,是指当事人在从事民事法律行为时,因意思表示不真实,法律允许撤销权人通过行使撤销权而使该已经生效的民事法律行为归于无效。《民法典》第 147 条至第 152 条确认了可撤销的民事法律行为。可撤销民事法律行为具有以下特点。

第一,是意思表示不真实的民事法律行为。可撤销民事法律行为主要是因意思表示不真实而产生的,民事法律行为作为实现意思自治的工具,其主要目的是实现当事人的自由意志，从而发生当事人预期的法律效果。如果意思表示有瑕疵，则民事法律行为应当被撤销。

第二，须由撤销权人主动行使撤销权。由于可撤销的民事法律行为主要涉及当事人意思表示不真实的问题，而当事人的意思表示是否真实，局外人通常难以判断，即使局外人已得知一方当事人因意思表示不真实而受到损害，如果当事人不主动提出撤销而自愿承担损害的后果，法律也应允许这种行为有效。所以，法律将是否主张撤销的权利留给撤销权人，由其决定是否撤销民事法律行为。

第三，在未被撤销以前仍然是有效的。可撤销的民事法律行为在未被撤销前，既非效力待定，亦非当然无效，可被认为自成立之时起已经生效。这是此类法律行为与无效和效力待定的民事法律行为的区别所在。当事人仍应依民事法律行为规定履行义务，任何一方不得以民事法律行为具有可撤销的因素为由拒不履行其义务。

（二）可撤销的民事法律行为的类型

1. 基于重大误解实施的民事法律行为

《民法典》第 147 条规定："基于重大误解实施的民事法律行为，行为人有权请求人民法院或者仲裁机构予以撤销。"所谓重大误解的民事法律行为，是指一方因自己的过错而对民事法律行为的内容等发生误解而从事的某种民事法律行为。因重大误解实施的民事法律行为的成立需要具备如下条件。

（1）表意人对民事法律行为的内容等发生了重大误解。

当事人在实施民事法律行为时，可能因多种原因对民事法律行为的内容等发生误解，但从维护交易安全出发，并非所有误解都会导致该民事法律行为被撤销。

一方面，表意人必须对民事法律行为的内容发生了误解。只有在表意人对民事法律行为的内容等发生重大误解时，才能使该民事法律行为成为可撤销的民事法律行为。

另一方面，误解必须是重大的，该误解在客观上实质性地影响了当事人的权利义务关系。例如，就合同关系而言，必须是对合同主要内容发生了误解，而且该误解对当事人的权利义务关系会有重大影响。

（2）表意人因为误解作出了意思表示。

构成因重大误解而实施的民事法律行为，不仅要求表意人内心出现了重大误解，而且要求表意人因为该误解作出了意思表示。一方面，表意人要将其意思表示表达出来，否则无从评价其是否存在误解问题。在此需要区分误解与表示错误。所谓表示错误，是指表意人因某种原因未能准确地表达其内心意思，或表达出来的意思与其内心意思不相符合。例如，误将 100 元写成 1000 元。在表示错误的情况下，当事人的内心意思本身并没有缺陷，只是表示发生错误；而在误解的情况下，当事人的外部表示是符合其内心的真实意思的，只是其内心真实意思发生了缺陷。

（3）误解是由误解方自己的过错造成的。

误解是由误解方自己的过错造成的，而不是因为受他人的欺骗或不正当影响造成的。在通常情况下,误解都是由表意人的过错造成的,即因其不注意、不谨慎造成的。误解完全是由误解一方自己的行为所造成的,在这一点上,它与误传是不同的。在误传的情况下,表意人所作出的意思表示是真实的,只是由于传达人或传达机关在传达过程中的失误造成了错误。而误解完全是由自己的原因造成的。

2. 因欺诈实施的民事法律行为

(1)欺诈的概念和构成要件。

《民法典》第148条规定:"一方以欺诈手段,使对方在违背真实意思的情况下实施的民事法律行为,受欺诈方有权请求人民法院或者仲裁机构予以撤销。"欺诈,根据最高人民法院的解释,是指"一方当事人故意告知对方虚假情况,或者故意隐瞒真实情况,诱使对方当事人作出错误意思表示"的行为,因欺诈而从事的民事法律行为,是在受欺诈人因欺诈行为发生错误而作出意思表示的基础上产生的。可撤销的因欺诈行为而实施的民事法律行为须具备以下条件。

①欺诈方具有欺诈的故意。欺诈的一方明知自己告知虚假情况或隐瞒真实情况会使被欺诈人陷入错误认识,而希望或放任这种结果的发生。可见,欺诈方实际上是有恶意的,告知虚假情况或隐瞒真实情况,不论是否使自己或第三人牟利,均不妨碍恶意的构成。

②欺诈方实施欺诈行为。欺诈方将其欺诈故意表示于外部的行为,在实践中,大都表现为故意陈述虚假事实或故意隐瞒真实情况使他人陷入错误。所谓故意告知虚假情况,也就是指虚假陈述;所谓故意隐瞒真实情况,是指行为人有义务向他方如实告知某种真实的情况而故意不告知。根据诚实信用原则,当事人应当如实地向对方告知产品的使用方法、性能、隐蔽瑕疵等重要情况,这是当事人应承担的附随义务。违反此种义务,有可能构成欺诈行为。

③被欺诈的一方因欺诈而陷入错误。一方面,欺诈人告知虚假情况或隐瞒真实情况与民事法律行为的内容有密切关系;如果与该内容并无联系,不能认为欺诈行为与认识错误之间有因果联系。另一方面,受害人基于虚假的信息而对合同内容发生了错误认识,如因误信对方的假药宣传而将假药当成了真药。此种错误并不是由于被欺诈人自己的过失造成的,而是因受欺诈的结果。如果欺诈人实施欺诈行为以后,受欺诈人未陷入错误或者发生的错误认识并不是欺诈造成的,则不构成欺诈。

④被欺诈人因错误而作出了意思表示。被欺诈人在因欺诈发生了错误认识以后,基于错误的认识作出了意思表示并实施了民事法律行为。这就表明欺诈行为与受害人的不真实的意思表示之间具有因果联系。如果被欺诈人虽因欺诈行为陷入错误,但并未作出意思表示,则不能认为构成欺诈。

(2)因第三人欺诈而实施的民事法律行为。

所谓因第三人欺诈而实施的民事法律行为,是指因第三人实施欺诈行为而使当事人一方在违背真实意思的情况下实施的民事法律行为。例如,生产者从事虚假广告宣传,导致消费者上当受骗,由于合同关系是在消费者和销售者之间订立的,而生产者是第三人,因而,此类情形构成第三人欺诈,第三人欺诈应当符合如下条件。

①必须是第三人实施的。实施欺诈行为的人是当事人以外的第三人,如果是当事人之间实施欺诈行为,则不构成第三人欺诈。当然,如果当事人的代理人、代表人或者当事人选任的人实施了欺诈行为,应当构成当事人一方实施欺诈行为,而不成立第三人欺诈。

②受欺诈方因为第三人的欺诈行为而实施民事法律行为。在第三人实施了欺诈行为后,受欺诈方因该欺诈而作出了意思表示。例如,在前例中,消费者因为生产者的虚假广告宣传而上当受骗,并据此与销售者订立合同。如果受欺诈方实施民事法律行为与第三人欺诈之间没有因果关系,则当事人不得依据该条规定主张撤销民事法律行为。

③相对人知道或者应当知道该欺诈行为。在第三人实施欺诈行为的情形下,为了保护交易安全,不应当一概允许受欺诈方主张撤销民事法律行为。因此,《民法典》第 149 条将相对人知道或者应当知道该欺诈行为作为受欺诈方撤销民事法律行为的条件。例如,在前例中,如果销售者对生产者的虚假广告宣传并不知情,也不应当知情,则消费者不得主张撤销合同;如果销售者知道或者应当知道生产者进行了虚假广告宣传,则消费者应当有权撤销合同。

3. 因受胁迫而作出的民事法律行为

《民法典》第 150 条规定:"一方或者第三人以胁迫手段,使对方在违背真实意思的情况下实施的民事法律行为,受胁迫方有权请求人民法院或者仲裁机构予以撤销。"胁迫是以将来要发生的损害或以直接施加损害相威胁,使对方产生恐惧并因此而作出的行为。因胁迫而实施的民事法律行为,应当符合如下条件。

(1)一方或者第三人实施了胁迫行为。

胁迫行为包括两种情况:一是以将要发生的损害相威胁。所谓将要发生的损害,是指涉及生命、身体、财产、名誉、自由、健康、信用等方面的损害。二是胁迫者以直接面临的损害相威胁。也就是说,胁迫者通过实施某种不法行为,形成对对方当事人及其亲友人身损害和财产损害的威胁,而迫使对方作出民事法律行为。如对对方施行暴力(殴打、肉体折磨、拘禁等),或散布谣言、毁人名誉、毁损房屋等。当然,将来发生的损害必须是受胁迫者可以相信将要发生的情况,并足以使受胁迫者感到恐惧、害怕。

如果一方所实施的将要造成损害的威胁是毫无根据、根本不可能发生的,受胁迫者根本不相信,也就不会使受胁迫者感到恐惧,从而不构成胁迫。但只要受胁迫者在当时情况下相信损害将要发生,就可以构成胁迫。

(2)胁迫人具有胁迫的故意。

胁迫都是基于故意而实施的,所谓胁迫的故意,首先,胁迫者意识到自己的行为将造成受胁迫者心理上的恐惧而故意进行威胁。其次,胁迫者希望通过胁迫行为使受胁迫者作出某种意思表示。一般来说,胁迫的故意并不包括胁迫者希望通过胁迫行为使自己获得某种利益，牟利只是其动机问题。正是因为胁迫人都是基于故意实施的胁迫行为，而且对表意人的意思自由影响较大。所以，不论是对方当事人实施胁迫行为，还是第三人实施胁迫行为，受胁迫方都有权撤销民事法律行为。

(3)受胁迫方因胁迫而实施了民事法律行为。

受胁迫方实施民事法律行为必须与胁迫行为之间具有因果关系。也就是说，表意人因为受到胁迫而产生恐惧心理，并在此种心理状态的支配下实施了民事法律行为。如果行为人的胁迫行为并没有使表意人产生恐惧心理，或者虽然产生了恐惧心理，但并没有因此作出相应的意思表示，则表意人无法依据该规则主张撤销该民事法律行为。

(4)胁迫行为是非法的。

胁迫行为给对方施加了一种强制和威胁，此种威胁必须是非法的、没有法律依据的。如果一方有合法的根据对另一方施加某种压力，则不构成胁迫。另外，合同订立以后，一方拒不履行合同，另一方以将要提起诉讼等合法手段向对方施加压力，要求其履行合同，也不构成胁迫。

胁迫并不一定以危害重大为要件。只要一方所表示施加的危害或者正在施加的危害足以使对方感到恐惧，就可以构成胁迫行为。需要指出的是，因胁迫行为是针对特定的当事人实施的，所以确定胁迫行为是否构成，应当以特定的受害人而不是一般人在当时的情况下是否感到恐惧为标准来加以判断。即使一般人不感到恐惧，但受害人感到恐惧，亦可构成胁迫。

4. 显失公平的民事法律行为

所谓显失公平的民事法律行为，是指一方在从事某种民事法律行为时因情况紧迫或缺乏经验而作出了明显对自己有重大不利的行为。显失公平主要适用于双务、有偿的民事法律行为，对无偿民事法律行为，因不存在对价问题，所以不存在双方利益的不平衡和显失公平。显失公平的构成要件，应包括客观和主观两个方面。

(1)客观要件。

①双方当事人的利益明显失衡。交易的结果对双方的利益是明显不平衡的，即一方得到的给付明显多于另一方得到的给付。显失公平制度并不是为了消除当事人应承担的交易风险，而是禁止或限制一方当事人获得超过法律允许的利益。

②必须是民事法律行为成立时显失公平。这种利益的失衡发生于民事法律行为成立时，如果在民事法律行为成立时不构成显失公平，而在履行阶段显失公平，则表意人不得依据《民法典》第151条主张撤销民事法律行为。例如，在合同订立以后，因市场行情变化使价格发生涨落等，除非出现了情势变更的情况，否则当事人不能以显失公平为由而要求撤销合同。

(2)主观要件。

主观要件是指在订立合同时一方具有利用优势地位或利用对方轻率、无经验等而与其订立显失公平合同的故意。在法律上之所以要求考虑主观条件，其目的在于保障交易的公平和公正，维护商业道德，保护处于弱者地位的消费者的利益。具体来说分为如下几种情况。

①利用危困状态。一般是指利用某人因陷入某种暂时性的急迫困境，从而急需金钱或有其他急需的状态。例如，某人家人突患重病，急需交付医药费、住院费等，如果有人利用这种急需要求其低价出售房屋，则有可能构成显失公平。

②利用对方缺乏判断能力。所谓缺乏判断能力，主要是指欠缺一般的生活经验或交易经验。例如，金融机构的从业人员向判断能力较弱的老年人高价兜售收益率较低的金融理财产品，即可以认定为利用了老年人缺乏判断能力。一般认为，欠缺经验仅限于欠缺一般的生活经验或交易经验，而不包括欠缺特殊的经验。

（三）撤销权的行使

1. 撤销权的性质及行使

当事人对于其实施的可撤销民事法律行为依法享有可以撤销其效力的权利即撤销权。撤销权从性质上讲是形成权，是权利人以其单方意思表示撤销已经成立、生效的民事法律行为的效力的权利，权利人是否行使撤销权依权利人的意志而定，无须对方当事人的同意就可以产生效力；该民事法律行为一旦被撤销自始没有法律约束力。但是，权利人撤销民事法律行为的意思表示须依法向人民法院或仲裁机构作出，人民法院或者仲裁机构对请求人是否享有撤销权作出确认后，予以准许的，其单方的意思表示即可产生撤销效力。

《民法典》第 152 条对撤销权的除斥期间作了详细的规定，将其区分三种类别：第一，一般的除斥期间，即当事人自知道或者应当知道撤销事由之日起 1 年内没有行使撤销权的，撤销权消灭。该种类型的除斥期间为 1 年，起算时间为知道或者应当知道撤销事由之日起计算。第二，特别的除斥期间，包括两种：(1) 重大误解的当事人自知道或者应当知道撤销事由之日起 90 日内没有行使撤销权的撤销权消灭，其期间只有 90 日。(2) 当事人受胁迫而实施的民事法律行为的撤销权，除斥期间为 1 年，但起算时间比较特殊，是自胁迫行为终止之日起。第三，最长除斥期间，即当事人自民事法律行为发生之日起 5 年内没有行使撤销权的，撤销权消灭。

2. 撤销权的消灭

依据《民法典》第 152 条规定，除了在上述的撤销权行使期间内当事人没有行使撤销权导致撤销权消灭外，还因当事人知道撤销事由后明确表示或者以自己行为表明放弃撤销权而消灭。

3. 撤销权行使的法律后果

撤销权人请求人民法院或仲裁机构撤销民事法律行为，该民事法律行为被撤销的，其撤销的效力溯及该民事法律行为成立时，即该被撤销的民事法律行为自始无效，产生与无效民事法律行为同样的法律后果。

思考题

1. 什么是民事法律行为？民事法律行为有哪些特征？
2. 简述民事法律行为的分类。
3. 如何认识民事法律行为的成立？
4. 意思表示有哪些类型？具有什么特征？
5. 试述意思表示的构成要素。
6. 试述意思表示的撤回和撤销的区别。
7. 简述意思表示的解释规则。
8. 民事法律行为的效力状态有哪些？
9. 简述效力待定的民事法律行为。
10. 试述附条件民事法律行为与附期限民事法律行为的区别。

第七章　代　　理

【学习目标】

1. 了解代理的概念与特征。
2. 了解代理关系的基本规定。
3. 了解代理行为的基本规定。
4. 掌握代理权的主要内容。
5. 了解无权代理的基本规定。
6. 了解表见代理的概念与基本规定。

【引导案例】

甲委托乙采购一批电脑,乙受丙诱骗高价采购了一批劣质手机。丙一直以销售劣质手机业,甲对此知情。

关于手机买卖合同,下列哪些表述是正确的?(　　)

A. 甲有权追认　　B. 甲有权撤销　　C. 乙有权以甲的名义撤销　　D. 丙有权撤销

【简要评析】

参考答案:ABC。

《民法典》第171条规定:"行为人没有代理权、超越代理权或者代理权终止后仍然实施代理行为,未经被代理人追认,对被代理人不发生效力。相对人可以催告被代理人在收到通知之日起30日内予以追认。被代理人未作表示的,视为拒绝追认。行为人实施的行为被追认之前,善意相对人有撤销的权利。撤销应当以通知的方式作出。"甲委托乙采购电脑,乙采购了手机,乙的行为属于超越代理权的无权代理。

对于乙的无权代理行为,甲可以追认。根据《民法典》第148条的规定,一方以欺诈手段,使对方在违背真实意思的情况下订立的合同,受欺诈方有权请求人民法院或者仲裁机构予以撤销。甲是被代理人,也是买卖合同的一方当事人。丙诱骗乙高价采购劣质手机应属于欺诈,甲作为合同相对方有权撤销。丙是甲的代理人,可以以甲的名义对丙主张撤销。丙诱骗乙购买手机,不得主张撤销。

第一节　代理概述

一、代理的概念

代理，是代理人以被代理人的名义进行法律行为，其产生的法律效果直接或间接归属于被代理人的法律制度。在代理制度中，以被代理人的名义为他人实施民事法律行为的人，称为代理人。由他人代为实施民事法律行为的人，称为被代理人，也称为本人。与代理人进行民事行为的人是第三人。

我国民法明确规定了代理制度。我国《民法典》第 161 条第 1 款规定，“民事主体可以通过代理人实施民事法行为。”因此，代理制度属于民事法律制度的重要组成部分。代理是人们在社会交往中不可或缺的手段，但是，并不是所有的民事行为都可以代理，《民法典》第 161 条第 2 款规定：“依照法律规定、当事人约定或者民事法律行为的性质，应当由本人亲自实施的民事法律行为，不得代理。”

二、代理的特征

（一）代理人以被代理人的名义实施行为

代理人必须以被代理人的名义实施行为。《民法典》第 162 条规定：“代理人在代理权限内，以被代理人名义实施的民事法律行为，对被代理人发生效力。”

（二）代理人在代理权限范围内独立作出意思表示

代理人以代被代理人实施民事法律行为为使命，因此，代理人在代理权限范围内代被代理人独立作出意思表示。同时，法律规定或者当事人约定应由本人实施的民事法律行为不得代理。

（三）代理行为是对第三人进行意思表示

代理人以被代理人的名义与第三人设立、变更或者终止民事关系，须向第三人作出意思表示。

（四）代理行为的法律后果归属于被代理人

代理人以被代理人的名义与第三人从事民事法律行为所产生的法律效果完全归属于被代理人。即代理人在代理权限内以被代理人名义实施的民事法律行为所形成的权利和义务应当由被代理人承担。《民法典》第 162 条规定，“代理人在代理权限内，以被代理人名义实施的民事法律行为，对被代理人发生效力。”

案例

下列哪些情形属于代理?

A. 甲请乙从国外代购一套名牌饮具,乙自己要买两套,故乙共买3套一并结账。

B. 甲请乙代购茶叶,乙将甲写好茶叶名称的纸条交给销售员,告知其是为自己朋友买茶叶

C. 甲律师接受法院指定担任被告人乙的辩护人

D. 甲介绍歌星乙参加某演唱会,并与主办方签订了三方协议

案例分析

参考答案:ABC。

受托人以自己的名义与第三人订立合同时,第三人不知道受托人与委托人之间的代理关系的,受托人因第三人的原因对委托人不履行义务,受托人应当向委托人披露第三人,委托人因此可以行使受托人对第三人的权利,但第三人与受托人订立合同时如果知道该委托人就不会订立合同的除外。

乙以自己名义为甲购买一套名牌饮具,应当属于代理。受托人以自己的名义,在委托人的授权范围内与第三人订立的合同,第三人在订立合同时知道受托人与委托人之间的代理关系的,该合同直接约束委托人和第三人,但有确切证据证明该合同只约束受托人和第三人的除外。甲请乙代购茶叶,乙将甲写好茶叶名称的纸条交给销售员并告知自己是为他人买茶叶的行为属于代理。甲律师接受法院指定担任被告人乙的辩护人,是乙的指定代理人。

甲介绍歌星乙参加某演唱会,并与主办方签订了三方协议,是中介人向委托人报告订立合同的机会或者提供订立合同的媒介服务,委托人支付报酬的合同,应当属于中介合同,不构成代理。

第二节　代理关系

一、代理关系的概念

代理关系包括代理人与被代理人之间的法律关系,以及代理人与第三人、被代理人与第三人之间法律关系。其中,代理人与被代理人之间的法律关系称为代理的内部关系;基于代理行为而产生的代理人与第三人、被代理人与第三人之间的法律关系称为代理的外部关系。

(一)被代理与代理人之间的关系

被代理与代理人之间的关系是代理的基础关系。根据《民法典》的规定,代理制度根据不同的原因而产生,《民法典》第163条规定,代理包括委托代理和法定代理。

(二)代理人与第三人之间的关系

代理人与第三人之间的关系是代理行为关系,是代理人为被代理人的利益为本人与第三人实施一定的法律行为。

延伸阅读

《民法典》第 922 条规定,受托人应当按照委托人的指示处理委托事务。需要变更委托人指示的,应当经委托人同意;因情况紧急,难以和委托人取得联系的,受托人应当妥善处理委托事务,但是事后应当将该情况及时报告委托人。

(三)被代理人与第三人之间的关系

被代理人与第三人之间的关系是代理人进行代理活动的效果归属关系,即代理人与第三人实施的民事行为的后果,无论对于被代理人是否有利,所形成的权利义务都应当由被代理人享有或者承担。

二、代理关系的产生

根据《民法典》的规定,代理包括委托代理和法定代理。在委托代理中,代理关系由被代理人的委托产生;在法定代理中,代理关系由法定代理人依照法律的规定而产生。

三、代理关系的消灭

(一)委托代理关系消灭的原因

《民法典》第 173 条规定,有下列情形之一的,委托代理终止:

(1)代理期限届满或者代理事务完成。

(2)被代理人取消委托或者代理人辞去委托。

(3)代理人丧失民事行为能力。

(4)代理人或者被代理人死亡。

(5)作为代理人或者被代理人的法人、非法人组织终止。

(二)法定代理关系消灭的原因

《民法典》第 175 条规定,有下列情形之一的,法定代理终止:

(1)被代理人取得或者恢复完全民事行为能力。

(2)代理人丧失民事行为能力。

(3)代理人或者被代理人死亡。

(4)法律规定的其他情形。

第三节 代理的分类

一、委托代理和法定代理

根据代理权产生的根据不同,《民法典》第 163 条规定,代理包括委托代理和法定代理。委托代理人按照被代理人的委托行使代理权;法定代理人依照法律的规定行使代理权。

委托代理也称为意定代理,是基于被代理人的意思产生的代理,是由被代理人授权所发生的代理。委托代理是最常见、最重要的一种代理产生方式。

延伸阅读

《民法典》第 165 条规定,委托代理授权采用书面形式的,授权委托书应当载明代理人的姓名或者名称、代理事项、权限和期限,并由被代理人签名或者盖章。

法定代理是基于法律规定产生的代理。我国《民法典》为无行为能力人和限制行为能力人制定了法定代理的规定。

延伸阅读

《民法典》

第 19 条:8 周岁以上的未成年人为限制民事行为能力人,实施民事法律行为由其法定代理人代理或者经其法定代理人同意、追认;但是,可以独立实施纯获利益的民事法律行为或者与其年龄、智力相适应的民事法律行为。

第 20 条:不满 8 周岁的未成年人为无民事行为能力人,由其法定代理人代理实施民事法律行为。

第 21 条:不能辨认自己行为的成年人为无民事行为能力人,由其法定代理人代理实施民事法律行为。8 周岁以上的未成年人不能辨认自己行为的,适用前款规定。

第 22 条:不能完全辨认自己行为的成年人为限制民事行为能力人,实施民事法律行为由其法定代理人代理或者经其法定代理人同意、追认;但是,可以独立实施纯获利益的民事法律行为或者与其智力、精神健康状况相适应的民事法律行为。

第 23 条:无民事行为能力人、限制民事行为能力人的监护人是其法定代理人。

二、直接代理和间接代理

根据代理人进行代理活动的方式,代理可以分为直接代理和间接代理。

直接代理是代理人在进行代理活动时以被代理人的名义,所进行代理活动的法律后果直接由被代理人承担。

间接代理是代理人在进行代理活动时以自己的名义，所进行代理活动的法律后果由被代理人承担。

我国《民法典》规定了直接代理与间接代理。《民法典》第162条规定："代理人在代理权限内，以被代理人名义实施的民事法律行为，对被代理人发生效力。"《民法典》第925条规定："受托人以自己的名义，在委托人的授权范围内与第三人订立的合同，第三人在订立合同时知道受托人与委托人之间的代理关系的，该合同直接约束委托人和第三人；但是，有确切证据证明该合同只约束受托人和第三人的除外。"

《民法典》第926条规定："受托人以自己的名义与第三人订立合同时，第三人不知道受托人与委托人之间的代理关系的，受托人因第三人的原因对委托人不履行义务，受托人应当向委托人披露第三人，委托人因此可以行使受托人对第三人的权利。但是，第三人与受托人订立合同时如果知道该委托人就不会订立合同的除外。"

三、单独代理和共同代理

根据代理人是一人还是数人，代理可以分为单独代理和共同代理。

单独代理是代理权属于一人的代理。共同代理是代理权属于两人以上的代理。共同代理人可以各自行使代理权，也可以共同行使代理权。我国司法实践中，数个委托代理人的，如果其中一人或者数人未与其他委托代理人协商，所实施的行为侵害被代理人权益的，由实施行为的委托代理人承担民事责任。

四、本代理和再代理

根据代理权来源的不同，代理可以分为本代理和再代理。

本代理是代理权来源于被代理人直接委托或者来源于法律的规定的行为。再代理又称为复代理，是代理人为了被代理人的利益，转托他人实施代理的行为，其法律后果由被代理人承担。一般情况下，代理人应当亲自执行代理事务，不得转委托他人处理代理事务。但是，为了更好地保护被代理人的利益，法律也允许代理人在一定情况下将代理事务转托他人办理。

延伸阅读

《民法典》

第169条：代理人需要转委托第三人代理的，应当取得被代理人的同意或者追认。

第923条：受托人应当亲自处理委托事务。经委托人同意，受托人可以转委托。转委托经同意或者追认的，委托人可以就委托事务直接指示转委托的第三人，受托人仅就第三人的选任及其对第三人的指示承担责任。转委托未经同意或者追认的，受托人应当对转委托的第三人的行为承担责任;但是,在紧急情况下受托人为了维护委托人的利益需要转委托第三人的除外。

五、概括代理和限定代理

根据代理权是否被限定,代理可以分为概括代理和限定代理。

概括代理又称一般代理,是代理权范围没有特别限定的代理。限定代理又称特别代理,是代理权范围有特别限定的代理。

延伸阅读

《民法典》

第 920 条:委托人可以特别委托受托人处理一项或者数项事务,也可以概括委托受托人处理一切事务。

第四节 代 理 行 为

一、代理行为的概念

代理行为是代理人行使代理权而进行的民事法律行为。关于代理行为的性质,通说认为,直接代理中的委托代理采本人行为说,直接代理中的法定代理采代理行为说,间接代理采代理人行为说。

二、代理行为的生效条件

代理行为是代理人行使代理权而进行的民事法律行为,应当满足民事法律行为的一般生效条件。同时,代理行为还应当具有符合代理要求有效条件。

延伸阅读

《民法典》

第 143 条:具备下列条件的民事法律行为有效:

(1)行为人具有相应的民事行为能力;

(2)意思表示真实;

(3)不违反法律、行政法规的强制性规定,不违背公序良俗。

(一)代理人应当具有相应民事行为能力

通常情况下,代理人应当具有完全民事行为能力。《民法典》规定,无民事行为能力人实施的民事法律行为无效。《民法典》第 145 条规定:“限制民事行为能力人实施的纯获利益的民事法律行为或者与其年龄、智力、精神健康状况相适应的民事法律行为有效；实施的其他民事法律行为经法定代理人同意或者追认后有效。”因此，在委托代理中，限制民事行为能力人也可以在一定情况下作为被代理人的代理人。

(二)代理人应当在其代理权限内进行代理行为

一般情况下，代理行为必须在代理权限内进行才可能合法、有效。但是，并不是所有的无权代理都产生无效代理行为的后果。无权代理行为事后得到被代理人的追认的，转委托代理经被代理人同意或者追认的以及表见代理的等情况下，该代理行为有效。

案例

张某是某企业的销售人员，随身携带盖有该企业公章的空白合同书，便于对外签约。后张某因收取回扣被企业除名，但空白合同书未被该企业收回。张某以此合同书与他人签订购销协议，该购销协议的性质应如何认定？(　　)

A. 不成立　　B. 无效　　C. 可撤销　　D. 成立并生效

案例分析

答案：D。

《民法典》第 172 条规定：“行为人没有代理权、超越代理权或者代理权终止后仍然实施代理行为，相对人有理由相信行为人有代理权的，代理行为有效。”本案中，由于持甲有盖有该企业公章的空白合同书，相对人完全有理由相信甲有代理权。因而，该购销协议成立并生效，故 D 正确。

(三)代理事项应当合法

法律行为的标的即代理事项应当合法，不得违反法律的强制性规定和公序良俗。《民法典》第 143 条明确规定了民事法律行为的有效条件包括不违反法律、行政法规的强制性规定，不违背公序良俗。代理事项应当合法包括代理人实施的行为不得违法，不得代理进行只能由被代理人亲自实施的事项。《民法典》第 167 条规定：“代理人知道或者应当知道代理事项违法仍然实施代理行为，或者被代理人知道或者应当知道代理人的代理行为违法未作反对表示的，被代理人和代理人应当承担连带责任。”

延伸阅读

《民法典》

第 168 条：代理人不得以被代理人的名义与自己实施民事法律行为，但是被代理人同意或者追认的除外。

代理人不得以被代理人的名义与自己同时代理的其他人实施民事法律行为，但是被代理的双方同意或者追认的除外。

三、代理行为的法律后果

代理行为的法律后果是代理人从事代理行为后产生的法律后果。符合代理行为有效要件的代理行为,其法律后果应当归属于被代理人。

代理人在代理权限内以被代理人的名义进行的代理行为,直接对被代理人发生效力,代理行为的法律后果直接归属于被代理人。行为人没有代理权、超越代理权或者代理权终止后,仍然实施代理行为,相对人有理由相信行为人有代理权的,代理行为有效。

代理人进行的表见代理行为,其代理行为的后果由被代理人承担。因代理行为违法造成对他人的损害时,一般情况下应当根据过错原则确定被代理人的责任。

第五节 代 理 权

一、代理权的概念

代理权是代理人从事代理行为的资格。在委托代理中,代理人的资格是基于被代理人的委托行为而产生的;在法定代理中,代理人的资格基于法律的规定。因此,代理人不得随意转让其代理权,代理人也不得随意抛弃其代理权。

二、代理权的取得

(一)委托代理

委托代理的代理权来自被代理人的授权行为。《民法典》第 165 条规定:"委托代理授权采用书面形式的,授权委托书应当载明代理人的姓名或者名称、代理事项、权限和期限,并由被代理人签名或者盖章。"

授权行为是一种单方行为,只要被代理人作出单方意思表示就发生效力,是以发生代理权为目的的单方行为。授权的意思表示可以采取书面形式也可以是口头形式。书面形式采取授权委托书的形式。授权委托书应当写明:

(1)代理人的姓名或者名称。代理人是自然人的,应当记载姓名;代理人是法人或非法人组织的,应当记载名称。

(2)代理事项。无论代理权是否被限定,授权委托书都应当明确代理的具体事项。即使是概括代理也应当写明代理的具体事项。

(3)代理权限。授权委托书要写明代理权的权限。

(4)代理期限。授权委托书要写明代理的存续期限。

(5)被代理人签名或者盖章。被代理人应当在授权委托书上签名或者盖章,授权委托书才能够生效。

(二)职务行为

《民法典》第 170 条第 1 款规定,执行法人或者非法人组织工作任务的人员,就其职权范围内的事项,以法人或者非法人组织的名义实施的民事法律行为,对法人或者非法人组织发生效力。

(三)法定代理

法定代理的代理人取得代理权是来自法律法规的规定。如《民法典》第 23 条规定,"无民事行为能力人、限制民事行为能力人的监护人是其法定代理人。"

延伸阅读

《民法典》

第 34 条:监护人的职责是代理被监护人实施民事法律行为,保护被监护人的人身权利、财产权利以及其他合法权益等。

三、代理权行使的一般要求

(一)代理人必须亲自进行代理行为

代理关系是基于信任关系而产生的,因此,通常情况下,代理人必须亲自进行代理行为。只有在紧急情况下,为了保护被代理人的利益才可以未经被代理人同意或者追认而由他人代理。《民法典》第 169 条规定,转委托代理未经被代理人同意或者追认的,代理人应当对转委托的第三人的行为承担责任;但是,在紧急情况下代理人为了维护被代理人的利益需要转委托第三人代理的除外。

(二)代理人必须在代理权限内行使代理权

代理人应当在代理权限的范围内行使代理权,未经被代理人的同意,代理人不得擅自变更代理权限。只有在规定情况下代理人才可以变更代理权限。代理人需要转委托第三人代理的,? 应当取得被代理人的同意或者追认。

延伸阅读

《民法典》

第 931 条:委托人经受托人同意,可以在受托人之外委托第三人处理委托事务。因此造成受托人损失的,受托人可以向委托人请求赔偿损失。

(三)代理人必须依据诚实信用原则进行代理行为

代理行为也必须遵循诚实信用原则。代理人在行使代理权时应当维护被代理人的合法权益，对被代理人的财产和代理事务应当尽到善良管理人的义务。代理人不得滥用代理权，不得进行自己代理、双方代理等损害被代理人利益的行为。《民法典》第 164 条规定："代理人不履行或者不完全履行职责，造成被代理人损害的，应当承担民事责任。代理人和相对人恶意串通，损害被代理人合法权益的，代理人和相对人应当承担连带责任。"

（四）代理人不得滥用代理权

一般情况下，代理人不得以被代理人的名义与自己从事法律行为，也不得同时代理被代理人和相对人为同一法律行为。《民法典》第 168 条规定："代理人不得以被代理人的名义与自己实施民事法律行为，但是被代理人同意或者追认的除外。代理人不得以被代理人的名义与自己同时代理的其他人实施民事法律行为，但是被代理的双方同意或者追认的除外。"

延伸阅读

《民法典》

第 35 条：监护人应当按照最有利于被监护人的原则履行监护职责。监护人除为维护被监护人利益外，不得处分被监护人的财产。

未成年人的监护人履行监护职责，在作出与被监护人利益有关的决定时，应当根据被监护人的年龄和智力状况，尊重被监护人的真实意愿。

成年人的监护人履行监护职责，应当最大程度地尊重被监护人的真实意愿，保障并协助被监护人实施与其智力、精神健康状况相适应的民事法律行为。对被监护人有能力独立处理的事务，监护人不得干涉。

四、代理权的消灭

《民法典》第 173 条规定了委托代理终止的情形，第 175 条规定了法定代理终止的情形。代理关系终止，代理人的代理权消灭。

第六节　无 权 代 理

一、无权代理的概念

无权代理是代理人不具有代理权而进行代理行为。一般情况下，没有代理权时实施的代理行为都是无权代理。具有而言，无权代理主要有以下几种。

1. 代理人没有代理权的代理

代理人未得到委托人的授权或者没有法律上根据而进行的代理行为。

2. 超越代理权的无权代理

代理人有代理权，如果代理人的代理行为超越了代理权限，超越的代理权限的部分是无权代理。

3. 代理权终止后的无权代理

代理人有代理权，在代理权因被代理人撤销委托或者代理期限届满等原因终止后而仍然以被代理人的名义进行的代理行为是无权代理。

案例

甲委托乙前往丙厂采购男装，乙觉得丙生产的女装市场看好，便自作主张以甲的名义向丙订购。丙未问乙的代理权限，便与之订立了买卖合同。对此，下列哪些说法是正确的？（　　）

A. 甲有追认权　　　　B. 丙有催告权

C. 丙有撤销权　　　　D. 构成表见代理

案例分析

参考答案：ABC。

《民法典》第 171 条规定："行为人没有代理权、超越代理权或者代理权终止后，仍然实施代理行为，未经被代理人追认的，对被代理人不发生效力。相对人可以催告被代理人自收到通知之日起 30 日内予以追认。被代理人未作表示的，视为拒绝追认。行为人实施的行为被追认前，善意相对人有撤销的权利。撤销应当以通知的方式作出。"

本案中，甲委托乙采购男装，乙自作主张订购女装，超越了代理权限，构成了无权代理。依据《民法典》第 171 条的规定，被代理人甲享有追认权，善意相对人丙享有催告权和撤销权。故 ABC 正确。《民法典》第 172 条规定："行为人没有代理权、超越代理权或者代理权终止后，仍然实施的代理行为，以相对人有理由相信行为人有代理权的，代理行为有效。"但本案中丙未问乙的代理权限就与之订立了买卖合同，不存在有理由相信行为人有代理权的情况，所以不构成表见代理。

二、无权代理的法律后果

无权代理不发生与有权代理同样的法律效果，在满足一定条件的情况下，也可能发生与有权代理同样的法律效果。在无权代理的情况下，被代理人享有拒绝权。如果被代理人明确表示拒绝追认或者在第三人确定的催告期内不作出追认的表示，该代理行为对于被代理人不发生代理的效力。《民法典》第 171 条规定，"行为人没有代理权、超越代理权或者代理权终止后，仍然实施代理行为，未经被代理人追认的，对被代理人不发生效力。""相对人知道或者应当知道行为人无权代理的，相对人和行为人按照各自的过错承担责任。"

与被代理人的追认权相对应，第三人有撤销权。在无权代理的情况下，第三人在被代理人行使追认权之前可以行使对无权代理行为的撤销权。《民法典》第171条规定:“行为人实施的行为被追认前,善意相对人有撤销的权利。撤销应当以通知的方式作出。”

无权代理也可能发生与有权代理同样的法律效果。如果被代理人行使追认权,可以使无权代理行为转化为有权代理,从而产生与有权代理同样的法律效果。被代理人追认的意思表示具有溯及力,无权代理行为自始有效。在无权代理的情况下,第三人有催告权。第三人在被代理人行使追认权前,可以向被代理人催告,要求被代理人在一定期限内作出是否追认的意思表示。

第七节 表见代理

一、表见代理的概念

表见代理是指行为人虽然没有代理权,但是相对人有理由相信行为人有代理权的无权代理。表见代理不符合代理的有效条件,也属于无权代理的一种。《民法典》第172条规定:“行为人没有代理权、超越代理权或者代理权终止后,仍然实施代理行为,相对人有理由相信行为人有代理权的,代理行为有效。”

二、表见代理的构成条件

(一)行为人没有代理权

行为人以代理人的名义实施民事法律行为时没有代理权,既没有得到被代理人的委托也没有法律上的规定,是行为人没有代理权、超越代理权或者代理权终止后仍然实施的代理行为。

(二)相对人有理由相信行为人拥有代理权

《民法典》规定,交易相对人“有理由相信行为人有代理权的”,是基于对行为人拥有代理权的信赖,与行为人进行民事法律行为。

(三)相对人在主观上是善意的且无过失

相对人不知道或不应当知道无权代理人实际上没有代理权,并且相对人不知道行为人没有代理权不是因为疏忽大意或懈怠造成的,即相对人对于行为人的无权代理不存在过失。如果相对人明知行为人无代理权,或者应当知道行为人无代理权却因为过失而不知道的,则对无权代理行为也负有责任。

案例

吴某是甲公司员工,持有甲公司授权委托书。吴某与温某签订了借款合同,该合同由温某签字、吴某用甲公司合同专用章盖章。后温某要求甲公司还款。下列哪些情形有助于甲公司否定吴某的行为构成表见代理?( )

A. 温某明知借款合同上的盖章是甲公司合同专用章而非甲公司公章,未表示反对

B. 温某未与甲公司核实,即将借款交给吴某

C. 吴某出示的甲公司授权委托书载明甲公司仅授权吴某参加投标活动

D. 吴某出示的甲公司空白授权委托书已届期

案例分析

参考答案:CD。

《民法典》第172条规定:“行为人没有代理权、超越代理权或者代理权终止后,仍然实施代理行为,相对人有理由相信行为人有代理权的,代理行为有效。”“相对人有理由相信行为人有代理权”是指相对人主观上善意且无过错。

本案中,选项C表明吴某没有代理权,选项D表明代理权终止后以被代理人名义订立合同的行为。在C、D项下,相对人温某在签订合同时能够根据委托书判断出吴某属于无权代理,因此温某主观上不属于善意无过错,甲公司可据此否定吴某的行为构成表见代理。

三、表见代理的法律后果

符合表见代理条件的代理行为有效。

思考题

一、简答题

1. 简述代理的概念与特征。
2. 简述代理关系的基本内容。
3. 简述委托代理。
4. 简述法定代理。
5. 简述代理行为的有效条件。
6. 简述代理行为的法律后果。
7. 简述代理权行使的一般要求。
8. 无权代理的法律后果。
9. 简述表见代理。

二、实训课堂

甲委托乙销售一批首饰并交付,乙经甲同意转委托给丙。丙以其名义与丁签订买卖合同,约定将这批首饰以高于市场价10%的价格卖给丁,并赠其一批箱包。丙因此与戊签订箱包买卖合同。丙依约向丁交付首饰,但因戊不能向丙交付箱包,导致丙无法向丁

交付箱包。丁拒绝向丙支付首饰款。下列哪一表述是正确的?(　　)

A. 乙的转委托行为无效

B. 丙与丁签订的买卖合同直接约束甲和丁

C. 丙应向甲披露丁,甲可以行使丙对丁的权利

D. 丙应向丁披露戊,丁可以行使丙对戊的权利

第八章　诉讼时效

【学习目标】

1. 理解时效的概念、本质、种类、功能等基本概念和基本知识。

2. 重点掌握诉讼时效的客体、诉讼时效的中止、中断和延长、诉讼时效完成后的法律效果、诉讼时效与出斥期间的区别等基本原理以及《民法典》的有关规定。

【引导案例】

2014 年 2 月 13 日，万某无证驾驶无号牌摩托车沿 009 县道（九蒋公路）由北向南行驶，18 时许行至湖北省天门市渔镇郑村八地段时，将同向在道路右边行走的张某撞倒致伤。2014 年 2 月 26 日，天门市公安局交通警察支队对该事故作出公交认字（2014）第 5013 号《道路交通事故认定书》，认定万某负此事故的全部责任，张某无责任。后张某于 2015 年 1 月向法院起诉请求：由万某赔偿医疗费 17070.82 元、误工费 6462.49 元、护理费 2361.29 元、住院伙食补助费 750 元、营养费 750 元、鉴定费 700 元、交通费 200 元、打印费 100 元，合计 28394.60 元。

法院收到材料后要求其办理户口后再提起诉讼。因张某户籍在河南省，父母双亡后回湖北省天门市随外祖父母一起居住。本案交通事故发生时，张某系孤儿、限制民事行为能力人，直至 2015 年 12 月 1 日才在河南省办好了户籍，并于 2016 年 5 月 3 日再次提起了诉讼。对此万某认为张某的起诉已超过诉讼时效，应当依法驳回。

问题：本案中张某对于万某的损害赔偿请求权是否超过了诉讼时效？

【简要评析】

诉讼时效的中止是指在诉讼时效期间进行中，因发生一定的法定事由使权利人不能行使请求权，从而暂时停止计算诉讼时效期间。在诉讼时效期间进行的过程中，本来能够实现的权利，由于权利人意志以外的特殊障碍出现，权利人无法行使，以致时效期间届满，权利不再受法律保护。针对这种情况，法律设计了诉讼时效中止制度，以保证权利人有充足的时间保护自己的权利。

本案中，诉讼时效期间的起算日为 2014 年 3 月 5 日，截止日为 2015 年 3 月 4 日。但由于张某系未成年人，未办理户籍登记和居民身份证，故一审法院要求张某办好户籍登记后再提起诉讼，此时诉讼时效发生中断，中断后诉讼时效期间的重新计算日为 2015 年 3 月 3 日，截止日为 2016 年 3 月 2 日。

2015 年 9 月 2 日，即在诉讼时效期间的最后 6 个月内，其户籍登记和居民身份证尚未办理完毕，依照上述法律规定，本案诉讼时效发生中止，直至2015年12月1日张某的户籍登记和居民身份证办理完毕，诉讼时效中止的情形才消失，故此，本案的诉讼时效期间应从2015年12月2日开始继续计算6个月。故张某于2016年5月3日再次提起诉讼，未超过法定诉讼时效期间。

第一节 时效概述

一、时效的概念

时效，指一定事实状态在法定期间持续存在，从而产生与该事实状态相适应的法律效力的法律制度。当一定的事实状态持续一定的时间，就会形成稳定的社会关系，进而形成人们习惯的正常稳定秩序，这种稳定的社会关系一旦被打破，就容易导致秩序的混乱。民事法律之所以设立时效制度，目的就在于通过时效的规定确认现有的社会关系，稳定现有经济秩序，维护经济利益。

二、时效的特征

（一）时效是法律事实

时效是法律规定的一定事实状态，其所引起的法律效果是客观发生的，与当事人的意志无关。不管当事人是否愿意，只要符合法律的规定，就会产生相应的后果。例如诉讼时效中，如果债权人没有行使权利，这种不行使权利的事实状态不管是有意为之还是无心之失，一旦达到法律规定的3年时间，都会导致权利的丧失。

（二）时效必须持续一段法定时间

事实状态和时间的经过是时效不可或缺的两个要素。时效不同于一般的时间法律事实，它必须以一定的事实状态的持续存在为前提，事实状态持续经过的时间才具有构成时效的时间意义，二者必须互相结合，才能产生相应的法律效果。诉讼时效中，法律规定债权人不行使权利的事实状态必须持续不间断地发生，达到3年之久，此时才发生权利丧失的后果。如果仅有不行使权利的事实，而这种状态并没有持续发生或者持续时间不够法律规定的长度，都不会产生权利丧失的后果。

（三）时效引起的法律效果是权利变动

取得时效引起占有人对占有物的所有权或者他物权的取得；诉讼时效或称消灭时效引起权利人权利受法院保护权的消灭。这是时效与其他以时间为要素的法律事实的区别。例如，失踪宣告的期间、死亡宣告的期间以自然人离开住所处于下落不明的状态为前提，但它所引的法律效果是可以对自然人进行失踪宣告或者死亡宣告的条件的满足，而不是直接引起权利义务的变动。

(四)时效是强制性的法律规定

时效具有强制性,构成时效的事实状态、时间期间及其法律效果都是法律规定的。时效期间的届满会发生与原权利人利益相反的民事法律效果,因此时效不仅对原权利人有重大利害,而且关系到社会经济秩序、民事生活秩序的稳定以及公共利益、交易安全的维护。民法对时效作出强制性规定,不许当事人依自由意志排除时效的适用、改变时效期间或预先抛弃时效利益,即使当事人作出这样的约定,也会因为违反了法律的强制性而无效,故时效制度属强制性规定。

延伸阅读

关于时效的法律性质有两方面问题:一是时效是法律事实还是法律制度;二是时效是事件还是自然状态。学者有不同的观点。

对于前一问题,有学者归纳得出关于时效的定义有两大类:一是法律事实说,二是法律制度说,并在此基础上指出采制度说更为允当。因为时效是"时"与"效"结合组成的,一定事实状态的期间经过属于纯粹的法律事实范畴,由此产生的相应法律效果则并非法律事实本身,而属于制度范畴。有学者认为称时效为法律事实或者称时效为法律制度并无本质的不同,因为法律事实并非一般的客观事实,而是由法律规定的引起法律关系或者民事权利变动的客观事实,规定法律事实的法律制度就是法律事实制度,法律事实与法律制度并不是对立的,时效就是由民法规定的法律事实制度。

时效属于事件还是自然状态,学者有不同的观点,具有代表性的学说如我国台湾地区学者史尚宽先生认为时效属于事件;梁慧星教授认为,时效为自然事实中的状态;王利明教授也认为时效不属于事件,而属于状态。龙卫球教授指出,"这种理解忽略了时效构成是以期间经过为要素这一实际,即不是以持续本身为成立,而是以某一临界点到来为成立"。他认为时效属于事件的观点显然较有代表性。实际上事件就是人的意志以外的自然事实,一定时间的经过就是事件。占有态或权利不行使状态是人的意志可控的状态,不完全属于自然状态,时效的效果并不直接产生这种状态,而是状态经过了客观的与人的意志无关的时间期间。

三、时效制度的功能

(一)稳定社会秩序和民事生活秩序

没有规矩不成方圆,法律就是现代社会的规矩,社会关系经由法律调整形成稳定的法律关系,维持着社会的正常秩序,使社会和谐有效地运转。当一定的事实状态长时间地稳定存在,必然以此为基础在其上形成社会关系,并且随着时间的推进,这些社会关系还会不断地扩展,不断会有新主体加入,新关系形成。时间越久,牵连越广。

此时,若因法律原先确认的法律关系与这一事实状态不符,而推翻这一长期存在的事实状态,必然会导致所有与之相关的社会关系受到影响,严重的甚至会造成社会秩序的混乱。这就与法律维护社会稳定的初衷相背离。通过时效制度的规定,认可长期存在的事实状态的法律效力,确认新的法律关系,使之合法化。这样就适应了社会现实的新情况,有利于稳定社会秩序和民事生活秩序。

(二)督促权利人及时行使权利,充分利用社会资源

"法律帮助勤勉者,不帮助睡眠者。"时效制度就体现了这一原则。受到法律保护的权利,如果权利人怠于行使,赋予权利也就失去了意义,同时还会造成社会资源的浪费。权利人长期不行使权利,依时效制度会发生权利丧失的法律后果,这样就起到了督促权利人及时行使权利的作用,有利于社会资源得到有效的利用,加快民事流转,发挥财产效用,促进社会经济的正常发展。

(三)避免证据灭失,提高司法效率

法庭上一切要依靠证据说话,这是司法审理案件的基础,但证据会随着时间的流逝,不断地湮灭。当一个事实状态已经长期存在,要想证明其最初合法与否,调查取证会变得困难,这个状态持续时间越久,取证就越困难。时效制度规定时效期间届满,即可确认权利人丧失权利,避免了调查取证的困难,使司法诉讼能够迅速地进行,极大地提高了司法效率。

四、时效的种类

依时效的事实状态要素和由此引起的法律效果的不同,时效分为两种类型:取得时效和诉讼时效(消灭时效)。

(一)取得时效

取得时效,也叫占有时效,是指无权利人继续地占有他人之物,经过法定期间即取得该物的所有权或其他财产权的时效制度,主要发生在物权法领域。其法律性质为法律事实,且为事件,具有强制性。尽管在《物权法》和《民法典》制定过程中,学界一直有人呼吁在立法上确认取得时效制度,但是我国民法没有作出相应的规定。

取得时效有如下特征:(1)取得时效发生的事实状态是自主、和平、公然地占有或准占有他人的物;(2)取得时效适用于物权的取得;(3)取得时效的法律效果是占有人取得对占有物的所有权或其他财产权;(4)取得时效的法定期间较长。例如,《日本民法典》不分动产与不动产,规定普通取得时效期间为 20 年。我国台湾地区"民法"规定动产取得须经过 5 年,不动产取得须经过 20 年。

(二)诉讼时效

诉讼时效,又称消灭时效,是指权利人在一定期间内不行使权利,即在某种程度上丧

失请求利益的时效制度。

设立诉讼时效制度的主要目的，是客观地促进法律关系的安定，及时结束权利义务的不确定状态，稳定法律秩序，降低社会交易成本。

一方面由于权利人长久不行使权利，很可能会导致证据灭失，如果任由当事人无限期地在诉讼上主张权利，不仅会推翻长期已经存在的事实状态以及基于此事实状态而形成的各种法律关系，造成社会经济秩序的紊乱，也会导致诉讼久拖不决，对义务人有失公平；而以诉讼时效期间替代证据，则可以简化法律关系，避免诉讼上的举证责任。

另一方面，诉讼时效制度可以很好地平衡实际权利人与非实际权利人之间的利益关系，敦促实际权利人及时行使权利以避免不利后果，同时在其存在时效过失时，使利益有利于非实际权利人，从而体现“法律帮助勤勉人，不帮助睡眠人”的法谚精神。

延伸阅读

消灭时效与诉讼时效都是指区别于取得时效的时效制度，是同一概念的不同称谓，都是指因权利人不行使权利的事实状态经过法定的期间致其权利消灭或者丧失请求法院保护其权利的时效制度。各国和地区立法例上对其称谓不同，瑞士民法称诉讼时效，日本民法、意大利民法以及我国台湾地区“民法”称消灭时效，法国民法称时效。我国《民法典》规定的是诉讼时效，其效力为义务人取得抗辩权。当然，关于我国民法应当采取消灭时效还是诉讼时效的概念称谓，学者持不同观点。

（三）取得时效与诉讼时效的区别

1. 起源不同

取得时效起源于罗马《十二铜表法》前的习惯规则，诉讼时效则起源于裁判官法的出诉期限。

2. 构成要件不同

诉讼时效以权利人能够行使权利而不行使为要件，取得时效则以占有的状态为要件。这里的占有，必须符合如下要求：(1)无权占有人占有他人之物；(2)必须是以所有的意思、和平地、公然地占有；(3)必须是继续地占有他人之物达到法定期间，在不动产所有权或其他财产权取得时效的场合，尚需该不动产没有登记。至于取得时效是否需要善意占有这个要件，理论界存在着不同的意见。

3. 法律效果不同

取得时效成立，无权占有人取得占有物的所有权或其他财产权；诉讼时效完成，权利归于消灭或权利的行使可受到义务人抗辩权的对抗。

延伸阅读

诉讼时效的起源

诉讼时效制度起源于罗马的裁判官法，在罗马法早期，诉讼是没有期限限制的，但随着裁判官管辖权的发展，出现了“无限期诉讼”（也称为永久性诉讼）和“时效诉讼”（也称为法定期限诉）之分。到罗马帝国时期则认为诉讼均有时效，权利人如果不在期限内提起诉讼，只是丧失诉讼上的救济，并不丧失实体上的权利，权利人仍可以依诉讼外的方法寻求救济。这种超过诉讼时效期间的债权，在罗马法上称为自然债务，以区别于法定债务，这就成为正式的诉讼时效制度并一直沿用下来。

在中世纪，教会法排斥时效制度，认为不论实际立法如何变动，凡是一种权利，纵使经过长期的忽视，在实际上也是不可毁灭的。寺院法虽然承认时效制度，但对于不得为诉讼之人时效不进行，凡是法律上或事实上不能提起诉讼或者诉讼的提起有困难的都是时效停止的事由。到 11 世纪后期，随着注释法学派的兴起，在罗马法复兴之时，时效制度理论才逐渐传播开来。

我国古代没有诉讼时效制度。现代民法意义上的诉讼时效制度出现于《大清民律草案》，该法典草案在总则中设专章规定了该制度。至民国时，民法建立了完善的诉讼时效制度。1949 年后，由于长期没有制定民法典，因而也不适用诉讼时效制度。直到 1986 年制定《民法通则》，才规定了诉讼时效制度，但是由于受苏联法律的影响，我国采用诉讼时效的称谓，而不是消灭时效，并长期沿用下来。

第二节 诉讼时效的效力

一、诉讼时效完成效力的不同观点和立法例

诉讼时效完成的效力是指权利人不行使权利的事实状态经过了法定的期间所产生的法律效果，各个国家民法关于时效的规定不同，因而在学说和立法例上对于诉讼时效的效力的观点也有所不同。

（一）实体权消灭主义及其立法

此种观点认为，时效期间一旦届满，将直接消灭权利人的实体权利，这种时效称消灭时效。该观点最初由德国学者温德夏特所主张，当代法国学者一般也都采此种观点。其立法例以日本民法为典型，如《日本民法典》第 167 条规定：债权因 10 年间不行使而消灭，债权或所有权以外的财产权，因 20 年间不行使而消灭。实体权利消灭后，权利人无权再接受义务人的履行，否则，构成不当得利。

（二）诉权消灭主义及其立法

此种观点认为，诉讼时效届满后，实体权利本身仍然存在，只是诉权归于消灭，实体

权利因而转为自然权利。该观点最初为德国学者萨维尼所主张,《法国民法典》采纳了这一观点,如《法国民法典》第 2262 条规定,一切物权或债权的诉权,均经 30 年的时效而消灭。1922 年《苏俄民法典》第 44 条也规定,起诉权逾法律规定之期间而消灭。按照此说的观点,义务人援引时效的规定,司法机关即不受理诉讼。但权利人接受义务人的履行,并不构成不当得利。

(三)抗辩权发生主义

此种观点认为,诉讼时效届满后,只是发生抗辩权产生的效果,即义务人取得拒绝履行的抗辩权,权利人的实体权利与诉权均不消灭。该种观点为德国学者欧特曼所主张。德国学者拉伦茨指出:"请求权的时效完成后,义务人有权拒绝给付,但时效并不是请求权消灭的原因,只是给义务人提供了抗辩权。"

《德国民法典》采纳了这一观点,如《德国民法典》第 214 条第 1 款规定,消灭时效完成后,义务人有权拒绝给付。第 215 条规定,请求权在第一次可为抵销或可为拒绝履行之时尚未罹于消灭时效的,则消灭时效不能排除抵销权或留置权的行使。第 216 条规定,有担保物权的请求权的消灭时效完成的效力不妨害债权人从设定担保的客体中求偿;为担保请求权而让与权利的,不得以该请求权的消灭时效已完成为由要求恢复让与该权利。第 217 条规定,附属于主要请求权的次要给付请求权,即使其特定的消灭时效尚未完成,仍应随主要请求权消灭时效的完成而同时完成。

(四)胜诉权消灭主义

此种观点认为,时效届满后,实体权利和诉权均不消灭,只是发生胜诉权消灭的效果。胜诉权概念源于苏联法学家顾尔维奇的二元诉权论,该理论将诉权分为实体意义上的诉权即"胜诉权"和程序意义上的诉权即"起诉权"。

该种观点主要被苏联采用,实体意义上的诉权就是胜诉权,胜诉权的消灭并不导致实体权利本身的消灭,只是使权利人请求人民法院保护并获得胜诉的权利丧失。正如诺维茨基所指出的,"因诉讼时效而消灭的是要求权,即是指程序意义上的诉权,而不是要求权所由产生并借以为根据的实体(实质上的)民事权利本身"。

二、我国民法上诉讼时效完成的效力

我国民法对诉讼时效期间完成的法律效果的规定,经历了由胜诉权消灭主义到抗辩权发生主义的转变。原《民法通则》第 138 条的规定系胜诉权消灭主义,采用的是苏联的立法例。这种规定在近年来遭到质疑,大多数学者主张应当采德国的抗辩权发生主义。

胜诉权消灭主义与抗辩权发生主义的区别在于,消灭胜诉权,可以由法官依职权直接适用诉讼时效,即使当事人不以诉讼时效期间完成进行抗辩,法官仍然可以直接进行审查,并且直接适用诉讼时效,驳回债权人履行债权的请求。这无疑是在为逃债的债务人提供法律保护，使我国的诚信秩序和诚信道德缺失现状雪上加霜。

而发生抗辩权，在保护权利人方面具有明显的优势，且能够实现法律逻辑上的前后一致，解决了义务人自己不援用时效抗辩时，法院不得主动援用诉讼时效规定的理论问题。同时，使享有抗辩权的主体范围、行使的方法、行使后是否可撤回等问题的解释，有了合理依据。因此，我们主张采用抗辩权发生主义，即未经当事人主张，法院不得直接援用诉讼时效的规定而驳回债权人的诉讼请求。

《民法典》第 192 条、第 193 条的规定表明我国《民法典》采取的是诉讼时效完成抗辩权发生主义的学说，其具体效力如下。

(1)诉讼时效届满后，对义务人产生时效抗辩权，义务人可以以其抗辩权拒绝履行义务。

(2)诉讼时效届满后，权利人的实体权利并不丧失，义务人主动向权利人履行义务的，权利人有权受领，权利人受领履行不是不当得利。义务人履行义务后，不得以其不知时效届满自己行使抗辩权可使对方丧失胜诉权为由，要求返还。

(3)诉讼时效完成后，不仅对于主权利产生因义务人抗辩丧失胜诉权的效果，而且对附属于主债权的从债权也产生同样的效果。

(4)诉讼时效届满因义务人抗辩只丧失了权利人的胜诉权，并未丧失其实体民事权利，也没有丧失程序意义上的诉权，当事人仍有权向法院起诉，只是在没有诉讼时效中止、中断或延长事由的情况下，义务人以超过诉讼时效抗辩时难以胜诉。

(5)法院受理后当事人未提出诉讼时效抗辩，人民法院不应对诉讼时效问题进行释明及主动适用诉讼时效的规定进行裁判。

延伸阅读

《民法典》

第 192 条：诉讼时效期间届满的，义务人可以提出不履行义务的抗辩。

诉讼时效期间届满后，义务人同意履行的，不得以诉讼时效期间届满为由抗辩；义务人已经自愿履行的，不得请求返还。

第 193 条：人民法院不得主动适用诉讼时效的规定。

《民法典》第 192 条的规定说明了诉讼时效期间届满后的另一个效果，即诉讼时效期间届满，当事人之间原来的请求权和义务，都变成了自然权利和自然债务，对于这种自然债务，履行还是不履行，不在于权利人的态度，而在于债务人的态度。债务人尊重权利人的自然债权当然可以自愿履行展于诉讼时效期间完成而已经变成的自然债务，这种履行并不存在法律的障碍。

这种履行，可以是知道自己债务的诉讼时效期间已经完成，也可以是不知道自己债务的诉讼时效期间已经完成，债务人在主观上的这种知道或者不知道的态度，并不影响履行义务的法律效果。债务人已经履行了债务之后，才知道自己享有诉讼时效期间经过的抗辩权的，不得再反悔而请求将已经履行的利益予以返还；而不知道自己享有诉讼时效期间超过的抗辩权而同意履行债务的，不得以自己不知道诉讼时效期间已经完成而再次以诉讼时效期间届满为由抗辩。

第三节 诉讼时效的客体

一、诉讼时效客体的概念

(一)诉讼时效客体的概念

诉讼时效的客体，又叫诉讼时效制度的适用范围，一是指适用诉讼时效的权利范围，即诉讼时效适用于哪些民事权利。不同的立法例对此规定的不尽一致。有的规定债、其他非所有权的财产权为消灭时效的客体，如《日本民法典》(第167条)；有的规定请求权为消灭时效的客体，如《德国民法典》(第194条第1项)；有的规定可处分的任何权利为消灭时效的客体，如《意大利民法典》(第2934条)；有的规定若干债权请求权为诉讼时效的客体，如我国《关于审理民事案件适用诉讼时效制度若干问题的规定》(第1条)。

关于诉讼客体的确定，需要结合设计诉讼时效制度的目的进行分析，作为诉讼时效的客体的权利应当具有以下特征：

1. 权利人与义务人具有特定性

要作为诉讼时效的客体，权利人和义务人都必须是特定的。权利人权利的行使需要义务人协助，如果权利人行使权利不需要义务人协助，系其自主行为，与义务人无关，则不必要促使权利人行使权利，权利人或及时或不及时行使权利，既不会对义务人产生影响，也不会影响社会交易秩序，当然也就不必适用诉讼时效。

2. 权利的内容具有财产性

诉讼时效制度本质上是维护社会交易秩序的稳定，具有财产内容，因此，诉讼时效的客体必须是财产性权利，而非人身性权利。尽管人身权的行使与财产权具有一定的联系，并能为权利人带来财产利益，但其行使目的主要是实现权利人作为民事主体的价值，而与社会交易的稳定与安全无紧密关系。故不具有财产性的权利一般不能适用诉讼时效的规定。

3. 有利于保护公共利益

诉讼时效制度设定的根本目的是在平衡权利人与义务人利益的基础上，通过维护社会交易秩序，保障交易安全，进而保护社会公共利益。如果适用诉讼时效制度将损害公共利益，则有违诉讼时效的目的。

二、诉讼时效客体的内容

我国《民法典》对于哪些民事权利适用诉讼时效并未直接作出规定，但第196条对于不适用诉讼时效的情形作出了规定。诉讼时效的立法目的在于消除因权利人不行使权利而导致的法律关系的不稳定状态，诉讼时效届满因义务人抗辩丧失的是权利人请求法院强制义务人履行义务的权利。因此，只有具有请求权性质的民事权利才适用诉讼时效，而且只是部分请求权。其他权利如所有权、他物权、人身权、形成权、抗辩权等一般不适用诉讼时效。

(一)适用诉讼时效的请求权

(1)债权请求权。包括请求恢复原状、请求赔偿损失、请求履行合同义务、请求支付违约金、请求返还不当得利、请求无因管理必要费用支付等。

(2)未经登记的动产返还请求权。

(3)继承权恢复请求权。

(二)不适用诉讼时效的请求权

依据《民法典》第196条，下列请求权不适用诉讼时效的规定：

1. 请求停止侵害、排除妨碍、消除危险

停止侵害是对所有权、其他物权、知识产权等财产权和人格权的侵权行为正在进行的状态提出的请求。请求排除妨碍是指请求排除对所有权和其他物权的圆满支配状态的现实妨碍或人格权的现实妨碍。请求消除危险是指请求消除对所有权、他物权的圆满支配状态的现实危险或人格权的现实危险。

这几种请求权所针对的侵害行为或者状态都正在进行或者正在存在，其目的在于恢复对所有权、他物权和人格权的利益的完整保护，如果适用诉讼时效就会因诉讼时效的届满使违法侵害行为继续存在下去，这等于使违法行为合法化，使所有权人、他物权人和人格权承受他人对其绝对民事权利的侵害，这与保护民事权利和维护社会秩序的立法目的背道而驰。因此，不能适用诉讼时效。

2. 不动产物权和登记的动产物权的权利人请求返还财产

不动产由于价值重大，其物权变动以登记为公示方式。登记于不动产登记簿的物权公示产生的公信力足以使他人对不动产的权利状态产生信赖，不会因为占有与登记不符而动摇对登记的信赖。动产物权以占有和交付为公示方式和变动要件。

如果动产物权的权利人长期脱离对其动产的占有，使他人长期占有其动产，就会使第三人基于占有的公示产生对他人占有的信赖，不利于对物权人的保护，因此就应当通过适用诉讼时效，督促权利人及时行使权利。而对于经过登记的动产物权则取得了登记的公式公信效力，可以不适用诉讼时效。

3. 请求支付抚养费、赡养费或者扶养费

请求支付抚养费、赡养费或者扶养费都是基于人身关系由受抚养的未成年人、受赡养的老年人、受扶养的生活困难者提起的请求权，如果适用诉讼时效就会使其因超过诉讼时效而不能得到基本的生活费用，陷入生活困境。因此此类费用请求权不适用诉讼时效。

对于此类请求权，有的学者主张不适用诉讼时效的规定，有的学者认为纯粹身份关系的请求权不适用诉讼时效的规定，但以财产利益为目的的请求权，如赡养费请求权、抚养费请求权等，与一般请求权并无不同，应作为诉讼时效的客体，适用诉讼时效的规定。通说认为身份权请求权以不适用诉讼时效的规定为宜。

4. 依法不适用诉讼时效的其他请求权

这是兜底性规定，是指除了上面列明的不适用诉讼时效的请求权外，其他依法不适用诉讼时效的请求权，包括但不限于下列情况。

（1）基于身份关系发生的请求权，如亲子认领、夫妻同居、离婚、解除收养关系等请求权。这类请求权以人的身份利益为内容或者以身份关系为前提而产生，不应适用诉讼时效。

（2）基于财产共有关系的共有物分割请求权，这一请求权实质上是改变共有关系的形成权，不适用诉讼时效。

（3）基于相邻关系发生的请求权。这类请求权是基于不动产相互毗邻而由不动产所有人或用益物权人为维护其相互涉邻的利益而享有的请求权。只要存在对相邻不动产的使用，这种涉邻利益就存在。如果相邻请求权因时效而消灭，相邻人之间对不动产的使用利益就得不到保护，其所有权或用益物权就不能圆满实现。因此，相邻关系请求权不适用诉讼时效。

（4）基于储蓄存款、债券关系发生的请求权。储蓄存款人将钱款存入银行或者购买债券是为了获取利息，同时以备后用，其不将钱款取回就是由这一目的决定的。如果因为存款人不行使取款的权利，而使其请求权适用时效消灭，就会违背储蓄存款的本来意义，极大地损害储户的利益。因此，这类请求权不适用诉讼时效。而且，只要储户不行使取款权利，储蓄合同就继续，银行就要支付给存款人利息。

（5）基于投资关系发生的参与企业管理的请求权或投资者利益请求权。例如，合伙人管理合伙企业事务的请求权，公司股东的股权请求权。投资者投资企业并经营营利是一个长期的过程，只要企业经营活动存在，投资者的利益就在企业的经营活动过程中不断得到发展，其利益就应当始终存在，投资者对其利益的请求权就不得适用时效。否则，会损害投资者利益，也不利于企业的稳定和经营活动的长期进行。

（6）未授权给公民、法人经营、管理的国家财产受到侵害的，对其保护不受诉讼时效限制。

延伸阅读

在法学理论界，对诉讼时效客体有不同的观点。有人主张实体权利客体说，即诉讼时效期间届满，则当事人的实体权利灭失。这种观点，对权利人有失公平。因为，只要义务人不主动履行义务，那么在权利人也不积极主张权利的情况下，义务人就可以根据诉讼时效制度完全免除其实体责任，这对于权利人过于严苛，导致权利人与义务人之间的权益失衡，有违诚实信用原则和公平原则。

有人主张起诉权客体说，即诉讼时效的客体为起诉权，其法律效果是诉讼时效期间经过后，当事人丧失起诉权。根据该观点，时效期间经过，权利人即丧失保护其民事权利的诉权，这对权利人极端不公平。在对方当事人不主张诉讼时效抗辩权的情形下，法院应当依法保护权利人的权利。

案例

张公平父亲生前收藏着一幅古代中堂画，非常珍贵。老人生前非常珍视这幅中堂画，慎重保存，从不外借。董敏法爱好美术，知道张家有此画，曾多次向张公平的父亲表示想借画欣赏，都被拒绝。张公平父亲去世以后，董敏法以欣赏为名，从张公平手中借走此中堂画。此后张公平曾多次找董敏法追要，董敏法一直找各种理由搪塞，二十多年间一直不愿归还。

张公平忍无可忍，向法院提起诉讼，请求法院判令董敏法返还这幅中堂画。他在诉状中陈述，此幅中堂画是父亲珍藏，不仅市场估价极高，更寄托着自己对父亲的怀念之情，意义重大。董敏法霸占此画不还，不仅损害了自己的经济利益，更重要的是对自己造成了极大的精神损害。董敏法辩称，这幅画在张公平父亲去世后在自己手中保存到现在已经二十多年，早已经过了诉讼时效期间，自己不用返还这幅画。

问题：董敏法的抗辩能否得到法庭的支持？

案例分析

《民法典》第188条规定："向人民法院请求保护民事权利的诉讼时效期间为3年。法律另有规定的，依照其规定。"这里所说的民事权利也就是诉讼时效的适用范围，即哪些权利向人民法院请求保护时要适用诉讼时效。当今世界各国民法一般都规定，诉讼时效适用范围主要是债权请求权，包括了合同债权请求权、侵权债权请求权、不当得利债权请求权、无因管理债权请求权等。

我国原《民法总则》虽没有从正面规定诉讼时效的适用范围是债权请求权，但却从反面将债权请求权以外的请求权排除在诉讼时效适用范围之外。

《民法典》第196条规定，下列请求权不适用诉讼时效的规定：(1)请求停止侵害、排除妨碍、消除危险；(2)不动产物权和登记的动产物权的权利人请求返还财产；(3)请求支付抚养费、赡养费或者扶养费；(4)依法不适用诉讼时效的其他请求权。

案例中，张公平诉请法院保护他的名人书画所有权，要求董敏法返还所借书画，这是典型的物权纠纷，即所有物的返还请求之诉。董敏法借走名画的事实清楚，名画所有权归属不存在争议，并且这幅画非常珍贵，不仅经济价值极高，更有重要的精神价值在其中。根据《民法典》，此幅名人书画的返还请求权不适用诉讼时效。董敏法以诉讼时效届满为由抗辩，不会得到法院的支持，张公平的返还原物请求权不受诉讼时效限制。

第四节 诉讼时效期间

一、诉讼时效期间的种类

(一)普通诉讼时效

普通诉讼时效,是指由民事基本法规定的,除法律有特别规定外可以普遍适用于属于诉讼时效客体范围的各种民事法律关系请求权的诉讼时效。我国《民法典》总则编第188条规定的普通诉讼时效期间为3年。

(二)特别诉讼时效

特别诉讼时效,是指民事法律规定的只适用于某些特定的民事法律关系请求权的诉讼时效。法律对某些特定的民事法律关系请求权特别规定了诉讼时效的,就排除普通诉讼时效对特定民事法律关系的适用。

《民法典》总则编第188条第1款规定:向人民法院请求保护民事权利的诉讼时效期间为3年。法律另有规定的,依照其规定。这里的法律另有规定就是区别于3年普通诉讼时效的特别诉讼时效。依特别法优先于普通法的原则,特别诉讼时效优先于普通诉讼时效适用。这里的另有规定的法律是指《民法典》中其他条款和特别法。

例如,《民法典》第594条规定:“因国际货物买卖合同和技术进出口合同争议提起诉讼或者申请仲裁的时效期间为4年。”《产品质量法》第45条规定:“因产品存在缺陷造成损害要求赔偿的诉讼时效期间为2年,自当事人知道或者应当知道其权益受到损害时起计算。因产品存在缺陷造成损害要求赔偿的请求权,在造成损害的缺陷产品交付最初消费者满10年丧失;但是,尚未超过明示的安全使用期的除外。”

《拍卖法》第61条规定,因拍卖标的存在瑕疵未声明而请求损害赔偿的诉讼时效期间为1年。《保险法》第26条规定,人寿保险金赔付请求权的诉讼时效期间为5年。可见特别诉讼时效包括特别短期诉讼时效和特别长期诉讼时效,前者短于3年普通诉讼时效,后者长于3年普通诉讼时效。

(三)最长诉讼时效

最长诉讼时效,是指从权利受损害之日起受法律保护的最长诉讼时效期间。我国《民法典》总则编第188条规定:“从权利受到损害之日起超过20年的,人民法院不予保护。”对于这里的20年期限的性质,学界观点不一,有最长诉讼时效说、除斥期间说和权利最长保护期限说。原《民法总则》颁布后,学者的论述多将其认定为最长诉讼时效期间。

《民法典》规定的20年期间类似于除斥期间,即期间是不变的,但它与除斥期间有明显不同:除斥期间届满形成权之实体权利消灭,而20年期限适用于请求权且期限届满,仅使权利人因对方抗辩丧失请求法院强制保护的权利即胜诉权,但并不丧失权利人的实体权利。义务人主动履行义务的,权利人仍可接受。

这一点使它与诉讼时效极为相似,但又不同于普通诉讼时效和特别诉讼时效,因为普通诉讼时效和特别诉讼时效产生的基础是权利人能行使权利而不行使的事实状态,其时效是从权利人知道或者应当知道权利受侵害之日起算的,因为从这时起权利人能行使权利直至进行诉讼,所以才有诉讼时效。

20年期间是针对权利人不知道权利受到侵害,因而无从行使权利,但又不能无限期保护这种被侵害权利的情形而规定的,它是关于保护权利的最长期间,其起算是从权利受到侵害之日起算的。而且20年的最长保护期间不适用于诉讼时效的中止、中断的规定。但是依据《民法典》总则编第188条的规定,有特殊情况的,人民法院可以根据权利人的申请决定延长。而对于诉讼时效除了中止、中断的规定外,并没有规定延长。

此外,诉讼时效由对方当事人援引作为抗辩原告的诉讼请求,而"适用最长权利保护期间时,需要根据当事人的申请,人民法院才能决定",正因为它与诉讼时效有这么多差别,所以仍然有的著作称其为权利最长保护期间。称其为最长权利保护期间是为了强调它与普通诉讼时效和特别诉讼时效的差别,称其为最长诉讼时效期间的学者也承认它不同于普通诉讼时效和特别诉讼时效的差别。因此,两种称谓并无实质不同。

从《民法典》总则编第188条的内容和逻辑看,都是规定诉讼时效的,先规定了普通诉讼时效期间3年,又规定法律另有规定的,依照规定,即是长于或者短于3年的特别诉讼时效;该条紧接着规定"但是,自权利受到损害之日起超过20年的,人民法院不予保护",因此,也可以认为20年期间是最长诉讼时效期间,只不过它具有不同于普通诉讼时效和特别诉讼时效的特点。

二、诉讼时效期间的起算

诉讼时效期间的起算,是指诉讼时效期间的开始计算。按照诉讼时效制度的本意,只有权利人能够行使权利而又怠于行使权利时才使其承担不利的后果,因此,诉讼时效应当自权利人能够行使权利时开始计算。各国和地区民法对诉讼时效从何时开始计算的规定不同。

例如,《日本民法典》第66条规定,消灭时效自权利可以行使时起进行。我国台湾地区"民法"第128条规定:"消灭时效,自请求权可以行使时起算。以不行为为目的之请求权,自为行为时起算。"我国《民法典》第188条第2款的规定:"诉讼时效期间自权利人知道或者应当知道权利受到损害以及义务人之日起计算。法律另有规定的,依照其规定……"

《民法典》总则编关于诉讼时效期间的起算,包括一般规定和特别规定。一般规定是第188条第2款前段,特别规定是第189条至第191条。

（一）诉讼时效期间起算的一般规则

诉讼时效期间起算的一般规则如下。

第一，在客观上，权利受到侵害。权利受到侵害是一个客观事实，是必须存在的事实。只有权利受到侵害，才能够确定诉讼时效的起算时间。

第二，在主观上，权利人知道或者应当知道权利受到侵害。知道就是已知，应当知道就是应知。已知和应知都是权利人知道。其中应知是一种法律上的推定，即不管当事人实际上是否知道其权利受到侵害，只要客观上存在知道的条件和可能，由于当事人主观上的过错，应当知道而不知道，诉讼时效期间仍应开始计算。

第三，在主观上，权利人知道或者应当知道与自己相对的义务人。在通常情况下，民事法律关系都有权利主体和义务主体，当权利受到侵害时，权利人虽然知道或者应当知道这一客观事实，但是并不知道义务人是谁，在这种情况下，权利人一方面无法向其主张权利，另一方面也无法向法院、仲裁机构及其他相关部门提出自己的主张，并要求进行保护。

第四，坚持主客观相统一的标准。在权利受侵害的客观事实和权利人已知或者应知权利受侵害以及义务人的主观方面，有时候是一致的，有时候是不一致的。主观方面和客观方面相一致的时候，按照同一的时间点起算。诉讼时效主观方面和客观方面不相一致的时候，肯定是客观事实发生在前，已知或者应知发生在后，则应当以主观吸收客观，在已知或者应知的时候，以已知和应知作为起算诉讼时效期间的时间点。诉讼时效的起算受到最长期间的限制，请求权人不知道或不应当知道权利受到损害及其义务人，从权利受到损害之日起超过20年的，人民法院不保护。

（二）诉讼时效期间起算的特别规则

1. 分期债务

对于分期债务诉讼时效期间的起算，《民法典》总则编第189条规定："当事人约定同一债务分期履行的，诉讼时效期间自最后一期履行期限届满之日起计算。"当事人约定同一债务分期履行的，诉讼时效期间自最后一期履行期限届满之日起计算，这显然是将分期履行的债务当成是一个整体对待的，不仅有利于保护权利人的利益，也符合公平原则。

2. 无民事行为能力人或者限制民事行为能力人起诉法定代理人

《民法典》总则编第190条规定："无民事行为能力人或者限制民事行为能力人对其法定代理人的请求权的诉讼时效期间，自该法定代理终止之日起计算。"这一条文规定的是无民事行为能力人或者限制民事行为能力人对自己的法定代理人侵害自己的合法权益，而对自己的法定代理人提起的诉讼。规定本条的理由是，无民事行为能力人或者限制民事行为能力人，他们在法定代理人履行职责期间，并不具有民事行为能力或者行为能力受到限制，无法判断自己的权益是否受到损害。

如果按照诉讼时效期间起算的一般规则，将会严重损害他们的合法权益。只有当法定代理关系已经终止时，他们已经具有了民事行为能力，对自己的行为已经具有了辨别能力，从这个时候开始计算诉讼时效期间，才能够更好地保护他们的合法权益。

3. 未成年人遭受性侵害的损害赔偿

《民法典》总则编第 191 条是对未成年人遭受性侵害的损害赔偿请求权的诉讼时效期间起算所作的规定。当未成年人遭受性侵害的损害赔偿请求权产生后，并不基于权利受到损害而开始计算，而是自受害人年满 18 周岁之日起，开始计算诉讼时效期间。

这一规定特别值得研究的问题是：未成年人遭受性侵害究竟产生的是何种损害赔偿请求权，受害人受到损害的权利是何种性质的权利。未成年人遭受性侵害，虽然这里只规定了损害赔偿请求权，但是具体分析，会发现侵害的是两种不同的民事权利，产生的是两个方面的损害赔偿责任。

一是对未成年人进行性侵，造成未成年人的人身损害，侵害的是健康权和身体权，产生了财产上的损失，应当依照《民法典》侵权责任编第 1182 条的规定承担人身损害赔偿的责任，此时产生的是人身损害赔偿的请求权。

二是对未成年人实施性侵，最重要的还是对未成年人精神上和心理上的伤害，造成的是精神损害，这种侵害的权利实际上是性权利，通常称之为性自主权，当这种权利受到侵害以后，依照《民法典》侵权责任编第 1183 条的规定，产生精神损害赔偿请求权，侵权人应该承担精神损害赔偿责任。

4. 特别法上的规定

（1）《海商法》第十三章关于海上货物运输赔偿请求权、海上旅客运输赔偿请求权、船舶碰撞赔偿请求权、海难救助赔偿请求权、海损分摊赔偿请求权、海上保险赔偿请求权、海上油污损害赔偿请求权等请求权的诉讼时效的起算的规定。

（2）《国家赔偿法》第 39 条第 1 款规定，赔偿请求人请求国家赔偿的时效为 2 年，自其知道或者应当知道国家机关及其工作人员行使职权时的行为侵犯其人身权、财产权之日起计算，但被羁押等限制人身自由期间不计算在内。

（3）《民用航空法》第 135 条规定，航空运输诉讼时效期间为 2 年，自民用航空器到达目的地点、应当到达目的地点或者运输终止之日起计算；第 171 条规定的损害赔偿的诉讼时效自损害发生之日起计算。

（4）《专利法》第 68 条第 2 款规定，授予权利前的专利使用费诉讼时效期间即使在专利权被授予之前已得知或应当得知侵害的事实，也自专利权被授予之日起计算。

案例

甲公司需要建厂房，2006 年 8 月甲公司与乙公司签订了建设施工合同，将整个工程发包给乙公司施工。在合同中双方约定厂房中所有的钢结构要使用宝钢生产的钢板。2007 年 6 月 1 日月工程完工并交付使用。2011 年 9 月，交付的厂房钢结构出现了锈蚀的现象,为此,乙公司于2011年10月进行了清理喷漆。2012年,厂房钢结构出现了大面积的锈蚀现象,甲公司要求乙公司更换厂房使用的所有钢板。

乙公司书面回复,只愿意承担保修责任,不同意全面更换。2013年3月甲公司将钢板样品、乙公司提供的产品质量书送到上海宝山钢铁股份有限公司查询,2013年3月25日上海宝钢公司回复样品不是宝钢产品。2013年5月甲公司提起诉讼,要求乙公司赔偿。乙公司认为厂房于2007年6月1日完工交付使用,甲公司2013年5月才起诉,已经超过诉讼时效期间。

问题:甲公司的起诉是否已过诉讼时效期间?

案例分析

诉讼时效期间的起算,是指诉讼时效期间从何时开始计算。权利人只有知道了诉讼时效期间从何时起算,才能知道诉讼时效期间到何时结束,这直接关系到权利人的民事权利是否能得到法律的保护。根据民法的有关规定,诉讼时效期间自权利人知道或者应当知道权利受到损害以及义务人之日起计算。权利人权利受损时,应当积极地去保护自己的权利,这是诉讼时效制度设计的初衷,督促权利人积极地行使自己的权利。

但现实生活中,即使损失已经发生,也可能存在权利人不知道自己权利受损的情况,当然也不可能采取行动,此时若诉讼时效期间开始计算,对权利人来说显然是不公平的。还有一种情形是权利人虽知道自己权利受损,却不知道该承担责任的义务人是谁,自然也无法主张自己的权利。所以,法律规定只有在权利人知道或应当知道权利受到损害,并且也知道应承担责任的人是谁的时候,诉讼时效期间才能开始计算。

案例中,乙公司使用非宝钢公司生产的钢板,违反了合同。但甲公司是否能得到赔偿,还要看甲公司的赔偿请求是否超过了诉讼时效期间。乙公司认为诉讼时效期间从2007年6月1日厂房交付使用开始计算,这是不正确的。根据《民法典》的规定,诉讼时效期间自权利人知道或者应当知道权利受到损害以及义务人之日起计算。厂房交付使用时,甲公司并不知道自己的权利被侵害,直到收到上海宝钢公司的回复,才确定乙公司未使用宝钢公司生产的板材,自己的权利被侵害。所以2013年3月25日,甲公司收到上海宝钢公司回复之时,诉讼时效期间才开始起算。所以,甲公司的诉讼时效期间并未届满。

三、诉讼时效期间的中止、中断和延长

(一)诉讼时效期间中止

诉讼时效期间的中止,是指在诉讼时效期间进行中,因发生一定的法定事由使权利人不能行使请求权,从而暂时停止计算诉讼时效期间。时效制度意在敦促权利人及时行使权利,但其适用以权利人可以行使权利而怠于行使为前提。如果出现客观障碍使权利人无法行使权利,继续计算时效未免有失公平,因此应暂停计算期间,以保证权利人有行使权利的必要时间,从而保护其权益。

诉讼时效期间中止的适用应注意以下几个方面。

1. 须有法定的中止事由

依据《民法典》总则编第 194 条的规定，诉讼时效期间中止的事由有如下几种：

（1）不可抗力。

不可抗力是指不能预见、不能避免并不能克服的客观情况，如战争、地震等。在发生不可抗力的情形下，权利人因为其意志以外的原因无法主张权利，如果时效不中止，将导致不公平的后果。当然，不可抗力并不当然产生诉讼时效中止的效力，也就是说，即使有不可抗力事由的发生，如果并没有影响到权利人行使权利，也不能产生时效中止的效果。

（2）欠缺法定代理人。

在诉讼时效期间的最后 6 个月内，如果权利人是无行为能力人或限制行为能力人，但没有法定代理人，或者法定代理人死亡、丧失代理权，或者法定代理人本人丧失行为能力的，则其在客观上无法主张权利，诉讼时效中止。法律为权利人预留必要的权利行使期间，以更好地保护无行为能力人和限制行为能力人的权利。

（3）继承开始后未确定继承人或者遗产管理人。

在继承开始后，继承人尚未确定或非因继承人的原因导致遗产管理人不明确，如果此种情况正好发生在诉讼时效期间的最后 6 个月内，将导致继承人或遗产管理人不能行使权利。如果时效仍然继续，对于继承人或遗产管理人是不公平的。此时，将产生诉讼时效中止的效力。在继承人或者遗产管理人确定后，诉讼时效期间仍有 6 个月才届满。

（4）权利人被义务人或者其他人控制。

如果权利人被义务人或者其他人控制，将导致权利人客观上无法行使权利。此处所说的“控制”，一般理解为权利人被限制人身自由。例如，权利人因被义务人扣押、拘禁而丧失行为自由，客观上无法主张权利，此时，可以导致诉讼时效的中止。

（5）其他导致权利人不能行使请求权的障碍。

这是对诉讼时效中止的事由作出的兜底规定，如果出现了其他导致权利人不能行使请求权的障碍，将产生诉讼时效中止的效力。

2. 中止事由须发生于特定期间

《民法典》总则编中规定中止发生在时效期间最后 6 个月内，这是考虑了我国实际国情与权利人保护必要性的结果，因为在这种情形下权利人有足够的时间来行使权利。

3. 中止事由消除后的时效期间计算

《民法典》总则编第 194 条第 2 款规定：“中止时效的原因消除之日起满 6 个月，诉讼时效期间届满。”这样的规定意味着，只要在诉讼时效期间的最后 6 个月内出现中止时效的原因，就一律在中止时效的原因消除之日起再加上 6 个月，诉讼时效期间就届满。这是一个比较重大的改变，这样的规定，更有利于保护请求权人的合法权益。

4. 诉讼时效期间中止的效力

按照《民法典》第 194 条第 1 款的规定，诉讼时效期间暂停计算，待中止事由消失后，即权利人能够行使其请求权时，再继续计算。所谓继续计算，是指中止前已经进行的时效期间仍然有效，中止时效的法定事由消除后，接续以前进行的诉讼时效期间计算，或者说将中止前后的诉讼时效期间合并计算，直至时效期间届满。

案例

张三在2013年7月20日借给李四20万元，两人约定借期一年，按银行同期利率还款。李四按照约定的内容，给张三写了借条。2014年8月1日，李四到外地去做生意，从此之后，就再也没了消息。直到2018年11月才返回。张三找到李四要求还款，李四拒绝，并且告诉张三，他们之间的借款已经过了诉讼时效，自己不用还了。

问题：张三和李四之间借款的诉讼时效是否过期？

案例分析

根据法律规定，诉讼时效的中止必须符合两个条件：

(1)时间条件。导致不能行使请求权的障碍必须发生在诉讼时效期间的最后6个月内，才能产生诉讼时效中止的效果。如果障碍发生在诉讼时效期间的其他时间段的，距诉讼时效期间届满仍有较长的时间，不影响诉讼时效的进行。

(2)原因条件。导致不能行使请求权的障碍是由法律明确规定的，具体包括：①不可抗力；②无民事行为能力人或者限制民事行为能力人没有法定代理人，或者法定代理人死亡、丧失民事行为能力、丧失代理权；③继承开始后未确定继承人或者遗产管理人；④权利人被义务人或者其他人控制；⑤其他导致权利人不能行使请求权的障碍。

案例中张三和李四之间借款的诉讼时效并没有过期。二人之间的借款2014年7月20日到期，此时诉讼时效期间开始计算。但李四到外地做生意，杳无音信，使得张三一直无法行使自己的请求权。根据法律规定，在诉讼时效期间届满的最后6个月内发生无法行使请求权的障碍，诉讼时效中止，中止原因消除之日起满6个月诉讼时效届满。李四的杳无音信造成了诉讼时效中止。

诉讼时效中止的效力是使诉讼时效期间暂停计算。中止原因的存在使权利人无法行使请求权，待中止原因消除后，诉讼时效自然应该继续计算。如何计算剩下的诉讼时效期间，各国的规定不尽相同。我国简化了计算方式，《民法典》规定："自中止时效的原因消除之日起满6个月，诉讼时效期间届满。"可见，不管中止原因在最后6个月的何时发生，待其消除后，权利人一律都还有6个月的诉讼时效期间。

案例中，到2018年11月，李四返回后，诉讼时效中止的原因消灭，此时诉讼时效期间继续计算6个月。也就是说张三还有6个月的诉讼时效期间。

(二)诉讼时效期间中断

诉讼时效的中断，是指在诉讼时效进行期间发生了法定的与权利人不行使权利相反的事实，使已经经过的时效期间统归无效，诉讼时效期间重新起算的制度。诉讼时效期间中断的适用应注意以下几个方面：

1. 诉讼时效中断的事由

中断事由是证明权利人行使权利或无须行使权利的事由，与其主观不行使权利完全相反，因而使诉讼时效失去事实基础，以前经过的期间因无事实基础而统归无效。

依《民法典》总则编第195条的规定，诉讼时效中断的法定事由主要有以下四种。

(1)权利人向义务人提出履行请求。

请求是指权利人对于因时效受利益的当事人，而于诉讼外行使其权利的意思表示。法律不要求请求的形式，书面、口头均可，其形式只是一个举证的问题。

(2)义务人同意履行义务。

义务人同意履行即义务人承认，是指义务人表示知道权利存在的行为，并通过一定方式向权利人作出愿意履行义务的意思表示。这样，就使双方当事人之间的权利义务关系重新明确并稳定下来。承认是单方行为，由一方的行为即可成立，即使是对于特定第三人或不特定人所作的承认，也可以使时效中断。承认可以明示，也可以默示，如支付利息、部分履行的行为、延缓期限的请求等，都构成承认而中断时效。

(3)权利人提起诉讼或者申请仲裁。

起诉后的诉讼时效期间自当事人向法院提起诉讼时中断。因为时效期间中断是否发生，关键在于权利人有无积极行使权利的状态，在权利人向法院提出起诉状时，就已表明其已经开始行使自己的权利，时效期间应当中断。

(4)与提起诉讼或者申请具有同等效力的其他情形。

这是指权利人所实施的，与提起诉讼或者申请仲裁性质相当，具有同等效力的行为。主要包括调解行为、控告行为、申请支付令，申请破产、申报破产债权等其他情形。

2. 中断事由发生于诉讼时效期间进行之中

这种时间要求，较之于中止更为宽泛，只要是在诉讼期间范围内，无论事由发生于哪一个具体时间点均发生中断效果可见，中断制度的存在，实际上使得权利人在某种意义上大大超越了时效期间的制约。

3. 中断事由消除后诉讼时效期间重新计算

诉讼时效期间中断，以前经过的期间归于消灭，时效重新开始计算。重新计算的时效期间的起算点的确定方法是：一是以起诉或提请仲裁、调解而中断的，自判决、裁定、调解协议生效之时起重新计算，即诉讼、仲裁期间诉讼时效停止计算；二是以其他方式主张权利而中断的，自中断原因发生时重新计算；三是因债务人同意履行债务而中断的，自中断原因发生时重新计算。

延伸阅读

诉讼时效的中止和中断的区到

1. 发生的事由不同

发生诉讼时效中止的法定事由是与当事人的意志无关的客观情况，这些客观情况阻碍着权利人行使权利，是时效期间进行的客观障碍。而发生诉讼时效中断的法定事由是与当事人的主观意志有关的行为，都是与当事人不行使权利的事实状态相反的事实。

2. 事由发生的时间要求不同

诉讼时效中止的事由必须发生在诉讼时效进行的最后 6 个月内或发生在最后 6 个月前但后果延续到最后 6 个月内。而诉讼时效中断的事由无论发生在诉讼时效进行中的任何时间都可引起诉讼时效的中断。

3. 效力不同

诉讼时效中止的效力在于使诉讼时效的进行暂停，待阻碍事由消除后 6 个月诉讼时效期间届满。而诉讼时效中断的效力在于使中断前已经进行的时效期间统归无效，时效期间重新起算。

4. 期间计算不同

在诉讼时效中止，待中止事由消除后 6 个月诉讼时效期间满。在诉讼时效中断，中断原因消灭后从权利人能行使权利时起重新计算，即开始一个新的诉讼时效期间，此前已进行过的期间不再计算。

(三) 诉时效期间延长

诉讼时效的延长，是指权利人因特殊情况未在法定的诉讼时效期间行使权利诉讼时效完成后，由法院决定对诉讼时效期间予以延展的制度。

在通常情况下，权利人在诉讼时效期间内不行使权利，于时效期间届满后向法院要求保护权利的，法院不支持。但有的权利人在诉讼时效期间内未能行使权利确有正当原因，那么严格适用诉时效将造成不公。诉讼时效期间的延长，是对诉讼时效期间的中止和中断的补充。由于中止和中断的事由倾向于采取法定主义，不可能包罗诸多使权利人不能及时行使权利但又有正当理由的情况，法律特别设立诉讼时效期间延长制度予以衡平，由法官行使自由裁量权弥补立法列举式规定的不足。但人民法院对时效的延长必须从严掌握，不得滥用，以维护诉讼时效制度的严肃性。

我国《民法典》第 188 条第 2 款规定："诉讼时效期间自权利人知道或者应当知道权利受到损害以及义务人之日起计算，法律另有规定的，依照其规定。但是，自权利受到损害之日起超过 20 年的，人民法院不予保护，有特殊情况的，人民法院可以根据权利人的申请决定延长。"这里的特殊情况则指阻碍当事人在法定诉讼时效期间行使权利的客观障碍。

延伸阅读

关于诉讼时效期间延长的适用条件，《民法典》总则编只原则性地规定"有特殊情况的"。依最高人民法院解释，该"特殊情况"是指权利人由于客观障碍在法定诉讼时效期间不能行使请求权的情形，在实务中通常适用于围绕大陆与台湾之间关系发生的诉讼。

关于20年最长诉讼期间是否延长，延长多少，均由法院衡量权利人与义务人的利益，法秩序的安定性与权利保障的需要，根据特殊情况进行个案处理。因此，最长诉讼时效期间的延长属于法院自由裁量的范畴，当事人不能依法主张抗辩，而只能够申请法院予以审查决定。

一般认为，诉讼时效期间延长制度本身存在一些缺陷，诸如赋予法官太大的自由裁量权，没有明定延长的具体条件和期限，与设立时效制度以维护法律秩序的立法目的相悖，与诉讼时效缩短的现代立法趋势不符等。甚至有观点认为该制度已无太多的存在价值，因此，《民法典》总则编不应再规定诉讼时效期间延长制度。

《民法典》总则编没有采纳这样的意见，仍然坚持人民法院有延长诉讼时效期间的权利，对于确有特殊情况的，仍然按照最高人民法院关于“是指权利人由于客观障碍在法定诉讼时效期间不能行使请求权的情形”的解释来确定。

四、除斥期间

（一）除斥期间的概念和特征

除斥期间也称为不变期间，是指法律对某种权利所规定的存续期间。其法律意义在于，督促权利人尽快行使权利，超过除斥期间怠于行使该权利则该权利消灭。

除斥期间的特征包括以下几个方面：

1. 除斥期间是法定期间

除斥期间是法定期间，不是当事人约定的期间，也不准许当事人约定，因此是强制性法律规范规定的期间，不得依据其他事由而变更。

2. 除斥期间是权利存续期间

除斥有排除、截止期限之意，是权利被排除、期限被截止的意思。在该权利期间内，权利存在，超过该权利的除斥期间，其后果是该权利消灭。

3. 除斥期间的适用采法官职权主义

除斥期间届满后，不必对方当事人主张，法院可以主动依照职权确定该期间届满的效果，确定该权利绝对、当然、确定地消灭。因此，除斥期间的期间利益并不是当事人主动选择的，当事人只能被动承受，并且不能抛弃。

（二）除斥期间的适用范围

一般认为，除斥期间的适用范围是形成权，不过随着市场经济的发展，为了稳定社会经济秩序，需要适当扩大除斥期间的适用范围，因此《民法典》总则编第199条规定的是撤销权、解除权等权利。

1. 撤销权

除斥期间的适用范围主要是形成权，撤销权是形成权，因此，其权利的存续期间适用除斥期间。作为形成权的撤销权，会根据一方的意志而发生法律关系的发生、变更和消灭的效果，因此，对撤销权设定除斥期间的限制，不仅对他人的权利和社会公共利益有一定的关联，而且对撤销权的相对人具有期限利益，不使撤销权法律关系总是处于不稳定的状态。《民法典》总则编第 152 条规定撤销权的期间，就是除斥期间。

(1)当事人自知道或者应当知道撤销事由之日起 1 年内、重大误解的当事人自知道或者应当知道撤销事由之日起 3 个月内没有行使撤销权。

(2)当事人受胁迫，自胁迫行为终止之日起 1 年内没有行使撤销权。

(3)当事人知道撤销事由后明确表示或者以自己的行为表明放弃撤销权。

在这三种情形中，除了第三种情形不属于除斥期间的规定外，另外两种的 1 年和 3 个月，都是除斥期间。因此，上述几种情况都是除斥期间的适用范围。

2. 解除权

解除权是指合同订立后尚未履行或者尚未完全履行之前，基于法定或者约定的事由，通过当事人单方意思表示，即可使合同自始不发生效力的权利。因此，所谓解除权，即解除合同的权利，其包括法定解除权和约定解除权。

《民法典》合同编第 565 条规定："当事人一方依法主张解除合同的，应当通知对方。合同自通知到达对方时解除；通知载明债务人在一定期限内不履行债务则合同自动解除，债务人在该期限内履行债务的，合同自通知载明的期限届满时解除。"

对方对解除合同有异议的，任何一方当事人均可以请求人民法院或者仲裁机构确认解除行为的效力。凡是符合上述规定，合同的一方当事人产生约定的或者法定的解除权，其性质属于形成权，享有解除权的一方当事人只要将自己解除合同的意思表示通知对方，即发生解除合同的效力。但有两种情况例外：一个是对方有异议的，要通过诉讼或者仲裁来确认；另一个是法律、行政法规规定解除合同，应当办理批准登记手续的，要通过办理批准登记手续来确认。

解除权适用除斥期间的规定。《民法典》合同编第 564 条规定："法律规定或者当事人约定解除权行使期限，期限届满当事人不行使的，该权利消灭。法律没有规定或者当事人没有约定解除权行使期限，自解除权人知道或者应当知道解除事由之日起 1 年内不行使，或者经对方催告后在合理期限内不行使的，该权利消灭。"

这里的约定的行使期间和合理期限，都是关于除斥期间的规定。我国《消费者权益保护法》第 25 条规定："经营者采用网络、电视、电话、邮购等方式销售商品，消费者有权自收到商品之日起 7 日内退货，且无须说明理由。"这里规定的 7 日内无理由退货，就是远程销售的买卖合同，消费者享有 7 天的无理由退货的权利，这个权利其实就是法定的合同解除权，其除斥期间就是 7 天。

3. 某些特殊的请求权

法律规定，某些特殊的请求权也可以适用除斥期间。《民法典》总则编第 199 条规定的"等权利"，就包括这样一些特殊的请求权。例如，我国《个人独资企业法》第 28 条规定，个人独资企业解散以后，原投资人对个人独资企业存续期间的债务仍然承担偿还责任，其除斥期间为 5 年。原《担保法》规定的保证期间也是除斥期间。

4. 某些特殊的支配权

法律规定某些特殊的支配权也适用除斥期间。《民法典》总则编第 199 条规定的"等权利"，也包括这样一些特殊的支配权。我国《著作权法》规定，著作财产权在作者死亡后 50 年后消灭，属于除斥期间。

（三）除斥期间与诉讼时效的区别

1. 适用范围不同

除斥期间主要适用于形成权，只有在特殊规定的情况下，才可以适用于某些特殊的请求权和支配权。而诉讼时效只适用于债权请求权以及其他有关的请求权。由于请求权的范围远远大于支配权，因此，诉讼时效的适用范围规定在《民法典》总则编，作为一般的问题进行规定；而除斥期间的适用范围则在民法分则中规定，并且作为特殊问题作具体规定。

2. 期间的计算方法不同

除斥期间的起算时间一般从权利成立之时计算，只有在例外的时候，可撤销合同的撤销权除斥期间的起算时间才是从当事人知道或者应当知道撤销事由之日起计算，并且除斥期间不适用中止中断和延长的规定。而诉讼时效期间的起算时间是从当事人知道或者应当知道权利被侵害之日起；在期间进行过程中，出现中止、中断或者延长的法定事由，则时效期间相应地中止、中断或延长。

3. 法律效果不同

除斥期间完成的法律效果是直接消灭权利，权利本身不复存在。而诉讼时效期间完成的法律效果是仅消灭权利的胜诉权，原来的请求权只是变成一种自然债，也就是对方当事人产生抗辩权，可以对抗债权履行请求权。

4. 是否允许法院主动援引和当事人抛弃不同

除斥期间完成后消灭实体权利，不管当事人是否提出主张，法院都可以主动审查，来确认除斥期间完成，以直接确认权利丧失；同时，除斥期间完成，不准许当事人抛弃期间利益，如果准许抛弃，则与以私人意思创设权利无异。诉讼时效期间的法律后果是产生抗辩权。抗辩权是否行使，取决于抗辩权人是否主张，法院无权主动依职权进行审查，并且主动援引诉讼时效而判决；同时诉讼时效期间完成的期限利益，当事人可以抛弃，即不行使抗辩权而主动履行。

案例

某建筑公司与孙某合作，建筑公司出资进行建设，孙某出土地使用权合作开发某小区建设工程。后孙某提出将土地出卖给建筑公司，退出合作开发工程建设。双方约定土地使用权出让金480万元,但是没有签订书面协议也没有将土地使用权过户。一年后,建筑公司要求孙某协助将土地使用权过户,孙某趁机提出须另加800万元,否则不予过户。建筑公司无奈,出具欠孙某800万元借款的借条,孙某协助予以过户。14个月后,建筑公司向法院起诉,以胁迫为由,请求依法撤销该款协议。

问题:建筑公司要求撤销借条的请求能够得到法院支持吗?

案例分析

本案中,建筑公司因被胁迫而与孙某签订的借款协议,属于可撤销合同之范畴,该建筑公司可以向人民法院主张撤销该合同。依据我国《民法典》第199条的规定:"法律规定或者当事人约定的撤销权、解除权等权利的存续期间,除法律另有规定外,自权利人知道或者应当知道权利产生之日起计算,不适用有关诉讼时效中止、中断和延长的规定。存续期间届满,撤销权、解除权等权利消灭。"撤销权作为一种形成权,受到除斥期间的限制。建筑公司在知道撤销事由之日起14个月后才向人民法院提出撤销之诉,其已经超过除斥期间,因此,其诉讼请求不能得到法院的支持。

思考题

一、选择题

1. 下列情形中属于诉讼时效中止的事由是(　　)

A. 由于不可抗力导致权利人无法起诉

B. 权利人死亡,继承人尚不知道

C. 权利人的代理人向债务人提出请求

D. 被侵害权利人的法定代理人死亡的

2. 最长诉讼时效期间届满后的延长,由(　　)决定

A. 人民法院　　B. 当事人事先的约定

C. 当事人事后的协商　　D. 客观情况

3. 诉讼时效期间届满,义务人获得(　　)

A. 实体权利　　B. 胜诉权

C. 胜诉权和实体权利　　D. 抗辩权

4. 诉讼时效因当事人一方提出要求而中断,下列哪一情形不能产生诉讼时效中断的效力?(　　)

A. 对方当事人在当事人主张权利的文书上签字、盖章的

B. 当事人一方以发送信件或数据电文方式主张权利,该信件或数据电文应当到达对方当事人的

C. 当事人一方为金融机构,依照法律规定或当事人约定从对方当事人账户中扣收欠款本息的

D. 当事人一方下落不明,对方当事人在下落不明当事人一方住所地的县(市)级有影响的媒体上刊登具有主张权利内容的公告的

5. 关于诉讼时效,下列哪些选项是正确的?(　　)

A. 诉讼时效仅适用于请求权

B. 一般诉讼时效期间属可变期间

C. 诉讼时效期间均从权利人知道或应当知道权利受到损害以及义务人之日起计算

D. 诉讼时效期间届满后所受领的给付构成不当得利

6. 下列哪些请求不适用诉讼时效?(　　)

A. 当事人请求撤销合同

B. 当事人请求确认合同无效

C. 业主大会请求业主缴付公共维修基金

D. 按份共有人请求分割共有物

二、简答题

1. 时效应具备的要素有哪些?

2. 简述诉讼时效与取得时效的区别。

3. 简述诉讼时效期间的概念和特点

4. 诉讼时效与除斥期间有哪些区别?

5. 诉讼时效中止和中断有何不同?

第九章　期日、期间

【学习目标】

1. 了解期日、期间的概念、分类及区别。

2. 了解期日、期间的法律意义。

3. 了解期日、期间的计算方法。

【引导案例】

甲明知其电动车刹车存在故障，仍然将其出卖给乙，并向乙保证该电动车不存在故障，乙受领后发现该故障，并通知甲，但一直没有主张撤销该买卖合同，2 年后，乙主张撤销其与甲之间的买卖合同。

问：此时，乙能否撤销该合同？

【简要评析】

该案涉及除斥期间的适用。在该案中，甲在合同订立过程中存在欺诈行为，乙有权撤销该合同，乙的撤销权在性质属于形成权，受除斥期间的限制，除斥期间一旦经过，该撤销权即归于消灭。依据《民法典》第 541 条的规定，该撤销权的除斥期间为 1 年，因此，在该案中，乙无法再撤销该合同。

第一节　期日、期间的意义

一、期日、期间的概念

期日是指不可分割的特定时间点，如特定的某年某月某日等。

期间是民法上的一个特定概念，它是指具有一定法律意义的一段时间。在民法上，时间的经过是一种法律事实，而某个具体的时间段可以表现为一个期间。期间的运用十分广泛，并可能产生多种法律效果。由于期间是指一段时间，它应当有起始和终了，所谓起始就是开始的时间，终了就是结束的时间。一定的时间经过依法会产生一定的法律后果，也就是说，将导致某种民法法律关系的产生、变更和消灭，所以，期间经过也可以成为民法上的法律事实。

二、期日、期间的区别

（1）期间有法定期间和指定期间；期日一般是指定的。

（2）期间有开始期与终止期；期日只有开始期；不规定终止期，终止期由司法人员根据具体情况确定。

（3）期间一般是当事人及其他诉讼参与人或者人民法院单方进行某种行为应遵守的期限；期日通常是各主体共同进行诉讼活动的日期。

（4）期间开始后，不一定发生某种法律行为，如对判决的上诉期为 15 日，当事人不一定上诉；期日一开始就必定会发生某种行为，如法院指定的开庭日期一到，就必须开庭审理。

（5）期间以年、月、日、时计算；期日以日、时计算。

三、期间的分类

（一）可变期间和不变期间

民法上的期间种类繁多，但可以依据期间是否发生变化而分为可变期间和不变期间。所谓可变期间，是指期间的长短可以发生变化。诉讼时效一般属于可变期间。而所谓不变期间，是指通过法定或约定的方式确定的一个不可变更的期间。

除斥期间一般属于不变期间。区分两者的意义在于，是否可以适用中止、中断的规定，而使期间发生变更。当然，就法定的期限而言，无论是除斥期间还是诉讼时效，一般不允许当事人通过合同加以改变。从这个意义上说，它们都是不变期间。但是某些法定期限也是可以通过当事人的约定改变的。例如，法律规定的检验标的物的期限，依其性质可以允许当事人通过合同加以改变。

（二）法定期间、意定期间和指定期间

期间可以分为法定期间、意定期间和指定期间三种类型。

1. 法定期间

所谓法定期间，是指由法律直接规定的期间。法定期间大多为强制性规定，例如，关于撤销权的规定，一般不允许当事人随意变更，即使就诉讼时效而言，虽可以发生中止、中断或延长，但不允许当事人通过约定加以改变。不过，法定的期限可以在特殊情况下，由当事人通过约定加以变更。

2. 意定期间

所谓意定期间，是指当事人通过一定的意思表示而设定的期间。意定期间包括两种情况；一是通过单方意思表示所确定的期间，如要约中对受要约人所规定的承诺期限。二是通过双方当事人的约定确定的期限，例如合同中规定的有效期。

3. 指定期间

所谓指定期间，是指由法院或其他机关在法律允许的范围内指定的期间。在许多情况下，权利的行使并没有固定的期限，如果确有必要，法院也可以指定期限。比如在发生违约责任和侵权责任的情况下，受害人选择请求权的期限可以由法院予以指定。

（三）除斥期间和非除斥期间

根据所适用的范围，期间又可以分为除斥期间和非除斥期间。除斥期间是指法律直接规定或当事人依法确定的某些形成权的预定存续期间，因该期间经过，该权利当然消灭。它主要适用于形成权。非除斥期间包括时效期间以及法定、约定的除除斥期间以外的期间。区分两者的主要意义在于：除斥期间是不变期间，是权利存续的固定不变的期限；而其他期间大多是可变的，主要适用于请求权和其他相关权利。

四、除斥期间

（一）除斥期间的概念和特征

所谓除斥期间，也称不变期间。《民法典》第 199 条规定："法律规定或者当事人约定的撤销权、解除权等权利的存续期间，除法律另有规定外，自权利人知道或者应当知道权利产生之日起计算，不适用有关诉讼时效中止、中断和延长的规定。存续期间届满，撤销权、解除权等权利消灭。"该条规定确立了除斥期间的基本规则，对除斥期间的起算规则、除斥期间届满后的法律效果作出了规定，确立了撤销权、解除权等形成权的行使规则。

除斥期间的主要特点体现在以下几方面。

第一，性质上是撤销权、解除权等权利的存续期间。除斥期间与诉讼时效不同，它是权利的存续期间，在该期限内权利才能存在。法律设立除斥期间有利于督促权利人尽快行使权利。除斥期间是关于撤销权、解除权等权利的存续期间，撤销权是当事人请求撤销民事法律行为的权利；解除权是当事人主张解除民事法律关系的权利。

从性质上看，撤销权、解除权等权利都是形成权，按照同类解释规则，该条中的"等权利"应当指的是形成权，所以，除斥期间的适用对象主要为形成权。因为形成权将会根据一方的意志而产生法律关系发生、变更和消灭的效果，期限的限制与他人的权利和社会公共利益都有一定的关联。

第二，可以由法律规定或者当事人约定。一方面，除斥期间可以由法律规定。例如，我国《个人独资企业法》第 28 条规定："个人独资企业解散后，原投资人对个人独资企业存续期间的债务仍应承担偿还责任，但债权人在 5 年内未向债务人提出偿债请求的，该责任消灭。"另一方面，与诉讼时效所不同的是，除斥期间还可以由当事人约定。例如，当事人可以在合同中约定合同的解除权行使期限，该期间经过，解除权消灭。

第三，一般自权利人知道或者应当知道权利产生之日起计算。所谓知道，是指有明确的证据表明当事人知晓了权利产生。所谓应当知道,是指虽然没有明确证据证明,但是根据社会的一般常识,可以推定当事人知悉,或者当事人有义务知悉。例如,依据《民法典》第541 条的规定,可撤销合同中的撤销权期限为当事人知道或应当知道撤销事由之日起 1 年。

第四,不发生中止、中断和延长。由于除斥期间在性质上属于权利的存续期间,所以一旦该期限经过,就会使权利人的权利发生变化,并使一定的民事关系产生、变更和消灭,因而,除斥期间不适用有关诉讼时效中止、中断和延长的规定。从规范目的来看,法律设定该制度是为了督促当事人及时地行使自己的权利,维护自身的利益;同时,也有利于维护法律关系的稳定性。由于形成权的行使仅依一方当事人的意思就可以使法律关系产生、变更、消灭,如果允许除斥期间中断、中止、延长,可能会使法律关系长期处于不确定状态,从而难以实现除斥期间法律制度的目的。因此,一旦除斥期间届满,撤销权、解除权等形成权即消灭。

依据《民法典》第 199 条的规定,如果法律对除斥期间的计算规则以及除斥期间是否可以中断、中止、延长等问题作出了特别规定,则应当适用该特别规定。除斥期间届满以后,法院可以主动依职权来确定该期间届满的效果。由于除斥期间作为形成权的存续期间,其完成的法律效果就是使形成权绝对、当然、确定地消灭,所以在一方主张形成权以后,不论另一方是否就此种权利的存在提出抗辩,法院都应当对该权利存在与否加以审查,这就必然涉及该权利是否因除斥期间届满而消灭的问题。从这个意义上说,除斥期间的法律效果的产生不需要当事人主张。另外,由于除斥期间经过的利益不是当事人主动选择的结果,因而当事人只能被动承受,而不能抛弃。

虽然除斥期间的适用对象主要是形成权,但是为了维护社会经济秩序,需要扩大除斥期间的适用范围。因此,除斥期间的适用对象不仅仅是形成权,还包括其他一些为法律所规定的权利。例如,担保法中的保证期间,一般认为该期限亦为除斥期间。

延伸阅读

《民法典》中的相关规定

第 147 条:基于重大误解实施的民事法律行为,行为人有权请求人民法院或者仲裁机构予以撤销。

第 148 条:一方以欺诈手段,使对方在违背真实意思的情况下实施的民事法律行为,受欺诈方有权请求人民法院或者仲裁机构予以撤销。

第 149 条:第三人实施欺诈行为,使一方在违背真实意思的情况下实施的民事法律行为,对方知道或者应当知道该欺诈行为的,受欺诈方有权请求人民法院或者仲裁机构予以撤销。

第 150 条:一方或者第三人以胁迫手段,使对方在违背真实意思的情况下实施的民事法律行为,受胁迫方有权请求人民法院或者仲裁机构予以撤销。

第 151 条:一方利用对方处于危困状态、缺乏判断能力等情形,致使民事法律行为成立时显失公平的，受损害方有权请求人民法院或者仲裁机构予以撤销。

第 152 条：有下列情形之一的，撤销权消灭：

(1) 当事人自知道或者应当知道撤销事由之日起 1 年内、重大误解的当事人自知道或者应当知道撤销事由之日起 90 日内没有行使撤销权；

(2) 当事人受胁迫，自胁迫行为终止之日起 1 年内没有行使撤销权；

(3) 当事人知道撤销事由后明确表示或者以自己的行为表明放弃撤销权。

当事人自民事法律行为发生之日起 5 年内没有行使撤销权的，撤销权消灭。

第 199 条：法律规定或者当事人约定的撤销权、解除权等权利的存续期间，除法律另有规定外，自权利人知道或者应当知道权利产生之日起计算，不适用有关诉讼时效中止、中断和延长的规定。存续期间届满，撤销权、解除权等权利消灭。

第 318 条：遗失物自发布招领公告之日起 1 年内无人认领的，归国家所有。

第 462 条：占有的不动产或者动产被侵占的，占有人有权请求返还原物；对妨害占有的行为，占有人有权请求排除妨害或者消除危险；因侵占或者妨害造成损害的，占有人有权依法请求损害赔偿。

第 538 条：债务人以放弃其债权、放弃债权担保、无偿转让财产等方式无偿处分财产权益，或者恶意延长其到期债权的履行期限，影响债权人的债权实现的，债权人可以请求人民法院撤销债务人的行为。

第 539 条：债务人以明显不合理的低价转让财产、以明显不合理的高价受让他人财产或者为他人的债务提供担保，影响债权人的债权实现，债务人的相对人知道或者应当知道该情形的，债权人可以请求人民法院撤销债务人的行为。

第 541 条：撤销权自债权人知道或者应当知道撤销事由之日起 1 年内行使。自债务人的行为发生之日起 5 年内没有行使撤销权的，该撤销权消灭。

第 564 条：法律规定或者当事人约定解除权行使期限，期限届满当事人不行使的，该权利消灭。

法律没有规定或者当事人没有约定解除权行使期限，自解除权人知道或者应当知道解除事由之日起 1 年内不行使，或者经对方催告后在合理期限内不行使的，该权利消灭。

第 574 条：债权人可以随时领取提存物。但是，债权人对债务人负有到期债务的，在债权人未履行债务或者提供担保之前，提存部门根据债务人的要求应当拒绝其领取提存物。

债权人领取提存物的权利，自提存之日起 5 年内不行使而消灭，提存物扣除提存费用后归国家所有。但是，债权人未履行对债务人的到期债务，或者债权人向提存部门书面表示放弃领取提存物权利的，债务人负担提存费用后有权取回提存物。

第 663 条：受赠人有下列情形之一的，赠与人可以撤销赠与：

(1) 严重侵害赠与人或者赠与人近亲属的合法权益；

(2) 对赠与人有扶养义务而不履行；

(3) 不履行赠与合同约定的义务。

赠与人的撤销权，自知道或者应当知道撤销事由之日起1年内行使。

第664条：因受赠人的违法行为致使赠与人死亡或者丧失民事行为能力的，赠与人的继承人或者法定代理人可以撤销赠与。

赠与人的继承人或者法定代理人的撤销权，自知道或者应当知道撤销事由之日起6个月内行使。

第1052条：因胁迫结婚的，受胁迫的一方可以向人民法院请求撤销婚姻。

请求撤销婚姻的，应当自胁迫行为终止之日起1年内提出。被非法限制人身自由的当事人请求撤销婚姻的，应当自恢复人身自由之日起1年内提出。

第1053条：一方患有重大疾病的，应当在结婚登记前如实告知另一方；不如实告知的，另一方可以向人民法院请求撤销婚姻。

请求撤销婚姻的，应当自知道或者应当知道撤销事由之日起1年内提出。

第1124条：继承开始后，继承人放弃继承的，应当在遗产处理前，以书面形式作出放弃继承的表示；没有表示的，视为接受继承。

受遗赠人应当在知道受遗赠后60日内，作出接受或者放弃受遗赠的表示；到期没有表示的，视为放弃受遗赠。

（二）除斥期间与诉讼时效

1. 二者区别

除斥期间和诉讼时效都是对权利行使的一种时间限制，都具有督促权利人及时行使权利、保持社会关系稳定的作用，并且诉讼时效与除斥期间都是民事法律事实，因一定时间的经过而使法律关系发生变动，但二者具有显著区别，主要体现在以下几方面。

（1）适用对象不同

诉讼时效主要适用于债权的请求权；除斥期间主要适用于撤销权、解除权等形成权。二者适用对象的差别也决定了二者的具体规则与法律效果存在一定的差别。由于诉讼时效适用于债权请求权，可以在总则编中对其进行抽象规定。而除斥期间适用于形成权，由于各个形成权的规则较为特殊（例如，不同情形下的撤销权、解除权的规则即存在较大差别），因而很难进行统一规范，而应当根据所限制的形成权的具体内容而分别进行具体规定。

（2）能否由当事人约定不同

如前所述，法律关于诉讼时效期间的规定属于强制性规定，不得由当事人通过约定加以改变。而从《民法典》第199条的规定来看，除斥期间既可以由法律规定，也可以由当事人约定。

（3）期间是否可以中止、中断、延长不同

诉讼时效在性质上是可变期间，可因法定事由而中止、中断，例外情形下还可以延长。而除斥期间旨在排除形成权行使所导致的法律关系的不稳定性，因此，依据《民法典》第 199 条的规定,除斥期间一般不得中止、中断、延长。

(4)届满后的法律效果不同

诉讼时效期间届满,相关的请求权并不因此消灭,而只是使义务人产生相关的抗辩权。因此,从某种意义上说,诉讼时效期间届满后,债权人的债权已经蜕变成一种“自然债”。而除斥期间在性质上属于形成权的存续期间,《民法典》第 199 条规定:“存续期间届满,撤销权、解除权等权利消灭。”也就是说,一旦除斥期限届满,则权利本身直接消灭。正是因为存在上述区别,时效期限届满以后,义务人抛弃时效利益,自愿作出履行的,权利人仍有权保有该履行的利益,而不构成不当得利;而除斥期间届满以后,义务人抛弃期限利益的行为,可以视为创设了某种权利。

(5)是否允许法院主动援引不同

如前所述,诉讼时效期间届满只是使义务人产生一定的抗辩权,是否主张该抗辩权,应当由义务人自主选择,法院不得依职权进行审查。而除斥期间届满后,将使权利人的权利消灭,权利人不得再行使该权利,因此,法院有权依职权进行审查。

2. 利益衡量

一般而言,需要衡量的利益的层次结构由当事人的具体利益、群体利益、制度利益和社会公共利益组成。在针对究竟应配置诉讼时效制度还是除斥期间这一问题上,需要权衡的利益是:从当事人之间的利益到法律或权利安定与和平利益的谱系化过渡。这里的利益关系不是两极化的,而是呈现出复杂的连续变化过程,是一个从偏重个人利益保护到社会公共利益保护的完整谱系化图景。

当偏向于个人利益时,更倾向于配置时效制度;反之,则应更多考虑除斥期间。在除斥期间的类型和期间长短的设置上,也存在类似的利益衡量。利益天平的一端是权利人利益,另一端则是义务人利益与公共利益。就私人利益而言,一方的利益在于塑造力的享有,而另一方则享有权利确定的利益。如有学者所言,除斥期间的本质在于,基于塑造力和权利确定之间的利益衡量,其经过意味着塑造力赋予的必要性逐渐减弱,进而减弱到相应程度时,取消塑造力赋予的一种制度。而塑造力消灭时间的确立则是对函事人的利益进行动态衡量的过程。

对于表意人的撤销权,可以单纯配置以主观除斥期间或客观除斥期间,也可以同时配置主观除斥期间与客观除斥期间,关键需要考虑的是:法的安定性价值应在何种程度上予以实现以及应如何兼顾私人利益和公共利益。在公共利益保护这一给定的前提之下,对私人利益的平衡在重大误解、欺诈、胁迫和显失公平这些具体情形中又有所不同,这就决定了根据利益衡量设置更为细致的具体规则的必要性。在不同的表意瑕疵情形中,塑造力赋予的必要性有所不同,导致塑造力的强弱有别。与之相对,权利确定的利益则呈现出“此消彼长”的状态。

五、期日、期间的意义

期日、期间的意义在民法上表现在如下方面。

1. 期间对主体权利能力的存在有一定的影响

例如,失踪人下落不明满4年的,可以推定其死亡。在宣告死亡的期间内,被宣告死亡的人既有的人身、财产关系将归于消灭。

2. 期间可以引起民事法律关系的产生、变更或消灭

一是导致民事法律关系的产生,例如,附期限的合同在期限届满以后产生效力。二是导致民事法律关系的变更。例如,诉讼时效的届满,导致抗辩权的发生,使债权转化为自然债务。三是导致民事法律关系的消灭。例如,附终期的合同,当期限届满,则合同消灭。

3. 期间可以作为民事权利的存续期限

在民法上,有一些权利是不受期限限制的,如所有权是永恒存在的。但绝大多数民事权利都有一定的权利存续期限,权利人必须在该期限内行使权利,经过一定的期间,权利将不存在,或失去效力,或者效力减弱。这是法定的期间对权利的影响。

4. 期间可以作为一定的权利、义务实际行使或履行的期限

例如,合同中规定的履行期限。合同一旦规定了履行期限,即使合同已经成立并生效,但在履行期限未到来之前,当事人仍然不能实际行使权利和履行义务。许多期间的法律效果可以由当事人自己约定,所以确定期间的效果时,还应当考虑当事人的真实意思。因此期间除法定之外,还可以通过意定产生。

从广义上讲,时效是期间的组成部分。因为无论是时效还是期间,都是指民事法律关系产生、变更和终止的时间。从狭义上讲,期间是一个特定的概念,它是指时效之外的期间,即权利人行使权利或履行义务的期间,例如,保证期间、抵押权存续期间、撤销权行使期间以及其他期间。本书认为,我国法律采用了广义的期间概念,将时效视为一种特定的期间。

第二节　期日、期间的计算

一、期间的计算概述

期间计算方法对于准确界定当事人之间的权利义务关系具有重要意义。关于期间的计算方法,《民法典》第204条规定:“期间的计算方法依照本法的规定,但是法律另有规定或者当事人另有约定的除外。”依据该条规定,期间的计算方法具有法定性,也就是说,期间的开始时间、截止时间等,都是由法律规定的,这有利于简化当事人之间的交易过程,也有利于减少当事人因期间计算而引发的纠纷。

但需要指出的是,尽管期间的计算是法定的,但法律关于期限的规定属于任意性规定,允许当事人通过约定加以改变。

例如,依据《民法典》第 203 条第 1 款的规定:“期间的最后一日是法定休假日的,以法定休假日结束的次日为期间的最后一日”,但当事人可以约定,该法定节假日结束的当天为最后一日。如果当事人就期间的计算能够达成一致约定的,则可以依照当事人的约定来计算期间。例如,当事人可以约定采用“周”作为计算期间的方法。

二、期日、期间的确定

一般而言,民法上期间的确定方法主要有如下几种。

(1)规定日历上的一定时间,如 2003 年 8 月 6 日。

(2)规定一定的期间,如 6 个月、1 年等。

(3)规定某一法律事实出现的特定时刻,如某人结婚之时。这种规定常常与附期限的民事法律行为相联系。

(4)规定以某人提出请求的时间为准。这种期限并没有具体确定一定的期间或期日,而是由一方当事人来决定。例如,债务履行期限以一方当事人的请求为准。

(5)合理推定的期间。比如,要约人未规定要约答复期限的,以要约的在途期间和受要约人考虑期间以及受约人答复的在途期间的总和推定要约答复的合理期间。

三、期间的具体计算方法

期间的计算方法主要有两种:一是历法计算法。历法计算法就是以日历所定的日、星期、月、年为依据。二是自然计算法,此种方法是以实际时间精确地进行计算的方法,即以时、分、秒开始起算的方法,例如,从 2003 年 9 月 1 日 5 时至 12 时。历法计算法比较简便,符合人们的期间计算观念,但与自然计算法相比,又不够精确。

所以,《民法典》第 200 条规定:“民法所称的期间按照公历年、月、日、小时计算。”从该规定来看,兼采上述两种计算方法,即一方面,该条规定期间的计算按照公历的年、月、日计算;另一方面,该条又规定按照小时计算,这实际上同时采用了历法计算法和自然计算法两种方法。此种规定符合社会实践的需要,因为在一些交易中,当事人可能约定具体在某天的某个时刻进行交易,或者将交易的截止时间确定在某个时刻,此时就需要运用自然计算法。

四、期间的开始和截止

为准确界定当事人之间的权利义务关系,法律需要对期间的开始和截止作出规定。我国《民法典》分别对历法计算法和自然计算法两种期间计算方法中期间的开始和截止计算方法作出了规定。

1. 期间的开始

关于期间的开始,《民法典》第 201 条第 1 款规定:“按照年、月、日计算期间的,开始的当日不计入,自下一日开始计算。按照小时计算期间的,自法律规定或者当事人约定的时间开始计算。”该条对历法计算法和自然计算法中期间开始的时间作出了规定,该条规定确立了两项规则:一是历法计算法中期间开始的规则。即在历法计算法中,开始的当日不计入期间,而是从下一日开始起算期间。

例如,双方约定,甲方于 2017 年 5 月 10 日向乙方借款 10 万元,借期 1 年,则还款日期应当为 2018 年 5 月 10 日。当然,如果当事人对期间开始的时间作出了特别约定,按照私法自治原则,应当按照当事人的约定确定期间的开始时间。例如,如果当事人约定开始的当日计入期间,则该约定有效。二是自然计算法中期间的开始规则,即自法律规定或者当事人约定的时间开始计算。例如,当事人约定 48 小时内还款,那么就应当从当事人约定的时间开始向后计算 48 小时。

2. 期间的截止

关于期间的截止,我国《民法典》也分别对历法计算法和自然计算法的截止期间的确定规则作出了规定。对历法计算法而言,依据《民法典》第 202 条的规定,以到期月的对应日为期间的最后一日,如果没有对应日,则以月末日为期间的最后一日。

例如,当事人在 3 月 31 日约定,将在一个月后履行合同,由于 4 月没有 31 日,则应当以 4 月 30 日为截止日期。从实践来看,当事人之间约定的期间截止日期可能是法定休假日,对此种情形,依据《民法典》第 203 条第 1 款的规定,“期间的最后一日是法定休假日的,以法定休假日结束的次日为期间的最后一日”。此处所说“法定休假日”包括法定的节假日以及双休日。例如,双方约定 3 月底还款,如果 3 月的最后一天是星期六、星期日或者其他法定休假日的,则以休假日的次日为期间的最后一日。

关于自然计算法中期间的截止,《民法典》第 203 条 2 款规定:“期间的最后一日的截止时间为 24 时;有业务时间的,停止业务活动的时间为截止时间。”例如,双方当事人约定的还款期限为本月的最后一天,则最终的还款时间应当是本月最后一天的 24 时。但对一些有确定营业时间的主体,如某银行的业务时间为上午 9 点至下午 5 点,则应当将截止时间定为当天的下午 5 点。

3. 期间的法定、约定及解释

期间的计算方法依照《民法典》第十章的规定,但是法律另有规定或者当事人另有约定的除外,即当事人约定了期间的计算的,其起算时间可从其约定。期限的规定中有“以上”“以下”“以内”用语的,均包括本数;有“不满”“以外”用语的,均不包括本数。

延伸阅读

关于时效制度在实务应用中应当注意以下问题:

1. 一些特殊情况下诉讼时效期间的起算问题，有关司法解释确定的起算方法，仍可参照适用。

关于债务人在约定的期限届满后未履行债务而出具没有还款日期的欠款条，诉讼时效期间应从何时开始计算的问题，最高人民法院的批复指出，债务人书写的欠款条应认定为诉讼时效的中断。如果债权人在诉讼时效中断后一直没有主张权利的，诉讼时效期间应从债权人收到债务人所写欠款条的第二天开始重新计算。

(1)合同解除后发生的财产返还和损失赔偿请求权的诉讼时效应从合同解除生效之日开始计算。

(2)合同无效后的财产返还请求权和损失赔偿请求权的诉讼时效应从确认合同无效的判决生效之日开始计算。

(3)依《担保法解释》第 35 条规定："保证人对已经超过诉讼时效期间的债务承担保证责任或者提供保证的，又以超过诉讼时效为由抗辩的，人民法院不予支持。"第 42 条第 2 款规定："保证人对债务人行使追偿权的诉讼时效，自保证人向债权人承担责任之日起开始计算。"

(4)《诉讼时效规定》第 21 条规定："主债务诉讼时效期间届满，保证人享有主债务人的诉讼时效抗辩权。保证人未主张前述诉讼时效抗辩权，承担保证责任后向主债务人行使追偿权的，人民法院不予支持，但主债务人同意给付的情形除外。"

(5)最高人民法院《关于受理证券市场因虚假陈述引发的民事侵权纠纷案件有关问题的通知》规定："虚假陈述民事赔偿案件的诉讼时效为两年，从中国证券监督管理委员会及其派出机构对虚假陈述行为作出处罚决定之日起计算。"依《民法典》的最新规定，诉讼时效应为 3 年，其起算方法仍可参照。

(6)最高人民法院《关于审理著作权民事纠纷案件适用法律若干问题的解释》第 28 条规定："侵犯著作权的诉讼时效为 2 年，自著作权人知道或者应当知道侵权行为之日起计算。权利人超过 2 年起诉的，如果侵权行为在起诉时仍在持续，在该著作权保护期内，人民法院应当判决被告停止侵权行为；侵权损害赔偿数额应当自权利人向人民法院起诉之日起向前推算 2 年计算。"依《民法典》规定，侵犯著作权的诉讼时效为 3 年，但该条司法解释关于诉讼时效的计算方法仍可参照适用。

2. 关于超过诉讼时效期限后，当事人达成的还款协议或者对原债务的确认应受法律保护的问题。根据最高人民法院的批复，对于超过诉讼时效期间，当事人双方就原债务达成的还款协议，属于新的债权债务关系，根据《民法典》第 119 条规定的精神，该还款协议应受法律保护。对于超过诉讼时效期间债权人向债务人(借款人)发出催收通知单，债务人在该通知单上签字或者盖章的，应当视为对原债务的重新确认，该债权债务关系应受法律保护。

3. 诉讼时效届满，当事人一方向对方当事人作出同意履行义务的意思表示或者自愿履行义务后，又以诉讼时效期间届满为由进行抗辩的，人民法院不予支持。

4. 关于当事人提出时效抗辩的程序,《诉讼时效规定》第 4 条规定:“当事人在一审期间未提出诉讼时效抗辩,在二审期间提出的,人民法院不予支持,但其基于新的证据能够证明对方当事人的请求权已过诉讼时效期间的情形除外。当事人未按照前款规定提出诉讼时效抗辩,以诉讼时效期间届满为由申请再审或者提出再审抗辩的,人民法院不予支持。”

5.《诉讼时效规定》第 11 条规定:“权利人对同一债权中的部分债权主张权利,诉讼时效中断的效力及于剩余债权,但权利人明确表示放弃剩余债权的情形除外。”

6. 附条件、附期限的请求权,从条件成就或期限到来时起算。

7. 租赁物返还请求权从租赁关系终止时起算。

8. 合同被撤销,返还财产、赔偿损失请求权的诉讼时效期间从合同被撤销之日起计算。

9. 以不作为义务为标的的债权,从义务人违反义务行为时起算。

10. 人身损害的诉讼时效期间,伤害明显的,从受伤害之日起算;伤害当时未曾发现的伤情,后经检查确诊并能证明是由侵害引起的,从伤势确诊之日起算。

11. 权利人知道权利受损害的事实和知道侵害人不同时的,诉讼时效应从知道侵害人时起算。

思考题

1. 试述期间的概念。
2. 试述期间的分类。
3. 试述期间在民法上的意义。
4. 试述除斥期间的概念和特征。
5. 试析除斥期间与诉讼时效的区别。
6. 期日、期间如何计算?

第十章 权利的行使

【学习目标】

1. 了解民事权利行使的概念及其意义。
2. 理解民事权利行使的原则。
3. 了解民事权利行使中的诚实信用原则。
4. 了解民事权利行使中的禁止权利滥用原则。
5. 了解私力救济的主要内容。
6. 了解正当防卫的含义。
7. 了解紧急避险的含义。

【引导案例】

甲、乙二人同村,宅基地毗邻。甲的宅基地倚山、地势较低,乙的宅基地在上将其环绕。乙因琐事与甲多次争吵而郁闷难解,便沿二人宅基地的边界线靠己方一侧,建起高5米围墙,使甲在自家院内却有身处监牢之感。乙的行为违背民法的下列哪一基本原则?( )

A. 自愿原则　　B. 公平原则　　C. 平等原则　　D. 诚信原则

【简要评析】

参考答案:D。权利不得滥用是民事主体在行使民事权利时不得损害国家利益、社会公共利益或者他人合法权益。民事主体行使自己的民事权利遵循自愿原则。《民法典》第5条规定,"民事主体从事民事活动,应当遵循自愿原则,按照自己的意思设立、变更、终止民事法律关系。"同时,权利行使并非毫无边界。

民事主体在行使其民事权利时应当尊重国家利益、社会公共利益或者他人合法权益,否则为滥用民事权利。乙"沿宅基地的边界线靠己方一侧,建起高5米围墙"的行为,利用的是他自己的宅基地使用权,也没有超出边界,但是其目的是专门侵害甲之利益,因此乙的行为构成民事权利的滥用。民事权利不得滥用是诚实信用原则的要求。《民法典》第7条规定。"民事主体从事民事活动,应当遵循诚信原则,秉持诚实,恪守承诺。"本案中,乙违反的是诚实信用原则。

第一节　权利行使概述

一、民事权利的行使

民事权利的行使是民事权利内容的实现。通过行使民事权利,民事权利主体所追求的利益可以得到实现,以其满足自身的需要。我国《民法典》是一部体现对生命健康、财产安全、交易便利、生活幸福、人格尊严等各方面权利平等保护的法典,通过具体的法律规定加强对民事权利的保护。

《民法典》"总则编"的"第五章民事权利" 全面系统地规定了民事权利的种类、内容、取得和行使等。《民法典》第3条规定:"民事主体的人身权利、财产权利以及其他合法权益受法律保护,任何组织或者个人不得侵犯。" 民事主体的"其他合法权益"包括民法以及其他法律法规规定的民事权利,最高人民法院司法解释等规范性文件中规定的民事权利等。

延伸阅读

《民法典》

第110条:自然人享有生命权、身体权、健康权、姓名权、肖像权、名誉权、荣誉权、隐私权、婚姻自主权等权利。法人、非法人组织享有名称权、名誉权和荣誉权。

第114条:民事主体依法享有物权。

第123条:民事主体依法享有知识产权。

第125条:民事主体依法享有股权和其他投资性权利。

《民法典》各编规定了民事主体的人身权和财产权,具体包括人格权、身份权、物权、债权、知识产权等。对于侵犯民事权利的行为,应依法追究民事责任。《民法典》中的"侵权责任"编"调整因侵害民事权益产生的民事关系,"通过规定民事主体主张侵权人依法承担侵权责任,保护民事权利不受侵犯、促进民事关系和谐有序。

权利行使的方式有事实方式和法律方式两种。事实方式是权利人通过实施某种事实行为来行使权利,如所有人通过使用自己的财产来行使所有权。法律方式是权利人通过实施某种民事法律行为来行使权利,例如,所有人通过买卖、赠与来行使对自己财产的处分权。

二、民事权利行使的主要原则

(一)诚实信用原则

民事主体在从事民事活动时,应当诚实守信,恪守承诺,以善意的方式行使权利、履行义务，不得滥用权利，不得规避法律或合同规定的义务。《民法典》第 7 条规定："民事主体从事民事活动，应当遵循诚信原则，秉持诚实，恪守承诺。"

（二）自由行使原则

民事权利自由行使原则是民事主体有权按照自己的意愿行使权利，不受他人的非法干涉。《民法典》第 130 条规定："民事主体按照自己的意愿依法行使民事权利，不受干涉。" 民事权利自由行使原则是民法自愿原则的具体体现。

民事权利在行使民事权利时，可以选择行使某种权利，也可以选择不行使某种权利。在没有法律强制性规定的情况下，权利人有权依法从事某种民事活动和不从事某种民事活动。在民法领域中，法律授予民事主体进行民事行为的自由权，对民事权利作出概括性规定，法律没有禁止的就是允许的。

民事主体在行使权利的方式上，可以通过事实行为来行使权利，也可以通过民事法律行为来行使权利。

民事主体可以由自己行使权利，也可以授权他人行使权利。

民事权利的本身也界定了人与人之间行为自由的界限，民事主体依法行使权利的行为不受他人的非法干涉。

（三）禁止权利滥用原则

民事主体应当依民事权利的目的正当行使权利，不得滥用民事权利。《民法典》第 132 条规定："民事主体不得滥用民事权利损害国家利益、社会公共利益或者他人合法权益"。禁止权利滥用原则是在保护民事主体行使权利的同时，划定其权利行使的边界。

（四）绿色原则

民事主体在行使民事权利中应当遵循绿色原则，保护环境和生态，有效率地利用资源。《民法典》第 509 条第 3 款规定："当事人在履行合同过程中，要避免浪费资源、污染环境和破坏生态。"这是民法绿色原则在民事权利行使中的具体体现。

第二节　诚实信用原则

一、诚实信用原则概念

诚实信用原则是指民事主体在从事民事活动时，应当诚实守信，恪守承诺，以善意的方式行使权利、履行义务，不得滥用权利，不得规避法律或合同规定的义务。诚实信用原则是普遍适用于民法的基本原则，也是民事主体行使民事权利的原则。

诚实信用原则是一种行为标准，用于平衡民事主体之间的利益关系以及民事主体的利益与社会公共利益之间的关系，要在这两重利益关系中实现平衡。民事主体行使权利时，应当尊重他人利益，不得损害他方合法权益。也即在民事主体与社会的利益的平衡关系中，诚实信用原则要求民事主体不得损害第三人利益和社会公共利益，在不损害他人利益和社会公益的前提下，追求自己的利益。

二、诚实信用原则的要求

诚实信用原则广泛适用于民法领域。《民法典》中的许多条文体现了诚实信用原则。诚实信用原则作为直接规范交易关系的法律原则，与债权债务关系尤其是合同关系的联系最为密切。民事主体在交易活动的每一个环节，都应该遵循诚实信用原则，从而形成交易关系的正常秩序。

民事主体在合同的订立、履行、变更、解除以及合同关系终止以后的各个阶段，都应当严格依据诚实信用原则行使权利和履行义务。

（一）合同订立阶段

在合同订立阶段，民事主体在与对方进行磋商过程中应当遵循实信用原则。缔约当事人应当如实向对方陈述商品情况、服务情况以及履行能力等，不得进行欺诈行为，不得基于恶意与他人进行磋商。

延伸阅读

《民法典》

第 500 条：当事人在订立合同过程中有下列情形之一，造成对方损失的，应当承担赔偿责任：

（1）假借订立合同，恶意进行磋商；

（2）故意隐瞒与订立合同有关的重要事实或者提供虚假情况；

（3）有其他违背诚信原则的行为。

在缔约过程中，民事主体一方发出的要约可以撤回也可以撤销，但是都应当遵守给予对方的允诺，不得侵犯对方的信赖利益。例如《民法典》第 476 条规定，“要约可以撤销，但是有下列情形之一的除外：（1）要约人以确定承诺期限或者其他形式明示要约不可撤销；（2）受要约人有理由认为要约是不可撤销的，并已经为履行合同做了合理准备工作。”

案例

德凯公司拟为新三板上市造势，在无真实交易意图的情况下，短期内以业务合作为由邀请多家公司来其主要办公地点洽谈。其中，真诚公司安排授权代表往返十余次。每次都准备了详尽可操作的合作方案，德凯公司佯装感兴趣并屡次表达将签署合同的意愿，但均在最后一刻推脱拒签。其间，德凯公司还将知悉的真诚公司的部分商业秘密不当泄露。对此，下列哪一说法是正确的？

A. 未缔结合同，则德凯公司就磋商事宜无须承担责任

B. 虽未缔结合同，但德凯公司构成恶意磋商，应赔偿损失

C. 未缔结合同，则商业秘密属于真诚公司自愿披露，不应禁止外泄

D. 德凯公司也付出了大量的工作成本对方主张赔偿，则据此可主张抵销

案例分析

参考答案：B。德凯公司为了给自己新三版上市造势，以业务合作为由邀请多家公司来其主要办公地点洽谈。但是，德凯公司并没有订立合同的真实意思，其行为构成假借订立合同，恶意与他人进行磋商。其中，德凯公司对于真诚公司代表的合作方案佯装感兴趣并屡次表达将签署合同的意愿，但均在最后一刻推脱拒签，应当承担缔约过失责任。德凯公司对于给对方造成的损失，应当承担赔偿责任。

德凯公司在与真诚公司缔结合同的过程中知悉了真诚公司的商业秘密，应当承担保守商业秘密的义务。《民法典》第 501 条规定："当事人在订立合同过程中知悉的商业秘密或者其他应当保密的信息，无论合同是否成立，不得泄露或者不正当地使用；泄露、不正当地使用该商业秘密或者信息，造成对方损失的，应当承担赔偿责任。"真诚公司在缔约过程中不仅未获得任何利益，反而受到损失，因此，无法与对方的损失产生抵销。德凯公司付出的大量工作成本是基于恶意磋商，既不能要求对方支付，也不能要求抵销。

（二）合同订立后到履行前阶段

在合同订立以后到履行以前，当事人双方都应当遵守诚实信用原则。应当先履行债务的当事人，在履约前有确切证据证明对方经营状况严重恶化、丧失商业信誉、转移财产和抽逃资金以逃避债务，以及有丧失或者可能丧失履行债务能力的其他情形的，可以中止履行。当事人依据法律规定中止履行合同义务的，应当及时通知对方，在对方提供适当担保的情况下，应当恢复履行。

案例

甲、乙订立了一份价款为 10 万元的图书买卖合同，约定甲先支付书款，乙两个月后交付图书。甲由于资金周转困难只交付 5 万元，答应余款尽快支付，但乙不同意。两个月后甲要求乙交付图书，遭乙拒绝。对此，下列哪一表述是正确的？（　　）

A. 乙对甲享有同时履行抗辩权

B. 乙对甲享有不安抗辩权

C. 乙有权拒绝交付全部图书

D. 乙有权拒绝交付与 5 万元书款价值相当的部分图书

案例分析

参考答案：D。《民法典》第 526 条规定："当事人互负债务，有先后履行顺序，应当先履行债务一方未履行的，后履行一方有权拒绝其履行请求。先履行一方履行债务不符合

约定的，后履行一方有权拒绝其相应的履行请求。”

本案中，甲负有支付书款的先履行义务，而乙则负有交付图书的后履行义务。甲只支付了货款的一部分即5万元，未全部履行。根据上述规定，乙应享有抗辩权，但其抗辩的部分仅限于先履行方履行债务不符合约定的部分，即尚未给付的剩余5万元书款的部分。本案中，甲、乙签订的合同已明确规定履行的先后顺序，因此乙对甲享有同时履行抗辩权的说法错误。本案中，乙是后履行的一方，因此乙对甲享有不安抗辩权的说法错误。

在一方当事人出现预期违约的情况下，另一方当事人可以解除合同。《民法典》规定，在履行期限届满前，当事人一方明确表示或者以自己的行为表明不履行主要债务，当事人可以解除合同。

（三）合同履行阶段

合同的履行应当严格遵循诚实信用原则。《民法典》第509条规定，“当事人应当按照约定全面履行自己的义务”。“当事人应当遵循诚信原则，根据合同的性质、目的和交易习惯履行通知、协助、保密等义务”。要求当事人应当遵循诚信原则，履行法律和合同规定的义务，还应当履行依诚实信用原则所产生的各种附随义务，包括通知、协助、保密等义务。

（四）合同变更、解除阶段

合同依法订立后，一般情况下当事人应当严格履行合同约定的义务。在因不可归责于双方的原因而发生情势变更时，应当严格依据诚实信用原则，可以变更和解除合同。《民法典》规定：“合同成立后，合同的基础条件发生了当事人在订立合同时无法预见的、不属于商业风险的重大变化，继续履行合同对于当事人一方明显不公平的，受不利影响的当事人可以与对方重新协商；在合理期限内协商不成的，当事人可以请求人民法院或者仲裁机构变更或者解除合同。”

（五）合同终止后的阶段

合同终止后，合同当事人即使不承担合同权利义务，也要根据诚实信用原则的要求，承担保密等必要的附随义务，即后合同义务。《民法典》第558条规定：“债权债务终止后，当事人应当遵循诚信等原则，根据交易习惯履行通知、协助、保密、旧物回收等义务。”

第三节　禁止权利滥用

一、禁止权利滥用原则

权利滥用是民事主体行使权利时违背权利设定的目的，损害了他人利益。禁止权利滥用原则是指民事权利的行使不得损害国家利益、社会公共利益或者他人合法权益。民事主体行使权利时，应当履行法律规定的和当事人约定的义务。《民法典》规定第132条规定："民事主体不得滥用民事权利损害国家利益、社会公共利益或者他人合法权益。"

延伸阅读

《宪法》

第51条：中华人民共和国公民在行使自由和权利的时候，不得损害国家的、社会的、集体的利益和其他公民的合法的自由和权利。

任何权利的行使不仅涉及权利人的利益，而且也涉及义务人的利益、国家和社会的利益。各国立法都对权利的行使规定了不同的限制，基本都认可了禁止权利滥用的规则，在保护民事主体行使权利的同时，又为权利的行使划定了界限，禁止民事主体超越界限侵犯他人和社会利益。

二、权利滥用的构成条件

判断民事主体在行使民事权利时是否滥用了权利，应当从主观和客观方面进行分析。民事主体享有民事权利，在行使民事权利的过程中超出了权利的边界，构成对权利的滥用。民事主体滥用权利的行为可能损害国家利益、社会公共利益或者他人的合法权益。

案例

明河社出版有限公司（以下简称明河社）是《射雕英雄传》《神雕侠侣》《倚天屠龙记》《笑傲江湖》等作品在中国境内的专有使用权人。经明河社同意，查良镛（金庸）将上述作品部分区域和期间内移动终端游戏软件改编权及后续软件的商业开发权独家授予完美世界（北京）软件有限公司（以下简称完美世界公司）。被诉侵权的武侠Q传游戏由北京火谷网络科技股份有限公司（以下简称火谷网）开发，昆仑乐享网络技术有限公司（以下简称昆仑乐享公司）经授权可在多个国家和地区独家运营该游戏。

昆仑万维科技股份有限公司（以下简称昆仑万维公司）为涉案游戏的运营者。涉案游戏共有人物卡牌、武功卡牌、配饰卡牌和阵法卡牌等四类卡牌，经比对，涉案游戏在人物描述、武功描述、配饰描述、阵法描述、关卡设定等多个方面与涉案武侠小说中的相应内容存在对应关系或相似性。火谷网认可开发时借鉴和参考了权利人作品中的元素。

一审法院认为，现有证据不能证明涉案游戏软件构成对权利人任意一部作品的改编。但火谷网、昆仑乐享公司和昆仑万维公司的行为构成对明河社及完美世界公司的不正当竞争。据此判令火谷网、昆仑乐享公司和昆仑万维公司停止侵权、消除影响，并赔偿明河社等经济损失16319658元。双方当事人均不服一审判决，提起上诉。

北京市高级人民法院二审认定涉案游戏构成对权利人作品的改编，火谷网构成对明河社和完美世界公司享有权利作品移动终端游戏软件改编权的侵害。火谷网作为开发者,昆仑乐享公司、昆仑万维公司作为游戏运营者,三者应共同承担侵权责任。由于已经认定涉案游戏构成对权利人改编权的侵害,故不再适用反不正当竞争法对被诉侵权行为进行评述。据此判决驳回上诉、维持一审判决。

案例分析

本案是涉及作品游戏改编权的典型案例。《射雕英雄传》《倚天屠龙记》《神雕侠侣》《笑傲江湖》是金庸先生创作的知名武侠小说。被诉侵权卡牌游戏对权利人作品的改编方式,不同于通常形式上的抄袭剽窃,侵权人在改编时并未完整使用权利人作品中的故事情节,而是对人物角色、人物特征、人物关系、武功招式以及武器、阵法、场景等创作要素进行了截取式、组合式的使用。

二审法院明确,在游戏改编过程中,未经许可对他人作品中人物角色、人物特征、人物关系、武功招式以及武器、阵法、场景等具体创作要素进行截取式、组合式使用,且由此所表现出的人物特征、人物关系以及其他要素间的组合关系与原作品中的选择、安排、设计不存在实质性差别,未形成脱离于原作品独创性表达的新表达,即构成对他人作品改编权的侵犯,进一步厘清了侵害改编权与合理借鉴的行为边界。此外,二审判决在充分考虑权利人作品市场价值的基础上,判令三被告承担1600余万元的赔偿责任,坚持了知识产权侵权赔偿的市场价值导向,切实保障权利人获得充分赔偿。

资料来源:http://www.court.gov.cn/zixun

民事主体在主观上有过错。权利人在行使权利过程中对于损害他人或社会利益存有过错,表现为故意或者过失。

三、权利滥用的法律后果

滥用民事权利不能产生权利正当行使所能产生的效果。权利人不能向对方当事人主张超出正当权利边界的要求。

滥用民事权利给他人合法权益造成了损害的,还应当承担损害赔偿责任或者其他类型的民事责任。

延伸阅读

《民法典》

第999条:为公共利益实施新闻报道、舆论监督等行为的,可以合理使用民事主体的姓名、名称、肖像、个人信息等;使用不合理侵害民体人格权的,应当依法承担民事责任。

第四节 私力救济

民事权利的私力救济,是民事主体个人采取合法手段保护自己的权利不受侵犯。例如依法向侵权行为人提出请求等。私力救济是当事人自己采取的自我保护措施。民事主体采取一定的方式保护自己的权利，是法律赋予的其权利本身的属性。同时，为维护正常的社会秩序，民事主体采取自我保护手段应受到法律的限制，只能以法律许可的方式和在法律允许的限度内进行私力救济。

一、正当防卫

(一)正当防卫的概念

正当防卫，是指为了使国家、公共利益、本人或者他人的人身、财产和其他权利免遭正在进行的不法侵害，而对侵权行为人采取的必要防卫行为。

正当防卫行为是排除社会危害性的行为，《民法典》第181条规定，因正当防卫造成损害的，不承担民事责任。正当防卫超过必要的限度，造成不应有的损害的，正当防卫人应当承担适当的民事责任。

(二)正当防卫的构成要件

1. 必须是为保护合法权益

正当防卫的目的是保护合法权益。防卫人的防卫行为是为了保护本人或他人的合法权益以及社会利益，即防卫人具有保护合法权益的意图。也正因为如此，法律规定民事主体具有正当防卫的权利，而且将正当防卫作为民法上的免责事由。

2. 必须是对不法侵害行为进行的防卫

正当防卫以不法侵害行为的存在为前提，只有在不法侵害行为真实发生的情况下才能实行。不法侵害行为必须是实际存在或者紧迫的。而防卫是不得已的，即如果不进行防卫行为就不足以排除侵害行为。

3. 必须是对正在进行的不法侵害实行的防卫

正当防卫是为制止不法侵害而进行的行为，必须是针对正在进行的不法侵害实行的。如果不法侵害行为尚未发生，或者不法侵害已经结束后实行的防卫行为不是正当防卫。防卫行为不能针对合法行为实施。

4. 必须是对不法侵害行为人进行防卫

正当防卫必须针对不法侵害者本人实行。正当防卫的目的在于排除和制止不法侵害，因此，正当防卫只能针对不法侵害人本人进行，而不能对第三人实行。

5. 防卫行为不得超过必要限度

正当防卫是为保护合法权益设立的制度。因此，法律规定防卫行为不得超过必要限度，即防卫行为必须具有足以有效制止侵害行为的应有强度。

(三)正当防卫的法律后果

在通常情形下，因正当防卫造成损害的，防卫人不承担民事责任；但是正当防卫超过必要的限度造成不应有损害的,防卫人应当承担相应的民事责任。

二、紧急避险

(一)紧急避险的概念

紧急避险也是排除社会危害性的行为。紧急避险是指为了使国家、公共利益、本人或者他人的人身、财产和其他权利免受正在发生的危险,不得已而采取的损害另一较小合法权益的行为。《民法典》第183条规定:"因紧急避险造成损害的,由引起险情发生的人承担民事责任。危险由自然原因引起的,紧急避险人不承担民事责任,可以给予适当补偿。紧急避险采取措施不当或者超过必要的限度,造成不应有的损害的,紧急避险人应当承担适当的民事责任。"

(二)紧急避险的构成要件

1. 必须是为保护合法权益

紧急避险必须出于保护合法权益的目的,所损害的客体是第三者的合法权益,而且是出于避免较大的合法权益不受损失的目的。

2. 必须是对客观存在的危险而采取的

只有存在现实的紧急危险时,才能实施紧急避险行为,臆想或错误判断而采取避险措施,不是紧急避险,如果因此致他人损害,应向他人负赔偿责任。客观存在的危险包括来自自然力量产生的危险,如洪水、地震等,机械、能源设备产生的危险,动物侵袭造成的危险;人为原因造成的危险等。

3. 必须是对正在发生的危险而采取的

紧急避险只能在危险已经发生而又尚未解除这一时间条件下进行。如果危险已经消除或尚未发生,或者已经发生但并不会造成对合法利益侵害的,都不能实行紧急避险,否则,就是"避险不适时",由此造成损害的,行为人应当承担相应的责任。

4. 必须是在迫不得已的情况下采取的

紧急避险应当是在不采取避险措施,就不能保全更大的合法权益的情况下采取的。如果不采取该措施就不足以使合法权益避免现实正在遭受的危险,不足以保全较大的合法权益。如果当时还有其他方法可以避险,行为人没有采取而给第三人的合法权益造成不应有损害的,该行为不属于紧急避险。

5. 必须没有超过必要限度、造成不应有的损害

紧急避险是为有效避免危险而必须损害的合法权益的方式,因此,必须以"必要限度"为前提。如果紧急避险采取措施不当或者超过必要的限度,造成不应有的损害的,紧急避险人应当承担适当的民事责任。

(三)紧急避险的法律后果

因紧急避险造成损害的,由引起险情发生的人承担民事责任。危险由自然原因引起的，紧急避险人不承担民事责任，可以给予适当补偿。紧急避险采取措施不当或者超过必要的限度，造成不应有的损害的，紧急避险人应当承担适当的民事责任。

三、保护他人民事权益

《民法典》第 183 条规定："因保护他人民事权益使自己受到损害的，由侵权人承担民事责任，受益人可以给予适当补偿。没有侵权人、侵权人逃逸或者无力承担民事责任，受害人请求补偿的，受益人应当给予适当补偿。"

受害人请求补偿的权利应当具备以下条件。

1. 必须是受害人为了保护他人民事权益的行为

受害人是为了保护他人的合法民事权益，是维护国家、集体或者其他个人的合法权益的行为。

2. 必须是受害人因保护他人民事权益而使自己受到损害

受害人在保护他人合法民事权益时自己遭受了损害，而且受害人受损害与保护他人民事权益的行为之间存在因果关系。如果受害人进行了保护他人民事权益的行为，但是损害不是该行为造成的，而是其他原因造成的，或者完全是因自身的过错造成的，不能请求受益人予以补偿。

3. 没有侵权人、侵权人逃逸或者无力承担民事责任

在被害人受到损害时，应当先向侵权人主张赔偿责任。但是，在没有侵权人、侵权人逃逸或者无力承担民事责任的情况下，受害人请求补偿的，由受益人给予适当补偿。没有侵权人主要是因自然原因等导致受益人处于危险状况的；侵权人逃逸是侵权人为躲避责任而逃逸；或者因为侵权人没有足够的赔偿能力或者完全没有能力赔偿的，受害人有权请求受益人在受益范围内对受害人的损害予以适当补偿。

四、自愿实施紧急救助行为

《民法典》第 184 条规定："因自愿实施紧急救助行为造成受助人损害的，救助人不承担民事责任。" 其目的在于鼓励自愿的救助行为。

自愿实施紧急救助行为免于承担民事责任应当符合以下条件。

1. 救助人实施了紧急救助行为

救助他人的行为必须是在紧急情况下实施的。

2. 救助人必须是自愿实施救助行为

救助人必须是自愿施救的。救助人负有法定或者约定的救助义务的，不适用《民法典》第 184 条的规定。

五、自助行为

《民法典》第 1177 条规定："合法权益受到侵害，情况紧迫且不能及时获得国家机关保护，不立即采取措施将使其合法权益受到难以弥补的损害的，受害人可以在保护自己合法权益的必要范围内采取扣留侵权人的财物等合理措施；但是，应当立即请求有关国家机关处理。”“受害人采取的措施不当造成他人损害的，应当承担侵权责任。”

自助行为是权利人为实现自己的请求权，在情势紧迫而又不能及时请求国家机构救助的情况下所采取的对他人的财产或自由施加扣押、拘束或其他相应措施的合法行为。

自助行为必须在无法及时获得国家机关保护的情况下才可以适用。自助人在实施自助行为之后，应当立即请求有关国家机关处理。

思考题

一、简答题

1. 简述民事权利行使的意义。
2. 简述民事权利行使的原则。
3. 简述民事权利行使中的诚实信用原则。
4. 简述民事权利行使中的禁止权利滥用原则；
5. 简述正当防卫的条件。
6. 简述紧急避险的条件。
7. 简述保护他人民事权益的相关规定。
8. 简述自助行为的主要规定。

二、实训课堂

甲、乙同为儿童玩具生产商。儿童节前夕，丙与甲商谈进货事宜。乙知道后向丙提出更优惠条件，并指使丁假借订货与甲接洽，报价高于丙以阻止甲与丙签约。丙经比较与乙签约，丁随即终止与甲的谈判，甲因此遭受损失。对此，下列哪一说法是正确的？(　　)

A. 乙应对甲承担缔约过失责任

B. 丙应对甲承担缔约过失责任

C. 丁应对甲承担缔约过失责任

D. 乙、丙、丁无须对甲承担缔约过失责任

第十一章　民法的效力、适用与解释

【学习目标】

1. 了解民法的时间效力、地域效力、对人的效力。
2. 掌握民法的适用原则。
3. 了解民法解释的概念、意义、种类。
4. 了解民法解释的方法。

第一节　民法的效力

民法的效力可分为时间效力、地域效力和对人的效力。其中民法的时间效力是指民法在时间上的适用范围，即民法何时生效、何时失效以及生效后对其生效前的民事行为是否具有溯及力；民法的地域效力指民法在空间上的适用范围，即民法在什么空间领域内适用；民法对人的效力指民法对人的适用范围，即哪些主体应受民法所约束。

一、民法的时间效力

（一）民法的生效时间

民法的生效时间一般根据性质和社会实际需要来确定，主要有以下两种方式。

（1）自公布之日起生效。

（2）公布后经过一段时间生效。

（二）民法的失效时间

1. 新法直接废止旧法

对于某一领域，当有新法公布后，即使没有明文废止旧法，旧法也当然在新法生效之时起失效。

2. 旧法规定与新法相抵触的部分失效

对于某一事项，新法规定与旧法规定不同时，旧法虽未必全部失效，但旧法中此事项的规定当然失效，应以新法相应规定为准。但需特别注意，对于不同位阶的法律，如一为特别法一为普通法，即使公布有先后，也不能当然认为旧法中的规定失效。

3. 由国家机关颁布专门的决议，宣布某些法律失效

例如，1987 年 11 月 24 日通过的《全国人民代表大会常务委员会关于批准法制工作委员会对 1978 年底以前颁布的法律进行清理的情况和意见的报告的决定》，批准了法制工作委员会的报告及报告的两个附件。附件一为《1978 年底以前颁布的已失效的法律目录(111)件》，由于调整对象变化而不再适用或者已经停止执行的 29 件，其中有民事法规，例如 1956 年 3 月全国人大常委会通过的《农业生产合作社示范章程》等。

（三）民法的溯及力

从民法生效时起，凡以后所发生的事项均应适用，其生效前所发生的事项，不得适用，以不溯及既往为原则。但为了更好地保护公民、法人和其他组织的权利和利益，立法时仍可根据需要明确规定民法有相应的溯及力。即：民法以不溯及既往为原则，以具备溯及力为特例。

延伸阅读

最高人民法院关于适用《中华人民共和国民法典》时间效力的若干规定

第 6 条：《中华人民共和国民法总则》施行前，侵害英雄烈士等的姓名、肖像、名誉、荣誉，损害社会公共利益引起的民事纠纷案件，适用民法典第一百八十五条的规定。

第 7 条：民法典施行前，当事人在债务履行期限届满前约定债务人不履行到期债务时抵押财产或者质押财产归债权人所有的，适用民法典第四百零一条和第四百二十八条的规定。

第 8 条：民法典施行前成立的合同，适用当时的法律、司法解释的规定合同无效而适用民法典的规定合同有效的，适用民法典的相关规定。

第 9 条：民法典施行前订立的合同，提供格式条款一方未履行提示或者说明义务，涉及格式条款效力认定的，适用民法典第四百九十六条的规定。

第 10 条：民法典施行前，当事人一方未通知对方而直接以提起诉讼方式依法主张解除合同的，适用民法典第五百六十五条第二款的规定。

第 11 条：民法典施行前成立的合同，当事人一方不履行非金钱债务或者履行非金钱债务不符合约定，对方可以请求履行，但是有民法典第五百八十条第一款第一项、第二项、第三项除外情形之一，致使不能实现合同目的，当事人请求终止合同权利义务关系的，适用民法典第五百八十条第二款的规定。

第 12 条：民法典施行前订立的保理合同发生争议的，适用民法典第三编第十六章的规定。

第 13 条：民法典施行前，继承人有民法典第一千一百二十五条第一款第四项和第五项规定行为之一，对该继承人是否丧失继承权发生争议的，适用民法典第一千一百二十五条第一款和第二款的规定。

民法典施行前，受遗赠人有民法典第一千一百二十五条第一款规定行为之一，对受遗赠人是否丧失受遗赠权发生争议的，适用民法典第一千一百二十五条第一款和第三款的规定。

第14条：被继承人在民法典施行前死亡，遗产无人继承又无人受遗赠，其兄弟姐妹的子女请求代位继承的，适用民法典第一千一百二十八条第二款和第三款的规定，但是遗产已经在民法典施行前处理完毕的除外。

第15条：民法典施行前，遗嘱人以打印方式立的遗嘱，当事人对该遗嘱效力发生争议的，适用民法典第一千一百三十六条的规定，但是遗产已经在民法典施行前处理完毕的除外。

第16条：民法典施行前，受害人自愿参加具有一定风险的文体活动受到损害引起的民事纠纷案件，适用民法典第一千一百七十六条的规定。

第17条：民法典施行前，受害人为保护自己合法权益采取扣留侵权人的财物等措施引起的民事纠纷案件，适用民法典第一千一百七十七条的规定。

第18条：民法典施行前，因非营运机动车发生交通事故造成无偿搭乘人损害引起的民事纠纷案件，适用民法典第一千二百一十七条的规定。

第19条：民法典施行前，从建筑物中抛掷物品或者从建筑物上坠落的物品造成他人损害引起的民事纠纷案件，适用民法典第一千二百五十四条的规定。

二、民法的地域效力

（一）发生在我国领域内的民事活动

原则上包括我国领陆、领水及其底土和领空，以及延伸意义上的领土，即驻外使馆和领域外的国籍为中国的船舶、航空器等我国国家主权及主权所及的范围内发生的民事活动均适用我国民法。根据制定的机关不同，其适用的范围也不完全相同，主要有以下几种情形：

1. 适用于我国全部领域的民事法律、法规

2. 适用于局部地区的地方性民事法规

如地方性法规、民族自治地方的民事法规、经济特区或综合改革试验区的民事法规，适用于制定者管辖的行政区域之内。

3. 适用于特别行政区的法律

香港特别行政区和澳门特别行政区法规中的民事法律规范，只适用于各该特别行政区。

当且仅当出现涉外情形时，才可能出现在我国领域内的民事活动不适用我国实体法律的情形，届时应当根据特定的民事法律关系类型的不同而具体适用相应的法律规范。

（二）发生在我国领域外的民事活动

对于发生在我国领域外的民事活动是否适用我国法律涉及国际私法中的法律适用

问题，各国国际私法有相应规定，且不同的民事法律关系所适用的法律有不同规定，法律适用情况比较复杂，需要根据具体情况和所在国法律的具体规定确定。在涉外民事法律中，仍存在适用我国民法的可能性。

延伸阅读

《民法典》

第12条：中华人民共和国领域内的民事活动，适用中华人民共和国法律。法律另有规定的，依照其规定。

《最高人民法院关于适用〈中华人民共和国涉外民事关系法律适用法〉若干问题的解释（一）》

第1条：民事关系具有下列情形之一的，人民法院可以认定为涉外民事关系：

（1）当事人一方或双方是外国公民、外国法人或者其他组织、无国籍人；

（2）当事人一方或双方的经常居所地在中华人民共和国领域外；

（3）标的物在中华人民共和国领域外；

（4）产生、变更或者消灭民事关系的法律事实发生在中华人民共和国领域外；

（5）可以认定为涉外民事关系的其他情形。

三、民法对人的效力

（一）民法对人的适用范围的主要类型

1. 属人主义

凡是拥有本国国籍的人，无论其身处国内还是国外，其所参与的一切民事法律行为均受本国法律的约束，而对在本国领域内的外国人一切本国法律对其均不适用。

2. 属地主义

本国法律对身处其国内的一切本国人及外国人都具有同样的约束力，而本国人如果身处外国则本国法律对其不适用。

3. 保护主义

任何人只要损害本国的利益，不论损害者是本国人还是外国人，也不论损害者是身处本国还是外国，本国法律都可对其适用。

（二）我国民法对人的适用范围

我国民法对人的适用范围采用属地主义，属人主义与保护主义相结合的模式。具体言之，主要表现在以下几方面。

（1）我国民法对居住在中国境内的中国公民或设立在中国境内的中国法人及其他组织间的民事活动具有法律效力。

（2）当存在涉外情形时，原则上民事活动各方主体可选择适用我国法律或外国法律。但适用外国法律将损害我国社会公共利益或我国法律对涉外民事关系有强制性规定的，适用我国法律。

(3)居留在外国的我国公民原则上应适用住在国的民法,而不是适用我国民法。但是,依照我国民法和我国缔结或参加的国际条约、双边协定以及我国认可的国际惯例,应当适用我国民法的,仍然适用我国民法。

(4)我国民法对享有司法豁免权的外国公民不具有法律效力。

延伸阅读

《中华人民共和国涉外民事关系法律适用法》

第4条:中华人民共和国法律对涉外民事关系有强制性规定的,直接适用该强制性规定。

第5条:外国法律的适用将损害中华人民共和国社会公共利益的,适用中华人民共和国法律。

《最高人民法院关于适用〈中华人民共和国涉外民事关系法律适用法〉若干问题的解释(一)》

第8条:有下列情形之一,涉及中华人民共和国社会公共利益、当事人不能通过约定排除适用、无须通过冲突规范指引而直接适用于涉外民事关系的法律、行政法规的规定,人民法院应当认定为涉外民事关系法律适用法第4条规定的强制性规定:

(1)涉及劳动者权益保护的;

(2)涉及食品或公共卫生安全的;

(3)涉及环境安全的;

(4)涉及外汇管制等金融安全的;

(5)涉及反垄断、反倾销的;

(6)应当认定为强制性规定的其他情形。

第二节　民法的适用原则

在民法的适用过程中,裁判机关引用法律规范是否得当,对于正确裁判案件具有特别重要的意义。假使引用法律规范不当,纵然案件事实认定准确无误,进行了正确的逻辑推理,也不可能作出妥当的裁判。因此裁判机关在选择适用法律时必须在一定规范指引下进行,其中的规范即是民法的适用原则。

一、特别法优先于普通法

民法分为普通法与特别法,可以按照不同的方式加以划分。

按照适用的地区划分:适用于一切地区的法律为普通法,而仅适用于特定地区的法律为特别法。

按照适用的主体划分:适用于一切民事主体的法律规定为普通法,而仅适用于特殊主体的规定为特别法。

按照法律规定的事项为标准：关于一般民事关系的规定为普通法，而关于特殊民事关系的规定为特别法。

在民法适用上，以特别法优先于普通法为原则。即对于某一事项，特别法所规定的法律效果与普通法所规定的法律效果有冲突时，应适用特别法而不适用普通法。如果特别法所规定的法律效果与普通法所规定的法律效果没有冲突，则可两者同时适用。

延伸阅读

《立法法》

第90条：自治条例和单行条例依法对法律、行政法规、地方性法规作变通规定的，在本自治地方适用自治条例和单行条例的规定。

经济特区法规根据授权对法律、行政法规、地方性法规作变通规定的，在本经济特区适用经济特区法规的规定。

第92条：同一机关制定的法律、行政法规、地方性法规、自治条例和单行条例、规章，特别规定与一般规定不一致的，适用特别规定；新的规定与旧的规定不一致的，适用新的规定。

第94条：法律之间对同一事项的新的一般规定与旧的特别规定不一致，不能确定如何适用时，由全国人民代表大会常务委员会裁决。

行政法规之间对同一事项的新的一般规定与旧的特别规定不一致，不能确定如何适用时，由国务院裁决。

二、强行法优于任意法

所有法律规范都具有强制性，但按照强制性的强弱不同可划分为强行法与任意法。其中强行法因其所规定的事项涉及国家安全、公共秩序或其他公共利益的原因，要求全体社会成员必须遵守，不允许任何人按照个体意志进行变更，强制排除了当事人的意思自由。例如宪法、刑法、行政法等属于公法的法律，均为强行法。而任意法因其所规定的事项不会影响到公共利益，故允许当事人按照个体意志进行变更，以当事人的意思自治为核心，以法律规范为补充。

民法兼有强行法规范和任意法规范。在民法适用上，以强行法优先于任意法为原则。只要对于某一事项有强行法规范就应适用强行法规范，而不能适用任意法规范。

延伸阅读

《民法典》

第208条：不动产物权的设立、变更、转让和消灭，应当依照法律规定登记。动产物权的设立和转让，应当依照法律规定交付。

第 209 条:不动产物权的设立、变更、转让和消灭,经依法登记,发生效力;未经登记,不发生效力,但是法律另有规定的除外。

依法属于国家所有的自然资源,所有权可以不登记。

第 470 条:合同的内容由当事人约定,一般包括下列条款:

(1)当事人的姓名或者名称和住所;

(2)标的;

(3)数量;

(4)质量;

(5)价款或者报酬;

(6)履行期限、地点和方式;

(7)违约责任;

(8)解决争议的方法。

当事人可以参照各类合同的示范文本订立合同。

第 471 条:当事人订立合同,可以采取要约、承诺方式或者其他方式。

三、例外规定排除一般规定

民法中关于在一般情形下适用的规定为一般规定,而关于在特别情形下适用的规定为例外规定。一般规定与例外规定的区别不同于普通法与特别法的区别。无论普通法或特别法均包含有一般规定和例外规定。在属于例外规定的情形时,应适用例外规定而不适用一般规定,只有不属于例外规定的情形才能适用一般规定。

延伸阅读

《民法典》

第 13 条:自然人从出生时起到死亡时止,具有民事权利能力,依法享有民事权利,承担民事义务。

第 16 条:涉及遗产继承、接受赠与等胎儿利益保护的,胎儿视为具有民事权利能力。但是,胎儿娩出时为死体的,其民事权利能力自始不存在。

四、无具体规定时方可适用原则性条文

民法是由具体规范与原则性条文构成的一个规范体系。在有具体规范时应适用具体规范,只有在无具体规范时才能直接适用原则性条文。

延伸阅读

《民法典》

第4条:民事主体在民事活动中的法律地位一律平等。

第5条:民事主体从事民事活动,应当遵循自愿原则,按照自己的意思设立、变更、终止民事法律关系。

第6条:民事主体从事民事活动,应当遵循公平原则,合理确定各方的权利和义务。

第7条:民事主体从事民事活动,应当遵循诚信原则,秉持诚实,恪守承诺。

第8条:民事主体从事民事活动,不得违反法律,不得违背公序良俗。

第9条:民事主体从事民事活动,应当有利于节约资源、保护生态环境。

第10条:处理民事纠纷,应当依照法律;法律没有规定的,可以使用习惯,但是不得违背公序良俗。

第三节　民法的适用与解释

一、民法适用的概念与逻辑

民法的适用是指法院或仲裁机构根据法定的职权和程序,在查清案件事实的基础上,正确引用法律规范,采用逻辑方法解决民事纠纷的活动。在这一过程中,采用的是"三段论"式的逻辑演绎,即以法律规范为大前提,以查明的案件事实为小前提,以案件事实应当产生的某种法律效果为结论。

二、民法的解释

(一)民法解释的概念

民法解释是指由有权的国家机关、社会组织和个人根据立法精神、法律条文等对民事法律规范所做的说明与阐释。

(二)民法解释的意义

民法解释是释明民事法律规范的确切含义、真实意旨、适用范围、构成要件和法律效果的活动,是正确适用民事法律规范的必要前提。之所以需要解释,主要原因在于民事法律规范作为制定法的局限性与民事行为作为社会活动的复杂性在法律实施过程中存在冲突的可能。

民事法律规范作为制定法而言,其具有抽象性、原则性,而民事行为作为社会活动而言则是具体的、灵活的。民法解释意在解决抽象与具体、原则与灵活之间的矛盾,调整法律规范自身稳定统一与社会活动变化发展之间的关系,其主要意义在于以下几方面。

第一，民法解释是克服制定法抽象、遗漏和滞后等弊端的方法，能够缓解法律的抽象与社会活动的具体之间的矛盾，为民法适用提供较具体的适用标准，以确保在适用过程中不失立法本意。

法律解释对于法律适用的意义尤为重要。“法律的实施以解释过程为前提”，法律解释是准确适用法律的需要。如果说立法意图是起点，裁判结果是终点，那么法律解释就是连接两端的中间环节。制定法存在固有的弊端，立法意图与裁判结果之间总是难以分毫不差地吻合。如果把法官作为认识主体，法律解释作为认识活动，立法意图作为认识客体，那么法律解释可以最终归结为认识主体如何认识立法的精神，这对于法官而言，对于最终的裁判结果而言，法律解释的意义不亚于法律本身。

第二，民法解释是连接立法的历史背景与司法的现实条件的通道，通过民法解释在保持法律统一适用的同时使民法能够适应社会发展的需要。

大凡在社会高速发展时期，法的稳定性往往表现出它的负面效应，即滞后于社会活动甚至阻碍社会发展。在成文立法不可能绝对超前于发展的情况下，法律解释可以适应社会发展的迫切要求，按照社会发展情况进行调整，解决社会发展过程中发生的复杂的新类型纠纷。

延伸阅读

《最高人民法院关于审理民间借贷案件适用法律若干问题的规定》

（2015 年 6 月 23 日最高人民法院审判委员会第 1655 次会议通过 法释〔2015〕18 号）

第 26 条：借贷双方约定的利率未超过年利率 24%，出借人请求借款人按照约定的利率支付利息的，人民法院应予支持。

借贷双方约定的利率超过年利率 36%，超过部分的利息约定无效。借款人请求出借人返还已支付的超过年利率 36% 部分的利息的，人民法院应予支持。

《最高人民法院关于审理民间借贷案件适用法律若干问题的规定》

（2015 年 6 月 23 日最高人民法院审判委员会第 1655 次会议通过，根据 2020 年 8 月 18 日最高人民法院审判委员会第 1809 次会议通过的《最高人民法院关于修改〈关于审理民间借贷案件适用法律若干问题的规定〉的决定》第一次修正，根据 2020 年 12 月 23 日最高人民法院审判委员会第 1823 次会议通过的《最高人民法院关于修改〈最高人民法院关于在民事审判工作中适用《中华人民共和国工会法》若干问题的解释〉等二十七件民事类司法解释的决定》第二次修正）

第 26 条：出借人请求借款人按照合同约定利率支付利息的，人民法院应予支持，但是双方约定的利率超过合同成立时一年期贷款市场报价利率 4 倍的除外。

前款所称“一年期贷款市场报价利率”，是指中国人民银行授权全国银行间同业拆借中心自 2019 年 8 月 20 日起每月发布的一年期贷款市场报价利率。

三、民法解释的种类

(一)立法解释与司法解释

立法解释是指有立法权或被授予解释权的机关对民事法律规范所作的解释。在我国,根据《宪法》第67条的规定,全国人民代表大会常务委员会有权对包括宪法在内的全部法律规范进行解释。

司法解释是指最高人民法院对民事法律规范所作的解释。我国立法实践中,对于一些本应具体规定但暂时难以明确规定的事项,立法机关通常有意不作具体规定而留给最高人民法院进行解释。最高人民法院针对此类体事项作出的解释具有“准立法”的性质。

无论立法解释或者司法解释,皆具有法律效力。

(二)裁判解释与学说解释

裁判解释是指人民法院在处理民事案件时,根据所审理的具体案件对民法的某个具体法律规范所作的解释。裁判解释与案件的裁判密切相关,是法官进行裁判必不可少的过程,司法实践中所有案件的裁判必然要经历主审法官裁判解释的过程,因此裁判解释最具有实用价值,也最具有广泛性。但裁判解释只对所裁判的案件当事人有效,不具有普遍的法律效力。

学说解释是指民法学者对民事法律法规所作的解释。通常情况下学说解释需要基于实际发生或假设的案例展开,属于对个案的解释。学说解释往往侧重于理论分析,会进行充分论述,虽然其本身不具有法律效力,但学说解释的观点往往成为立法解释、司法解释和裁判解释的重要参考。

延伸阅读

《最高人民法院关于统一法律适用加强类案检索的指导意见(试行)》

(2020年7月)

为统一法律适用,提升司法公信力,结合审判工作实际,就人民法院类案检索工作提出如下意见。

一、本意见所称类案,是指与待决案件在基本事实、争议焦点、法律适用问题等方面具有相似性,且已经人民法院裁判生效的案件。

二、人民法院办理案件具有下列情形之一,应当进行类案检索:

(一)拟提交专业(主审)法官会议或者审判委员会讨论的;

(二)缺乏明确裁判规则或者尚未形成统一裁判规则的;

(三)院长、庭长根据审判监督管理权限要求进行类案检索的;

(四)其他需要进行类案检索的。

三、承办法官依托中国裁判文书网、审判案例数据库等进行类案检索,并对检索的真实性、准确性负责。

四、类案检索范围一般包括：

（一）最高人民法院发布的指导性案例；

（二）最高人民法院发布的典型案例及裁判生效的案件；

（三）本省（自治区、直辖市）高级人民法院发布的参考性案例及裁判生效的案件；

（四）上一级人民法院及本院裁判生效的案件。

除指导性案例以外，优先检索近三年的案例或者案件；已经在前一顺位中检索到类案的，可以不再进行检索。

五、类案检索可以采用关键词检索、法条关联案件检索、案例关联检索等方法。

六、承办法官应当将待决案件与检索结果进行相似性识别和比对，确定是否属于类案。

七、对本意见规定的应当进行类案检索的案件，承办法官应当在合议庭评议、专业（主审）法官会议讨论及审理报告中对类案检索情况予以说明，或者制作专门的类案检索报告，并随案归档备查。

八、类案检索说明或者报告应当客观、全面、准确，包括检索主体、时间、平台、方法、结果，类案裁判要点以及待决案件争议焦点等内容，并对是否参照或者参考类案等结果运用情况予以分析说明。

九、检索到的类案为指导性案例的，人民法院应当参照作出裁判，但与新的法律、行政法规、司法解释相冲突或者为新的指导性案例所取代的除外。

检索到其他类案的，人民法院可以作为作出裁判的参考。

十、公诉机关、案件当事人及其辩护人、诉讼代理人等提交指导性案例作为控（诉）辩理由的，人民法院应当在裁判文书说理中回应是否参照并说明理由；提交其他类案作为控（诉）辩理由的，人民法院可以通过释明等方式予以回应。

十一、检索到的类案存在法律适用不一致的，人民法院可以综合法院层级、裁判时间、是否经审判委员会讨论等因素，依照《最高人民法院关于建立法律适用分歧解决机制的实施办法》等规定，通过法律适用分歧解决机制予以解决。

十二、各级人民法院应当积极推进类案检索工作，加强技术研发和应用培训，提升类案推送的智能化、精准化水平。

各高级人民法院应当充分运用现代信息技术，建立审判案例数据库，为全国统一、权威的审判案例数据库建设奠定坚实基础。

十三、各级人民法院应当定期归纳整理类案检索情况，通过一定形式在本院或者辖区法院公开，供法官办案参考，并报上一级人民法院审判管理部门备案。

十四、本意见自2020年7月31日起试行。

第四节 民法解释方法

一、法律解释的一般原则

在我国,法律解释的一般原则大致可概括为:

第一,制定法稳定性与情势性并重原则。法律具有相对稳定且抽象的特点,而社会活动却是时刻在运动过程中,具有复杂多变的特点。如何处理两者之间的关系就显得尤为重要。在进行律解释时应该考虑社会因素,即应对法律解释能产生的社会效果加以预测和考量,从而确定何种解释能够更加符合社会的现实条件,有利于实现社会管理目的。法律解释的一大特征就是它与具体案之间具有关联性,法律解释都是针对现实生活中的具体案件事实而展开的,法律解释的任务在于确定某法律规定对于特定的法律事实是否能够适用,在于确定抽象规范中所包含的社会价值目标,所以应当将二者兼顾。

第二,将立法与司法紧密联系。立法活动本身是基于一定的历史背景,体现了立法者的价值取向,是一种相对理想的状态。而司法活动则根植于社会活动,为现实条件所影响,是一种现实状态。虽然立法意图与司法目的是统一的,但不能排除二者间有时发生的冲突,因此应当将两者统一于法律解释的价值取向之下。

二、民法解释方法

(一)文义解释

文义解释又称语义解释,指按照法律条文用语的字面意思,结合通常使用方式以释明法律的内在意义。法律条文是由文字、语句所构成,想要确定法律条文的真实意义,就必须先了解其所使用的语句的真实意义。因此,法律解释必须先由文义解释开始,并且所作解释不能超过语句自身文义的范围。否则,就是超出了法律解释的范围。解释法律应当尊重法条文义自身,只有如此才能保障法律的尊严以及其安定性。

在进行文义解释时,一般要按照语句的通常含义进行解释。因为法律是社会活动规范,是为全体社会成员所设立,并且法律概念很多是使用日常生活用语。但如果日常生活用语在成为法律专用名词术语后,就有了特殊意义,其内涵也就与一般日常生活语境下有所不同,应按照法律上的特殊意义进行解释。同一法律或不同法律使用同一概念时,原则上应作出同样的解释,作出不同解释时,需要有特别的理由。当语句本身包含有多个内涵,通过文义解释无法得出唯一结论时,应当辅之以其他解释方法来探寻其准确含义。

(二)体系解释

体系解释是通过法律条文在法律体系上的位置来探寻其所要表达的准确含义,即按照法律条文所在编、章、节、条、款、项的前后关联位置，结合相应章节及前后法律条款的含义来阐明某一具体法律条文的内在含义。体系解释存在的根据在于法律体系本身是一个具有高度逻辑关系的系统，讲求系统内的逻辑自洽，系统内部之间不应存在冲突。但法律条文是由人制定的，立法者在制定具体法律条文过程中对于法律结构体系的安排难免疏漏，无法保证全部内容都具备严密的逻辑。因此体系解释是有着局限性的，作为解释方法之一，在解决具体问题时，还应采用其他解释方法，如文义解释、目的解释等，以期能够得到准确的结论。

（三）法意解释

法意解释又称沿革解释或历史解释，指通过探求立法者在制定法律时所采用的价值判断及其所想要通过法律条文实现的社会管理目的，以推知法律条文真实的含义。在进行法意解释时，要全面参考立法的历史背景及立法过程中的相关资料，如草案、审议记录、征求意见稿等。

法意解释有着比较明显的局限性，即因为社会的快速发展变化，当下社会现实状况与立法时的历史背景往往有了较大差异，为了适应当下社会变化，有时会对已颁布的法律进行调整变更或者颁布其他法律法规。因此，法律越新，法意解释的价值就越大；法律越旧，法意解释的价值就越小。

（四）扩张解释

扩张解释指从法律条文本身文义出发进行解释所得结论过于狭窄，不能够充分反映立法的真实意图，不能够充分保障当事人的切身利益，因此需要对法律条文本身的文义进行一定程度的扩充，以求正确释明法律条文自身的真实含义。

（五）限缩解释

限缩解释指从法律条文本身文义出发进行解释所得结论过于宽泛，不能够充分反映立法的真实意图，有可能导致法律被滥用，因此需要对法律条文本身的文义进行一定程度的限缩，以求正确释明法律条文自身的真实含义。

（六）当然解释

当然解释指对于某一具体事项法律虽然没有明文规定，但按照一般的价值判断，从法律条文所要调整规范的角度衡量，该具体事项较之法律条文已经明确规定的事项更有适用理由，进而直接适用相应法律条文的一种解释方法。简单来讲当然解释是通过所谓“举重以明轻，举轻以明重”的方式来判断已有的明文规定是否适用无明文规定的具体事项。

（七）目的解释

目的解释指从法律规范想要实现的社会管理目的出发对法律条文进行解释的方法。

目的解释是解释法律条文时的最高准则,通常情况下在解释具体条文时可以与其他解释方法并用,以明确法律条文的准确内涵。

(八)合宪性解释

合宪性解释指按照宪法以及位阶较高的法律规范来解释位阶较低的法律规范的一种法律解释方法。法律体系存在阶层结构,最上层为宪法,其次为法律,再次为法规。法律规范的效力按照各自位阶而定。法律和法规不得与宪法相冲突,法规不得与法律相冲突。因此,对于位阶较低的法律规范应按照位阶较高的法律规范来解释,贯彻上层法律规范的精神,维护整个法律体系的稳定统一。

思考题

选择题:

1. 以下哪些说法是正确的:

A. 法律概念很多是使用日常生活用语,在进行文义解释时,应按照一般日常生活语境下的含义进行解释。

B. 当然解释的法理依据是所谓的"举重以明轻　举轻以明重"。

C. 体系解释的根据在于法律体系本身是一个具有高度逻辑关系的系统,因此体系解释可以保证解释的准确性。

D. 法律越新,法意解释的价值就越大,法律越旧,法意解释的价值就越小。

2. 以下哪些说法是正确的:

A. 全国人民代表大会常务委员会有权对包括宪法在内的全部法律规范进行解释。

B. 裁判解释最具有实用价值,也最具有广泛性,具有普遍的法律效力。

C. 学说解释是立法解释、司法解释和裁判解释的重要参考。

D. 司法解释包括最高人民法院及各省、自治区、直辖市高级人民法院对法律规范所作的解释。

3. 民法的适用原则包括哪些:

A. 特别法优先于普通法

B. 强行法优于任意法

C. 例外规定排除一般规定

D. 无具体规定时可适用原则性条文

附录:思考题参考答案

第一章　导　　论

答案要点:

1. 民法调整的是一般的平等主体之间的人身关系和财产关系。

2. (1)民法是私法;(2)民法是市场经济的基本法。

3. 突出了对人的尊重,以人为本;体系化、系统化;民商合一。

4. 平等原则;自愿原则;公平原则;诚信原则;公序良俗原则;绿色原则。

第二章　民事法律关系

答案要点:

1. 概念:民事法律关系是由民法规范调整的社会关系,也就是由民法确认和保护的社会关系。特征:(1)民事法律关系是民法所调整的社会关系在法律上的表现;(2)民事法律关系是人与人之间的权利义务关系;(3)民事法律关系具有平等性;(4)民事法律关系具有一定程度的任意性。

2. (1)民事法律关系的主体,即民事主体,是参加民事法律关系、享有权利和承担义务的人;(2)民事法律关系的客体,是指民事法律关系主体享有的权利和承担的义务共同指向的对象;(3)民事法律关系的内容,是指民事主体所享有的权利和承担的义务。

3. (1)民事权利能力,指据以充当民事主体,享受民事权利和承担民事义务的法律地位或法律资格。(2)民事行为能力,指民事主体据以独立参加民事法律关系,以自己的法律行为取得民事权利或承担民事义务的法律资格。(3)民事责任能力,指民事主体据以独立承担民事责任的法律地位或法律资格,又称侵权行为能力。凡具有民事责任能力的主体,将对自己的行为所造成的违法后果承担民事责任。

4. 概念:民事权利是指民事法律规范保护的民事主体的利益及以其意志自由实现利益的法律手段。特征:民事权利是由民法所确认的一种权利;民事权利是由民事主体所享有的利益;民事权利体现为民事主体一定范围内的行为自由;民事权利都受到国家强制力的保障;民事权利是类型化了的利益。

5. 概念:民事义务,是相对于民事权利而言的,它是指民事法律规范规定的或当事人依法约定的,义务主体必须为一定行为或不为一定行为,以满足权利人权利要求,实现权利人利益的受法律约束的负担。分类:法定义务与约定义务;积极义务与消极义务;基本义务与附随义务。

6. 概念：民事责任，是指民事主体违反法律规定的或者合同约定的民事义务而被法律强制承担的以补偿受害者权益为目的的法律后果。特征：民事责任以民事主体违反民事义务侵害他人民事权益为发生的依据；民事责任主要以赔偿、补偿权益受损害一方当事人的利益为目的；民事责任的确定和承担允许当事人意思自治和协商。

第三章 民事主体——自然人

答案要点：

1. 概念：自然人的民事权利能力，是指法律赋予自然人得依法享有民事权利和承担民事义务的能力。特点：平等性、抽象性、完整性和与主体不可分离性。

2. (1)民事权利能力是民事主体依法享有民事权利和承担民事义务的资格，是主体取得权利的前提，权利则是主体实际依法享有的能够依法保障实现的利益。在权利能力到权利享有之间必须有法律事实的中介。(2)权利能力是由法律赋予主体的资格，权利能力始于人的出生或法人的设立，终于自然人的死亡或法人的终止，只要主体存在权利能力就存在；权利能力具有抽象性、平等性、完整性和与主体人身的不可分离性，不受限制和剥夺，主体也不可放弃或转让；权利则是在具体民事法律关系中，由一定的具体民事法律事实引起的，是实现主体的具体目的利益的法律手段，其产生往往和主体的意志有关。权利是具体的，在主体之间是有差别的，是可以转让或抛弃的。(3)权利能力是构成法律关系主体要素的法律资格，而权利是构成民事法律关系的内容要素。(4)权利能力不仅指主体享有权利的能力，而且包括承担民事义务的能力，民事权利则不同于民事义务，是与民事义务相对应的概念。

3. (1)民事权利能力是成为民事主体的资格，而民事行为能力是能够以自己的行为从事民事活动的资格，换言之，它是法律认定的意思能力。有权利能力的人，如果不具备法定的意思能力，就没有行为能力。但反过来说，任何具备行为能力的人，都具有民事权利能力。(2)民事权利能力具有普遍性，而行为能力不具有普遍性。任何人都具有权利能力，权利能力也不需要特别认定，更不需要通过某种程序来认定。对自然人来说，在何种情况下具有行为能力，首先要达到一定的标准。其次，对于一些因健康等原因欠缺足够的意思能力的人认定其行为能力，要经过特殊的程序。对于自然人来说，权利能力都是平等的，但行为能力却可能因人而异。(3)民事权利能力是不受限制和剥夺的，而民事行为能力却可以依据法律规定的原因和程序作出限制。例如，精神病人可以被认定为限制民事行为能力人或无民事行为能力人。(4)民事行为能力以意思能力的存在为基础，而民事权利能力不以意思能力的存在为基础，不受年龄、精神状况和身体条件的限制。

4. 完全行为能力；限制行为能力；无行为能力。

5. (1)就侵权责任而言，现代民法为了对受害人遭受的损害给予充分的补救，在分配责任的时候，不仅仅要考虑过错，还要考虑如何对受害予的损害予以充分教济，这就要突破意思能力的局限，使行为能力和责任能力分开。因此，无行为能力人致人损害，其监护人应当负责。侵权责任中的公平原则,更是注重行为人是否具有责任财产,所以财产也称为责任能力的基础。(2)行为能力实际上是以理性的判断能力为基础的,而责任能力是以对不法行为的识别能力为基础的,因此,行为能力的判断标准显然要高于责任能力的判断标准。(3)行为能力的判断标准是由法律统规定的,即结合年龄和智力状况来进行判断。而对责任能力的判断,则要根据每个具体不法行为人的意思能力和财产等分别进行判断。

6. 监护作为一种民事法律制度,其实质内容在于监护人为被监护人利益和社会利益依法律的规定负有的监护职责,而不是监护人为实现自己的私人利益而享有的民事权利。

7. 法定监护;遗嘱指定监护;协议确定监护;指定监护;事先协商确定监护。

8. 在成年人丧失或者部分丧失行为能力时,为保护其权益而设定监护。

9. 条件:必须有自然人下落不明满 2 年的事实,必须由利害关系人向人民法院提出申请,必须经过法院依据法定程序宣告。后果:设置财产代管人。

10. 条件:第一,自然人下落不明达到法定期限;第二,必须要由利害关系人提出申请;第三,必须要由人民法院作出宣告。后果:宣告死亡的效力及于一切人,并不当然消灭被宣告死亡人的民事主体资格,财产关系的变动,婚姻关系的消灭。

第四章　民事主体——法人、其他组织

答案要点:

1. 法人的本质,是对法人的根本看法,是关于法人何以取得法律人格,即何以能具有权利能力和行为能力的问题,主要有法人拟制说、法人否认说、法人实在说三种观点。法人的本质,是随着社会经济的发展,社会组织体在社会生活中,特别是经济生活中担当社会作用,成为具有自己独立经济利益的主体,而且有社会价值,法律有赋予其人格的必要,故赋予其法律人格。我国《民法典》采法人实在说,承认符合一定条件的社会组织有法人资格,像自然人一样具有民事权利能力和行为能力。因此,我国法人在本质上指具有独立的经济利益和社会作用的、依法具有民事权利能力和行为能力的社会组织实体。

2. 法人的民事权利能力是指法人作为民事主体,享受民事权利并承担民事义务的资格,是法人实施民事行为和从事民事活动的前提和基础。

尽管与自然人一样,法人也具有民事权利能力,但法人的民事权利能力不同于自然人的民事权利能力,它受到法律和命令以及其他各种限制:一是对法人自然性质的限制。法人的民事权利能力受到其自然性质的限制,即不享有与自然人的人身不可分离的那些权利。二是法律命令的限制。法人只能在法律或行政命令的范围内,具有享有权利和承担义务的能力。由于设立法人的法律规定不同,各种法人享有的能力也不相同。法人的民事权利能力不具有自然人民事权利能力的普遍性和平等性。三是法人目的范围的限制。法人的民事权利能力要受到其设立人的意志的约束,其设立人在设立法人时确立的目的范围直接决定法人的民事权利能力的范围。由于每个法人的目的范围不同,因而法人的民事权利能力各不相同。

3. 一般情况下，法人机关由权力机关、执行机关和监督机关构成。权力机关也称意思机关或决策机关，是形成法人的意志，对法人的生产经营或业务管理即法人事务中的重大问题作出决定的机关，是产生并领导和监督法人其他机关的机关。法人执行机关也称管理机关，是法人权力机关的执行机关，是法人意志的执行和实现机关，行使法律、命令或章程规定的权力，执行权力机关的决议，负责实现业已形成的法人意志，组织指挥法人内部各部分之间协调运转，由其主要负责人代表法人对外进行民事活动。法人的监督机关，是指对法人的执行机关的行为进行监督的机关。如股份有限公司的监事会。一般情况下，法人的权力机关、监督机关是法人的任意机关，由法人根据需要设立，而法人的执行机关是法人的必设机关，而且是常设机关；但是依据法律规定或者法人性质，法人必须设权力机关、监督机关的权力机关、监督机关亦为必设机关。

4. 清算，是指法人在终止前，应当对其财产进行清理，对债权债务关系进行了结的行为。

法人的清算有两种形式：(1)依破产程序进行的清算。这是指法人在宣告破产以后，由主管机关或人民法院组织有关人员成立清算组织，依照破产程序进行清算，其程序应适用破产法的相关规定。(2)非依破产程序进行的清算法人除因宣告破产而被解散外，应按法律规定的其他程序而不按照破产程序进行清算。

5. 非法人组织是不具有法人资格但是能够依法以自己的名义从事民事活动的组织。非法人组织具有以下几个鲜明的法律特征：(1)非法人组织是不同于法人的社会组织。(2)非法人组织有自己独立的名义。(3)非法人组织有自己特定的民事活动目的。(4)非法人组织是独立的民事主体。

第五章　民事权利客体

答案要点：

1. 民事权利的客体，是民事权利主体享有的民事权利和承担的民事义务所共同指向的对象。包括：物、行为、智力成果、人格要素或身份、自然人的个人信息、权利、有价证券、数据、网络虚拟财产。

2. (1)动产与不动产。法律意义：采取的立法政策取向不同；物权变动的要件不同；物权设定的类型不同；诉讼管辖及法律适用不同。(2)流通物、限制流通物和禁止流通物。法律意义：法律对不同的物采取不同的法律政策。(3)特定物与种类物。法律意义：物权只能针对特定物发生，而债权既可以针对种类物发生，也可以针对特定物发生。(4)可分物与不可分物。法律意义：当财产共有关系变为单独所有时，若共有财产为可分物，则可在原共有人之间进行实物分割；若共有财产为不可分物，则不得在共有人之间进行实物分割，而只能根据情况分别采取作价补偿或变价分割的方法分配共有利益。(5)消耗物与非消耗物。法律意义：消耗物只能成为转移标的物所有权合同的标的物，不能成为转移标的物使用权合同的标的物。非消耗物则可以成为转移标的物使用权合同的标的物，也可以成为转移标的物所有权合同的标的物。(6)单一物、合成物和集合物。

法律意义：单一物、合成物作为一个物而成立所有权，在构成物的组成部分上不成立独立的所有权；集合物一般不以其整体作为权利客体，而只就构成其的各个单一物和结合物作为权利客体。(7)主物与从物。法律意义：当事人没有特别约定的情况下，对主物的处分效力及于从物。(8)原物和孳息。法律意义：正确确定孳息的权利归属。

3. 主要是物、人的行为、智力成果、人格或身份、权利、有价证券等一切体现物质利益或非物质利益。

4. 概念：物是指人身以外，能够满足人们的社会需要，能为人力所支配或控制的物质的实体存在。特征：(1)物存在于人身以外；(2)物能够满足人的一定的需要；(3)物能够为人力所控制或支配；(4)民法上的物一般为有体物。

第六章　法律行为

答案要点：

1. 概念：法律行为是法律事实的一种，民事法律行为是民事主体通过意思表示作出的，旨在使民事法律关系产生、变更和终止的法律行为。特征：民事法律行为是民事主体作出的行为法律事实，属于表意行为；旨在产生当事人预期的法律效果的行为。

2. (1)单方法律行为、双方法律行为、多方法律行为、决议法律行为；(2)诺成性法律行为、实践性法律行为；(3)有偿法律行为、无偿法律行为；(4)要式法律行为、不要式法律行为；(5)主法律行为、从法律行为；(6)独立法律行为、辅助法律行为；(7)有因法律行为、无因法律行为；(8)财产法律行为、身份法律行为；(9)财产处分法律行为、财产负担法律行为；(10)生前法律行为、死因法律行为。

3. 民事法律行为的成立，是指民事法律行为现实地具备了法律规定的构成要素而产生或者说客观地存在。

4. 类型：有相对人的意思表示和无相对人的意思表示；对特定相对人的意思表示和对非特定相对人的意思表示；对话的意思表示和非对话的意思表示。特征：表意人具有旨在使法律关系发生变动的意图；意思表示是一个意思由内到外的表示过程；依据意思表示是否符合相应的生效要件，法律赋予其不同的效力。

5. 行为意思、表示意思、目的意思、效果意思、表示行为。

6. 意思表示的撤回是使意思表示不发生效力，而意思表示的撤销则是使已经生效的意思表示失去效力。

7. 对用语应当按照通常的理解进行解释；整体解释；目的解释；习惯解释；依据诚实信用原则解释。

8. 有效、无效、效力待定、可撤销。

9. 效力待定的民事法律行为，是指法律行为成立之后，是否能发生效力尚不能确定，有待于其他行为或事实使之确定的民事法律行为。

10. 附条件的，条件不一定成就；附期限的，期限一定到达。

第七章 代　　理

答案要点：

一、简答题

1. 概念：代理，是代理人以被代理人的名义进行法律行为，其产生的法律效果直接或间接归属于被代理人的法律制度。特征：代理人必须是以被代理人的名义进行的行为；代理人在代理权限范围内独立作出意思表示；代理行为是对第三人进行意思表示；代理行为的法律后果归属于被代理人。

2. 代理关系包括代理人与被代理人之间的法律关系，以及代理人与第三人、被代理人与第三人之间法律关系。其中，代理人与被代理人之间的法律关系称为代理的内部关系；基于代理行为而产生的代理人与第三人、被代理人与第三人之间的法律关系称为代理的外部关系。

3. 委托代理也称为意定代理，是基于被代理人的意思产生的代理，是由被代理人授权所发生的代理。委托代理是最常见、最重要的一种代理产生方式。

4. 法定代理是基于法律规定产生的代理。我国法律为无行为能力人或者限制行为能力人作出了有关法定代理的规定。

5. (1) 行为人具有相应的民事行为能力；(2) 意思表示真实；(3) 不违反法律、行政法规的强制性规定，不违背公序良俗。

6. 代理人在代理权限内以被代理人的名义进行的代理行为，代理行为的法律后果直接对属于被代理人。行为人没有代理权、超越代理权或者代理权终止后，仍然实施代理行为，相对人有理由相信行为人有代理权的，代理行为有效。

7. 代理人必须亲自进行代理行为；代理人必须在代理权限内行使代理权；必须依据诚实信用原则进行代理行为；不得滥用代理权。

8. 被代理人享有拒绝权，如果代理人明确表示拒绝追认或者在第三人确定的催告期内不作出追认的表示，不发生代理的效力；被代理人行使追认权，可以使无权代理行为转化为有权代理；第三人在被代理人行使追认权之前可以行使对无权代理行为的撤销权。

9. 表见代理是行为人虽然没有代理权，但是相对人有理由相信行为人有代理权的无权代理。

二、实训课堂

答案：C。《民法典》第926条规定："受托人以自己的名义与第三人订立合同时，第三人不知道受托人与委托人之间的代理关系的，受托人因第三人的原因对委托人不履行义务，受托人应当向委托人披露第三人，委托人因此可以行使受托人对第三人的权利。但是，第三人与受托人订立合同时如果知道该委托人就不会订立合同的除外。"在本案中，丙为受托人，甲为委托人，丁为第三人。因丁拒绝支付首饰款导致丙无法向甲履行义务，所以丙应向甲披露丁，甲可以行使丙对丁的权利。

第八章　诉讼时效

参考答案

一、选择题

1. 答案:C。本题考查诉讼时效中断的事由。《民法典》第 194 条第 1 款规定:“在诉讼时效期间的最后 6 个月内,因下列障碍,不能行使请求权的,诉讼时效中止:(1)不可抗力;(2)无民事行为能力人或者限制民事行为能力人没有法定代理人,或者法定代理人死亡、丧失民事行为能力、丧失代理权;(3)继承开始后未确定继承人或者遗产管理人;(4)权利人被义务人或者其他人控制;(5)其他导致权利人不能行使请求权的障碍。”A、B、D 项均属于诉讼时效中止的事由,C 属于权利人主张权利的情形,不合诉讼时效制度制裁怠于行使权利者的本旨。

2. 答案:A。本题考查诉讼时效期间的延长,《民法典》第 188 条第 2 款规定:“诉讼时效期间自权利人知道或者应当知道权利受到损害以及义务人之日起计算。法律另有规定的,依照其规定。但是自权利受到损害之日起超过 20 年的,人民法院不予保护;有特殊情况的,人民法院可以根据利人的申请决定延长。”可见,只有人民法院才能决定最长诉讼时效期间的延长。

3. 答案:D。本题考查诉讼时效期间届满的效果。《民法典》第 195 条规定:“有下列情形之一的,诉讼时效中断,从中断、有关程序终结时起,诉讼时效期间重新计算:(1)权利人向义务人提出履行请求;(2)义务人同意履行义务;(3)权利人提起诉讼或者申请仲裁;(4)与提起诉讼或者申请仲裁具有同等效力的其他情形。”由此可以看出,诉讼时效经过使得义务人获得了抗辩权。

4. 答案:D。本题考诉讼时效的中断。《民法典》第 195 条规定:“有下列情形之一的,诉讼时效中断,从中断、有关程序终结时起,诉讼时效期间重新计算:(1)权利人向义务人提出履行请求……”

对于权利人的请求而言,当事人请求的方式,应认为包括口头或书面等能达到请求效果的各种方式,例如:(1)当事人一方直接向对方当事人送交主张权利文书,对方当事人在文书上签字、盖章或者虽未签字、盖章,但能够以其他方式证明该文书到达对方当事人的;(2)当事人一方以发送信件或者数据电文方式主张权利,信件或数据电文到达或者应该到达对方当事人的;(3)当事人一方为金融机构,依照法律规定或者当事人约定从对方当事人账户中扣收欠款本息的;(4)当事人一方下落不明,对方当事人在国家级或者下落不明的当事人一方住所地的省级有影响的媒体上刊登具有主张权利内容的公告的,但法律和司法解释另有特别规定的,适用其规定。根据上述事例可知,本题 A、B、C 项分别属于事例中(1)(2)(3)中的情况,D 项中应该是“省级”而非是“县(市)级”。因此,A、B、C 项属于诉讼时效中断的事由,而 D 项不属于。

5. 答案:AB。本题考查诉讼时效中断中止、诉讼期间。《民法典》第 188 条第 1 款规定:“向人民法院请求保护民事权利的诉讼时效期间为3年,法律另有规定的,依照其规定。”由此,A选项正确,诉讼时效仅适用于请求权。《民法典》第188条第2款规定:“诉讼时效期间自权利人知道或者应当知道权利受到损害以及义务人之日起计算。但是,从权利被侵害之日起超过20年的,人民法院不予保护。有特殊情况的,人民法院可以根据权利人的申请决定延长诉讼时效期间。”由此,C选项错误。《民法典》第194条规定:“在诉讼时效期间的最后6个月内,因下列障碍,不能行使请求权的,诉讼时效中止……自中止时效的原因消除之日起满6个月,诉讼时效期间届满。”《民法典》第195条规定:“有下列情形之一的,诉讼时效中断,从中断、有关程序终结时起,诉讼时效期间重新计算:(1)权利人向义务人提出履行请求;(2)义务人同意履行义务;(3)权利人提起诉讼或者申请仲裁;(4)与提起诉讼或者申请仲裁具有同等效力的其他情形。”由此B选项正确。《民法典》第192条规定:“诉讼时效期间届满的,义务人可以提出不履行义务的抗辩。诉讼时效期间届满后,义务人同意履行的,不得以诉讼时效期间届满为由抗辩;义务人已经自愿履行的,不得请求返还。”由此,D选项是错误的。

6. 答案:ABCD。本题考查诉讼时效期间的客体。按照民法理论,诉讼时效适用于债权请求权,形成权不适用诉讼时效。合同撤销权与确认合同无效请求权属于形成权,而非债权请求权,它们都不适用诉讼时效。其中,合同撤销权适用除斥期间的规定,选项A、B正确。公共维修基金是指按建设部《住宅共用部位共用设施设备维修基金管理办法》的规定,住宅楼房的公共部位和共用设施、设备的维修养护基金。单位售卖公房的公共维修基金,由售房单位和购房职工共同筹集,所有权归购房人,用于售出住宅楼房公共部位和共用设施、设备的维修、养护。基于公共维修基金涉及小区公共设施维修维护的特殊性,该请求权并非普通的债权请求权,不适用诉讼时效,C选项正确。《民法典》第303条规定的共有物分割请求权,名为请求权,实为形成权,不适用诉讼时效,D选项正确。

二、简答题

1. 时效应具备的要素包括:(1)要有法律规定的一定的事实状态的存在,如占有物或者权利人不行使权利等,如果不存在法律规定的事实状态或者只存在法律规定外的事实状态,则不发生时效的法律后果。(2)一定的事实状态必须持续经过法律规定的期间。二者结合,才能构成时效,产生一定的法律后果,使当事人取得权利或者丧失权利。

2. 诉讼时效与取得时效的区别:(1)起源不同。取得时效起源于《十二铜表法》以前的习惯规则;诉讼时效起源于裁判官法的出诉期限。(2)构成要件不同。取得时效以占有事实状态为要件;诉讼时效以权利不行使之事实状态为要件。(3)法律效果不同。取得时效为权利取得之根据;诉讼时效为权利效力减损的原因。

3. 概念:诉讼时效期间是指权利人不行使权利发生权利功效减损的法律效果需经过的法定期间。特点:(1)法定性,诉讼时效期间一般属于由法律直接作出规定。(2)可变性,诉讼时效期间在符合法律规定的条件下,可以中止、中断和延长。(3)强制性,当事人不得通过约定排除诉讼时效制度的适用,此为完全强制性。

4. 诉讼时效与除斥期间的区别:(1)适用对象不同,诉讼时效期间主要适用于请求权;除斥期间主要适用于形成权。(2)起算点不同,诉讼时效期间自权利人能够行使请求权之时起算;除斥期间通常自权利成立之时起算。(3)诉讼时效期间是可变期间,可以中止、中断和延长;除斥期间为不变期间,不能中止、中断或者延长。(4)期间届满的法律效果不同,诉讼时效期间届满并不使没有及时行使的权利本身消灭,而只是导致权利效力的减损;除斥期间届满使权利本身消灭。(5)诉讼时效期间届满,允许义务人抛弃其获得的时效利益;除斥期间届满权利消灭,不存在抛弃相应利益的问题。

5. 诉讼时效中止和中断的区别:(1)发生的事由不同,中止的法定事由出自当事人的主观意愿所不能决定的事实;中断的法定事由为当事人的主观意志所能左右的事实。(2)发生的时间不同,中止只能发生在时效期间届满前的最后 6 个月内,中断可发生在时效期间内的任何时间。(3)法律效果不同,中止的法律效果为不将中止事由发生的时间计入时效期间,自中止时效的原因消除之日起满 6 个月,诉讼时效期间届满;而中断的法律效果为中断事由发生后,已经经过的时效期间全部作废,重新开始计算时效期间。

第九章 期日、期间

答案要点:

1. 期间是指具有一定法律意义的一段时间。

2. 可变期间和不变期间;法定期间、意定期间和指定期间;除斥期间和非除斥期间。

3. 第一,期间对主体权利能力的存在产生一定的影响。第二,期间可以引起民事法律关系的产生、变更或消灭。第三,期间可以作为民事权利的存续期限。第四,期间可以作为一定的权利、义务实际行使或履行的期限。

4. 概念:除斥期间是指法定不可变更的期间。特征:第一,性质上是撤销权、解除权等权利的存续期间;第二,可以由法律规定或者当事人约定;第三,一般自权利人知道或者应当知道权利产生之日起计算;第四,不发生中止、中断和延长。

5. 第一,适用对象不同。第二,能否由当事人约定不同。第三,期间是否可以中止、中断、延长不同。第四,届满后的法律效果不同。第五,是否允许法院主动援引不同。

6. 期间的计算方法主要有两种:一是历法计算法。历法计算法就是以日历所定的日、星期、月、年为依据。二是自然计算法,此种方法是以实际时间精确地进行计算的方法,即以时、分、秒开始起算的方法。

第十章 权利的行使

答案要点:

1. 通过民事主体主张侵权人依法承担侵权责任,保护民事权利不受侵犯、促进民事关系和谐有序。

2. 诚实信用原则:自由行使原则;禁止权利滥用原则;绿色原则。

3. 诚实信用原则是指民事主体在从事民事活动时，应当诚实守信，恪守承诺，以善意的方式行使权利履行义务，不得滥用权利，不得规避法律或合同规定的义务。诚实信用原则是普遍适用于民法的基本原则，自然也是民事主体行使民事权利的原则。

4. 权利滥用是民事主体行使权利时违背权利设定的目的，损害了他人利益。禁止权利滥用原则是指民事权利的行使不得损害国家利益、社会公共利益或者他人合法权益。民事主体行使权利时，应当履行法律规定的和当事人约定的义务。

5. 必须是为保护合法权益；必须是对不法侵害行为进行的防卫；必须是对正在进行的不法侵害实行的防卫；必须是对不法侵害行为人进行防卫；防卫行为不得超过必要限度。

6. 必须是为保护合法权益；必须是对客观存在的危险而采取的；必须是对正在发生的危险而采取的；必须是在迫不得已的情况下采取的；必须没有超过必要限度、没有造成不应有的损害。

7. 在被害人受到损害时，应当先向侵权人承担赔偿责任。但是，在没有侵权人、侵权人逃逸或者无力承担民事责任的情况下，受害人请求补偿的，由受益人给予适当补偿。没有侵权人主要是因自然原因等导致受益人处于危险状况的；侵权人逃逸是为躲避责任而逃逸；或者因为侵权人没有足够的赔偿能力或者完全没有能力赔偿的，受害人有权请求受益人在受益范围内对受害人的损害予以适当补偿。

8.《民法典》第 1177 条规定："合法权益受到侵害，情况紧迫且不能及时获得国家机关保护，不立即采取措施将使其合法权益受到难以弥补的损害的，受害人可以在保护自己合法权益的必要范围内采取扣留侵权人的财物等合理措施；但是，应当立即请求有关国家机关处理。""受害人采取的措施不当造成他人损害的，应当承担侵权责任。"

二、实训课堂

参考答案：C。《民法典》第 500 条规定，"当事人在订立合同过程中有下列情形之一，造成对方损失的，应当承担赔偿责任：(1)假借订立合同，恶意进行磋商；(2)故意隐瞒与订立合同有关的重要事实或者提供虚假情况；(3)有其他违背诚信原则的行为。"本案中，丁假借订立合同，与甲进行恶意磋商，达到阻止甲与丙订立合同的目的，应当承担缔约过失责任。乙指示丁进行恶意磋商，但是因为乙不是甲的合同缔结相对方，不符合缔约过失责任的主体要求。丙经比较与乙签约，取消与甲的磋商，是正常的商业选择，没有违背诚实信用原则，所以无须承担缔约过失责任。

第十一章

参考答案

1. BD

2. AC

3. ABCD

参考资料

1. 李永军:《民法总论》(第四版),北京,中国政法大学出版社,2018

2. 崔建远、韩世远:《民法总论》(第三版),北京,清华大学出版社,2019

3. 杨立新:《民法案例分析教程》(第四版),北京,中国人民大学出版社,2019

4. 宋纪连:《民法总则与生活》,上海,上海人民出版社,2019

5. 王利明:《民法总则》,北京,中国人民大学出版社,2020

6. 杨立新:《〈民法典〉总则编案例精解》,北京,知识产权出版社,2020

7. 韩松:《民法总论》(第四版),北京,法律出版社,2020

8. 崔建远:《中国民法典释评 · 物权编》,北京,中国人民大学出版社,2020

9. 杜月秋、孙政:《民法典条文对照与重点解读》,北京,法律出版社,2020

10. 龙卫球:《中华人民共和国民法典 · 合同编释义》,北京,中国法制出版社,2020

11. 戚兆岳:《中华人民共和国民法典 · 合同编释义》,北京,人民出版社,2020

12. 黄薇:《中华人民共和国民法典解读(合同编)》,北京,中国法制出版社,2020

13. 徐涤宇:《合同法学》(第三版),北京,高等教育出版社,2020

14. 王竹:《民法典关联法规与权威案例提要:合同编》,北京,中国法制出版社,2020

15. 杨立新:《中华人民共和国民法典 · 合同编释义》,北京,人民出版社,2020

16. 最高人民法院民法典贯彻实施工作领导小组:《中华人民共和国民法典合同编理解与适用》,北京,人民法院出版社,2020

17.《中华人民共和国民法典使用一本通 · 合同编》,北京,人民法院出版社,2020

18. 朱广新、谢鸿飞:《民法典评注:合同编 通则》,北京,中国法制出版社,2020

19. 景光强:《以物抵债疑难法律问题精释》,北京,中国法制出版社,2020

20. 中国审判理论研究会民事审判理论专业委员会:《民法典合同编条文理解与司法适用》,北京,法律出版社,2020

21. 高云:《民法典时代合同实务指南》,北京,法律出版社,2020

22. 国家法官学院、最高人民法院司法案例研究院:《中国法院 2020 年度案例 合同纠纷》,北京,中国法制出版社,2020

23. 李永军:《合同法》(第五版),北京,中国人民大学出版社,2021

24. 王利明:《合同法》(第二版)(上册),北京,中国人民大学出版社,2021

25. 李少伟、张晓飞主编:《合同法》,北京,法律出版社,2021

推荐网站：

1. 中国政府网：http://www.gov.cn/
2. 中国人大网：http://www.npc.gov.cn/
3. 最高人民法院：http://www.court.gov.cn/
4. 北大法宝网：http://www.pkulaw.cn/
5. 国家知识产权局官网：http://www.sipo.gov.cn/
6. 110 法律咨询网：http://www.110.com/
7. 国家市场监督管理总局：http://www.samr.gov.cn/
8. 沪港律师网：http://lgq.fabao365.com/article/view_19235_36437.html
9. 中国法学网：http://www.iolaw.org.cn/
10. 中国大律师网：http://www.maxlaw.cn/
11. 中国消费者协会信息网：http://www.cca.org.cn/
12. 中国金融律师网：http://www.jinronglvshi.cn